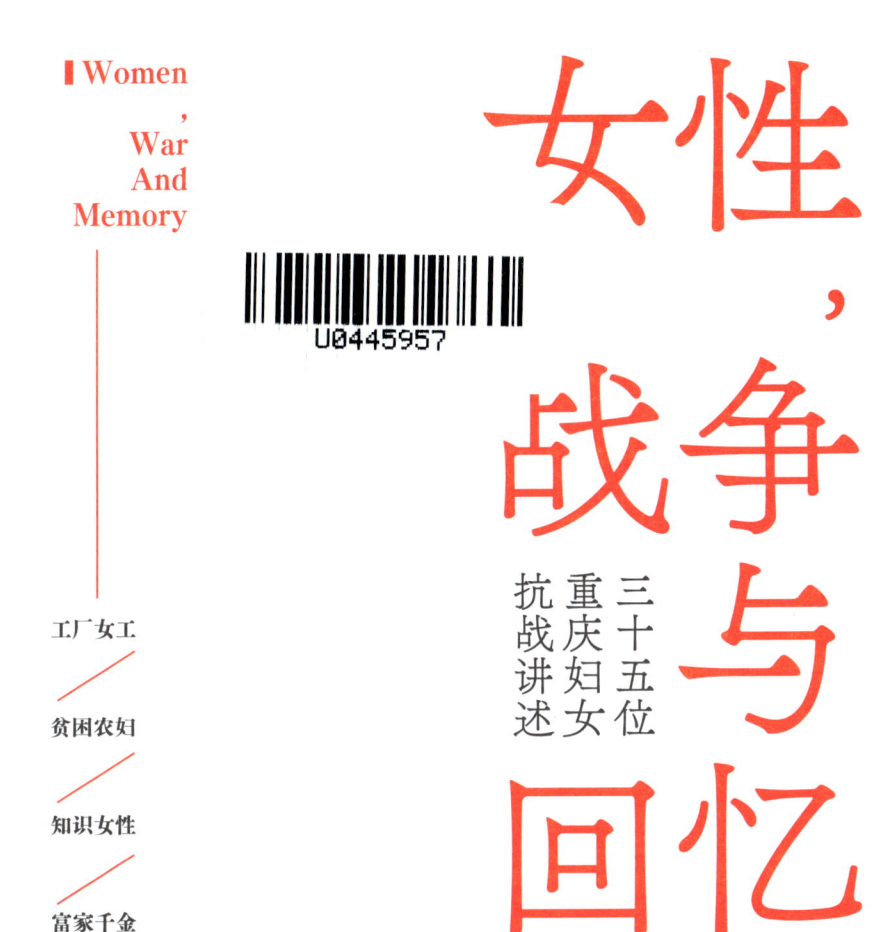

女性，战争与回忆

Women, War And Memory

三十五位
重庆妇女
抗战讲述

工厂女工
贫困农妇
知识女性
富家千金

［美］李丹柯 著

重庆出版社

Echoes of Chongqing: Women in Wartime China
by Danke Li
© 2010 by the Board of Trustees of the University of Illinois
Reprinted by arrangement with the University of Illinois Press
本书中文译文版权由香港中文大学出版社拥有，本版限在中国大陆发行。

版贸核渝字（2024）第300号

The photos of Harrison Forman used as illustrations and cover art are from the American Geographical Society Library, University of Wisconsin-Milwaukee Libraries.
本书所用的哈里森·福尔曼摄影图片均来自威斯康星大学密尔沃基分校的美国地理学会图书馆。

图书在版编目（CIP）数据

女性，战争与回忆：35位重庆妇女的抗战讲述 /（美）李丹柯著. -- 重庆：重庆出版社，2025.8.
ISBN 978-7-229-20212-5
Ⅰ.D691.968
中国国家版本馆CIP数据核字第2025F9U848号

女性,战争与回忆:35位重庆妇女的抗战讲述
NÜXING,ZHANZHENG YU HUIYI:35WEI CHONGQING FUNÜ DE KANGZHAN JIANGSHU
[美]李丹柯 著

策划编辑：徐　飞　吴　昊
责任编辑：李　孟
责任校对：李小君
装帧设计：张月瑶　荆治豪

▲ 重庆出版社 出版
重庆市南岸区南滨路162号1幢　邮政编码：400061　http://www.cqph.com
重庆诚迈文化传媒有限责任公司制版
重庆天旭印务有限责任公司印刷
重庆出版社有限责任公司发行
邮购电话：023-61520646
全国新华书店经销

开本：890mm×1240mm　1/32　印张：12.375　字数：308千
2025年8月第1版　2025年8月第1次印刷
ISBN 978-7-229-20212-5
定价：68.00元

如有印装质量问题,请联系调换：023-61520678

版权所有　侵权必究

Women,
War
And
Memory

图为抗战时期的重庆城近景。(哈里森·福尔曼 摄)

图为抗战时期在重庆江边的一间由竹子搭建的房屋。(哈里森·福尔曼 摄)

女性，战争与回忆

图为1941年，重庆江边的吊脚楼。（哈里森·福尔曼 摄）

Women,
War
And
Memory

抗战时期,重庆城内的生活用水全靠人工挑水。图为挑水工从江边挑水爬上通往城内的入城阶梯。(哈里森·福尔曼 摄)

图为抗战时期进入重庆城区的阶梯。(哈里森·福尔曼 摄)

女性，战争与回忆

图为抗战时期重庆用挂灯笼的方式拉响防空警报。当悬挂红色球1个时，为预警，市民应预先准备或疏散；当报警台悬挂红色球2个时，为空袭警报，表示敌机1小时内将空袭重庆，市民应立即进入防空洞或向郊外疏散。解除报警则挂绿色球1个。

Women,
War
And
Memory

图为防空警报响起后,重庆市民向郊外疏散

图为重庆市民在防空洞中避难

女性，战争与回忆

图为1939年5月3日、4日，日机对重庆市中心轮番轰炸，日机在这次轰炸中使用了燃烧弹，使城市炸成一片火海，数日不息，市中心伤亡和财产损失惨重。

图为抗战时期一位幸存者在尸体堆里寻找亲人

Women,
War
And
Memory

图为1941年日机轰炸重庆后，一群孩子在废墟中寻找食物。（哈里森·福尔曼 摄）

女性，战争与回忆

图为抗战时期在重庆一所学校上课的孩子们。（哈里森·福尔曼 摄）

图为抗战时期的重庆孩童。（哈里森·福尔曼 摄）

Women,
War
And
Memory

图为战时儿童保育院的战时孤儿们捂着耳朵齐唱《轰炸》歌

图为赵君陶在第三保育院和孩子们在一起

女性，战争与回忆

图为1941年日机轰炸重庆后，一位女性在废墟中寻找食物。（哈里森·福尔曼 摄）

Women,
War
And
Memory

图为抗战时期正在工作的裕华纺织厂女工

图为抗战时期在重庆坐滑竿出行的女性。(哈里森·福尔曼 摄)

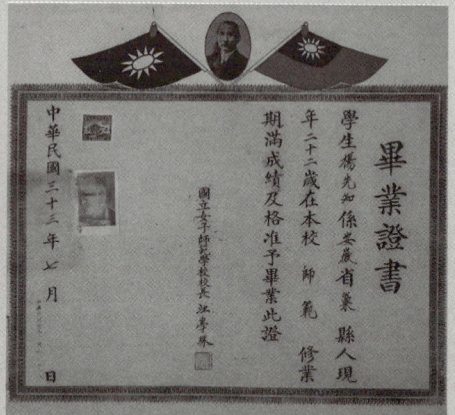

图为本书中被采访者杨先知的毕业证书、教员资格证书

图为抗战时期重庆的都市女性。(哈里森·福尔曼 摄)

Women,
War
And
Memory

图为抗战时期重庆一家纺织厂的女工。（哈里森·福尔曼 摄）

图为抗战时期的重庆，一群女性在江边洗衣。（哈里森·福尔曼 摄）

女性，战争与回忆

图为抗战时期重庆一家纺织厂的女工们正在绣花。（哈里森·福尔曼 摄）

Women,
War
And
Memory

图为抗战时期在重庆一家纺织厂工作的女童。(哈里森·福尔曼 摄)

女性，战争与回忆

图为抗战时期，重庆举办的集体婚礼上的新娘。（哈里森·福尔曼 摄）

中文版致谢

本书中文版的完成，是与众多个人和机构的帮助和支持分不开的。十分感谢过去十几年来在重庆接受我访问的那些女性。感谢她们接受我上门采访，对我敞开心扉，并同意我将她们的故事写进我的书中。因为她们的慷慨无私，这段珍贵的历史才得以保存。本书的英文版于2010年初由美国伊利诺伊大学出版社出版。美国图书馆联合会的《选择》杂志给予该书很好的书评并极力推荐。美国历史学会刊物《历史学评论》及几家权威性的中国研究刊物都登载了书评，给予该书高度好评。本书是在英文版的基础上重新写作的。英文版只收录了20名抗战时期生活在重庆的妇女的故事，而中文版则收录了35名。我为中文版的出版又查询了新的数据，重新整理和核对了采访录音，并对一些重要的问题进行了补充和解释。

中文版的写作与出版要感谢国内外的朋友和许多不相识的读者、听众。英文版出版后，纽约的华美协会、哥伦比亚大学的东亚研究中心、耶鲁大学的雅礼学会等学校和单位曾先后请我去做新书讲演。讲演之后，都有多位听众问我何时出版中文版。在华美协会讲演之后，一位女听众含着眼泪告诉我，她的父辈曾是难童，抗战时期生活在重庆的战时儿童保育院。[①]她希望我能将书尽早以中文出版，好让她还健在的父辈们能读上本书。

英文版出版后，我天真地以为翻译会是件很轻松容易的事。2009年，我拿到英文版的校样之后就开始准备翻译工作。谁知当我着手做时才知道：首先，翻译并不容易；第二，中文版不能只是原封不动、逐字逐句译本，因为中英文读者完全不一样，英文原版内容不一定适合中文读者。于是我开始重新准备数据，来改写丰富本书的中文版，这一写就是一年多时间。

在准备中文文本时，我重新整理了未被收录于英文版中的15名妇女的采访资料。在过去十年间，我曾采访过50多位抗战时期生活在重庆的妇女，但并不是所有采访数据都有用，有些被采访者的记忆已经非常模糊，因而无法收入书中。2010年1月，我回重庆重新访问了一些以前采访过的妇女，核实采访数据。本书记录的35名妇女，有好些已经仙逝，幸存者中健谈的已是寥寥无几。这都使我感到这本口述史的珍贵与重要，也希望我曾采访过的妇女中尚还健在的几位，能有机会看到中文版的出版。

我需要感谢的人很多。首先我要感谢亚洲学术协会和自由人基金会于2005年慷慨地给我的师生学术研究经费。费尔菲尔德大学（Fairfield University）三名女学生和我一起来到重庆，一起对十几名妇女进行了采访和录像，谢谢她们为本书作出的贡献。费尔菲尔德大学于2008年给予我一笔暑期研究经费。在此，我也要感谢费尔菲尔德大学对我的支持。

[①] 即"战时儿童保育会"，全称"中国妇女慰劳自卫抗战将士总会战时儿童保育会"，1938年由沈钧儒、郭沫若、李德全、邓颖超等联络各党派以及社会各界知名爱国人士发起成立，在全国各地及荷属南洋群岛望加锡都设有分会，至1946年结束，共计收容保育难童3万余名。——编者注。

第一个鼓励我做这个题目的人，是我在密歇根大学的博士论文指导教授杨格（Ernest P. Young）。我要感谢他多年来对我的帮助和培养。我的朋友兼同事、历史学家于仁秋，也在百忙之中抽出时间，毫不吝啬地向我提供他的知识和帮助。美国一位研究亚洲战争和回忆的专家菲利普·韦斯特（Philip West），也曾慷慨地同我分享他的想法，支持我完成本书。我要特别感谢重庆市图书馆抗日战争文献中心的李林防老师。李老师是一位非常敬业热心的图书馆界专业人员。她不仅专业知识丰富，也非常乐于帮助人，视读者为亲人。多年来我在重庆市图书馆查询数据，都受到李老师的帮助和支持。重庆永川的龙安中先生也是我要感谢之人。龙先生于20世纪50年代初任松溉镇镇长。2007年我去永川松溉采访时，龙先生已退休，住在永川城区。当他听说我要采访曾在抗战时松溉纺织厂工作过的女工时，毫不犹豫地和我一起去了松溉，全程陪同。当时从永川城区去松溉的道路路况不好，路面全是坑坑洼洼，车子一路十分颠簸。龙先生毫无怨言，反而一路道歉说路况不好，委屈了我。如果没有龙先生早年在松溉的"人脉"，我不可能找到当年在实验区纺织厂工作过的女工。

我也要感谢香港中文大学出版社的两位盲审读者，他们提出的建设性评语及修改意见使我的书能以现在的形式与更多的读者见面。书中若有任何错误和遗漏之处，皆是我个人的责任。

我妹妹丹心和我女儿惠琳是本书的幕后英雄。通过丹心的协调、安排和陪伴使我在重庆的多次采访得以顺利进行。惠琳则是我忠实的第一读者，她的批评、支持和帮助使我最终完成了这个项目。李江一也为本书的编写作了很多贡献。我非常感谢她的支持。我也十分感谢我的家人给予我的无条件的关爱和耐心，这些都成为了我源源不断的力量之泉。很遗憾我的父亲没有能够看到本书的完成就过早地离开了我们。本书正是为了他、为了我母亲,以及所有抗战时期生活在重庆的妇女们而作!

再版序

十分欣慰重庆出版社决定再版《女性，战争与回忆：35位重庆妇女的抗战讲述》一书。该书于2013年在香港中文大学出版社出版，并于2014年荣获第七届香港书奖，2015年该书在中国大陆由重庆出版社出版。书里记录了35位抗战时期生活在重庆的普通妇女们的抗战回忆与讲述，以女性为中心，展示中国的全民族抗日战争是一个社会性别化的历史。尽管中国人民在抗日战争中都饱受磨难，但这种磨难带有社会性别差异，妇女经历了许多女性特有的苦难，如加倍的生育之苦，痛失子女之苦，无法考虑婚育之苦，经营家庭生存之苦，性侵害之苦等等。然而女性特有的苦难并非重庆妇女抗战的全貌：本书记载的抗战时期生活在重庆地区的妇女有着极高的能动性，并有着多面的形象——她们是动员、宣传、支持抗日战争和战时生产的积极分子，还是生存策略策划者和家庭社区事务管理者。尤为难得的是，这35位重庆妇女的抗战讲述向我们揭示了战争中的日常，战时妇女们日复一日担负着的那些不起眼的，普通的养家育孩的工作，实际上是强有力反抗侵略的民族生存行为。正是她们的顽强生存和拒绝死亡的决心及行为保全了战时的国与家。她们的抗战经历告诉我们，中国的抗日战争不仅仅是主流男性视角下的斗争和博弈，它也包括了妇女们以日常生活的方式反抗侵略的斗争和精神。这些故事让我们看到战争中与每个普通人更贴近的日常面向。即使没有战争，书里揭示出的种种女性特有的困境、苦难、贡献、能动性等，都仍然与当下的女性息息相关。

过去十年中，我很感谢来自不同地区和国家，以及有着不同身份的读者与我一路相形伴随，给我鼓励和支援。在美国历史学会年会上，我遇到过一位做中国史研究的年轻学者，她看见我的胸牌后激动地拉着我的手，告诉我她在博士论文中引用过我这本书。我也曾接受过一位旅欧华人作家的线上采访，她说这本书激发了她的灵感，启发了她决定要写一本以妇女抗战为题材的小说。更有几位重庆本土作家对书中几位受访者感兴趣，想用她们的抗战经历为蓝本编写影视故事。我很感激《女性，战争与回忆》一书不仅得到研究中国抗日战争及妇女研究的学者们的认可，也得到了非学术界读者的厚爱。作为作者，我深感幸运，更是感动。

过去十年，中国抗战史研究在中西方学术界蓬勃发展，取得了可喜的成就。用社会性别和女性视角研究抗战的学术专著及论文也不断问世；但总体而言，现存的抗战学术作品仍是以男性为中心的重大历史事件及宏观课题为主流，用女性及社会性别，特别是从日常生活的微观视角研究抗战的学术作品仍属少数。有关抗战时期重庆妇女亲身经历及讲述的学术研究更是少数之中的少数。回顾几千年的人类历史，女性人物能被载入史册的屈指可数，她们中往往也是帝后或显贵出身，鲜有普通女性民众的日常经历能荣登历史圣殿的大雅之堂。而《女性，战争与回忆》正是为数不多的纪录，它留存了抗战时期生活在重庆地区的普通女性的亲身经历。过去十年中，我采访过的35位曾在抗战时期生活在重庆的妇女大部分已经仙逝，随着这群妇女的离去，她们的亲身经历以及讲述已成为我们研究抗战及妇女抗战独特的、不可复制的、永恒的重要史料及资源。2024年为纪念三八国际劳动妇女节，香港中文大学出版社把《女性，战争与回忆》一书的部分章节在网络上公开给大众阅读，并吸引了超万人阅读。民众的热烈反应也证实了抗战女性口述史的魅力及重要性。希望本书的再版可以启发更多的以女性及社会性别为视角的抗战学术研究及对话，也希望重庆妇女的抗战经历及讲述能得到更多大众的关注。

  据我所知，35位我曾采访过的重庆妇女，目前仍有两位健在，一位96岁，一位98岁。几天前几经周折，我电话联系上了那位98岁的阿姨。这位阿姨，除听力减弱之外，头脑清晰，无其他老年人通常患有的疾病。在她女儿的说明下，通过手机扩音器，我请她再同我谈谈抗战经历对她人生的影响。她思索良久之后告诉我："抗战岁月和经历是我们这一代人的宝贵财富，因为它我们才知道今天的幸福来之不易，才能好好珍惜和满足当下生活。"我听后如醍醐灌顶。可不是吗，35位重庆妇女的抗战经历与讲述不仅是她们那一代人的宝贵财富，更是中华民族抗战史以及妇女抗战史研究的宝贵财富，也是中国妇女文化精神传承的宝贵财富。过去十年中，越来越多的中西方学者们已用全球视野研究中国抗日战争的历史，并将中国抗战史纳入二战史研究范畴，我相信《女性，战争与回忆》一书所记载的35位中国妇女的抗战经历与讲述，也会是研究全球女性与战争，特别是二战女性与战争史研究的宝贵财富。

李丹柯
2024年5月
于纽约

序
历史，女性和中国的全民族抗日战争

二次世界大战结束以来，在美国、欧洲以及亚洲其他地区，口述历史在第二次世界大战史研究中扮演着很重要的角色，但在中国与二战史的研究中，尤其是在中国全民族抗日战争时期妇女史的研究中，口述历史却并不多见。现存关于第二次中日战争的学术著作大都倾向于关注重大历史事件和从事政治活动的男性历史人物，研究的框架也多以男性经历为中心，强调以男性经历为基础的战争冲突理论。相对而言，有关个人回忆的口述历史，特别是普通妇女的经历，以及这些经历提供的历史启迪，很少能够引起学术界的注意。

本书是一部关于全民族抗日战争时期重庆妇女的口述史。本书的目的不是将抗战女性化，进而将其人性化和正常化，而是展示抗战中，中国妇女特别是重庆妇女的经历。我认为，战争本身并不能赋予妇女力量，使她们变得强大；是反抗侵略而非战争，使中国妇女经受了磨炼，获得了力量，变得强大。本书有两个主要目标：

第一，它旨在将口述历史和个人回忆引入妇女和中国全民族抗日战争史研究之中。

它关注的是1938年到1945年期间，生活在国民党控制下的战时首都重庆的妇女的生活，以及她们各种各样的战时经历。本书记录了35位中国妇女的口述历史，她们都是抗战的幸存者，她们的故事都是作者通过采访而收集的。将这些战争记忆注入抗战研究中，其目的同一位美国历史学家在他关于"记忆与美国历史"的研究中提出的观点是一致的：

> 研究历史记忆能提供令人振奋的新机遇，使我们能够对传统的史料和研究课题提出新问题，作出新的综合分析。因为对历史记忆的研究能将专业化及特殊化的题目联系起来。有关历史记忆的问题，通常自然地来源于人们的日常生活经历，它可以连接史学界和认为专业历史同现实生活距离太过遥远而无法触及的广大受众。[1]

一名著名的英国历史学家，在他关于英国工业化和工人阶级研究的开山之作中也告诫我们，要通过吸收和认可普通群众的个人经历来扩充我们对过去知识的认识。[2]在中国的抗战历史中，普通妇女作为一支社会力量，一直以来不仅没有话语权，而且常常被抗战史研究忽视。

口述史对还原历史记忆非常重要，因为它特别能揭示全民族抗日战争时期生活在中国社会底层的受压迫人民的经历。例如，研究中国抗战的学者们都知道，抗战时期重庆地区物资严重匮乏，对当地居民的生活及生存造成了极大影响。重庆档案馆和重庆图

---

[1] David Thelen, "Memory and American History," *Journal of American History*, 75.4 (1989): 1117–1129.

[2] E. P. Thompson, *The Making of the English Working Class*. New York: Vintage, 1966.

书馆所藏大量文献数据可以证明抗战时期重庆的物资短缺。但是档案馆、图书馆的文献数据却无法告诉我们，物资短缺对普通老百姓的生活到底有什么样的影响，口述史则可以弥补这一缺陷。到目前为止，有关普通中国人抗战经历的文献很少，抗战时期普通人的历史数十年来都未受到学者的重视。故而，口述历史对于普通中国人，特别是妇女的战时经历的重塑是十分重要的。口述史不仅可以帮助我们了解抗战时期社会性别的差异化和战时社会的政治生活，还可以帮助我们深入了解抗战时期，重庆地区其他方面的社会结构不平等的问题。

美国一位杰出的女性问题专家指出，如果仔细研究妇女在战争中的经历，尤其是那些以口述历史为根据的部分，我们很快会发现战争造成的巨大伤亡和普通人权利的被剥夺。在口述史中，妇女的经历与传统文献记载中为动员全国支持战争而强调的英雄主义和英勇无畏的宣传形象形成鲜明的对比。[1]同样，中国的全民族抗日战争史中也存在个人经历与传统文献记载之间的差异。本书记录的口述历史告诉我们，在抗战中，国民情绪也同样存在两面性：一方面是传统文献记载的公开宣扬的、全国人民以高昂情绪投身于抗战的故事；另一方面则是鲜为人知的个人经历，以及被死亡和痛苦笼罩着的民族悲哀。我们往往认为传统文献树立的英勇抗战形象是理所当然的，因此全盘接纳，却忽视了承载战争的个人所遭受的苦难。

我需要在此申明，本书口述史揭示妇女在全民族抗日战争中遭受苦难的目的，并不是要将中国妇女扮演成被动的、可怜的受

---

[1] Joan W. Scott, "Rewriting History," in *Behind the Lines: Gender and the Two World Wars*, ed., Margaret Randolph Higonnet, Jane Jenson, Sonya Michel, and Margaret Collins Weitz. New york: M. E. Sharpe, 1989, p. 28.

害者角色。一般来讲,在世界战争史和暴力冲突中,妇女经常被描述成悲痛无助的母亲和妻子。但是近年来一些关于南亚武装冲突及美国二战时期的妇女研究,都显示了妇女在战争中有着多种多样的形象,扮演过各种不同的角色。本书的口述历史也显示了这样一个事实:全民族抗日战争时期,在国民党统治下的重庆,妇女有着多面的形象——她们是动员、宣传、支持抗战和战时生产的积极分子,也是全民族抗日战争期间性暴力和经济困难的受害者,还是生存策略策划者和家庭小区事务管理者。以往在对军事暴力冲突的学术研究中,妇女在战争中的各种个人经历往往因为得不到认同而被忽视。本书的目的就是试图将这些被忽视的个人故事,引入学者的研究视线,让普通妇女也有属于自己的公开话语权,并且"使她们的经历渗入公共领域",写进历史,而不再仅仅是与历史无关的个人故事。正像一位印度学者对南亚武装冲突中妇女的描写那样,我们应当把本书中的妇女的经历,看作中国全民族抗日战争史研究中一个极其重要的学术资源和空间。[1]

本书希望这35位重庆妇女的个人故事可以使我们进一步了解普通妇女如何应对抗战,度过日复一日的战时生活。一般的抗战史很少涉及人文维度的讨论。美国历史学家柯博文(Parks M. Coble)指出,在现存的学术研究中,抗战的人文维度往往被忽视了。[2]认识抗战的人文维度,可以帮助我们对抗战史有更全面的了解。战争的人文维度的主要观点是:战争是人造的,对战争影响最大的是人,受战争伤害最大的也是人,特别是普通人。抗战时

---

[1] Rita Manchanda, ed., *Women, War, and Peace in South Asia: Beyond Victimhood to Agency*. New Delhi: Sage, 2001, p. xiv.

[2] Parks M. Coble, "China's New Remembering of the Anti-Japanese War of Resistance, 1937–1945," *China Quarterly*, 190 (2007): 394–410.

期重庆妇女的经历，可以启发我们重新思考人文维度在战争中的重要性，并帮助我们认识人与战争的关系。只有当人们深刻意识到人与战争的关系时，人类才有可能减少或消灭战争。

总的来说，接受采访的重庆妇女们有不同的社会、经济和教育背景。不同的政治因素使她们以不同的方式经历了这场抗战，并留下了不同的记忆。然而共同经历了抗战的她们，又或多或少地拥有某些共同记忆。这些记忆不仅使这些幸存者的故事有生动的细节，也向我们展示了她们对抗战的情感和看法，从而了解到这场战争对于她们每个人分别都意味着什么。第一手的回忆资料，正如美国学者菲利普·韦斯特（Philip West）、斯蒂芬·莱文（Steven I. Levine）和杰基·希尔茨（Jackie Hiltz）所指，"对表达战争的意义和形式都是无价的"[①]。这35位重庆妇女的个人回忆提供了有关抗战期间大后方私人领域的许多具体信息，这在中国抗战研究中尚属一个相对空白。我认为只有当公共的故事和私人的故事都讲出来，文字记载的历史和口述的历史都写下来，我们才能对全民族抗日战争时期中国经历的史实有更深入完整的理解。

中外学术界对于历史和记忆在战争研究中扮演的关键性角色已经作了大量研究。一般而言，现存有关二战历史与记忆的研究大都集中在几个重大的问题上，如纳粹对犹太人的大屠杀，广岛、长崎遭受的原子弹袭击和南京大屠杀等。上述研究无疑是非常重要的，本书也不是要否认其重要性，而是想指出史学界也应当关注那些普通的战争题目。之前，西方出版的有关中国全民族抗日战争的著作大都集中于研究以男性为中心的军事历史，如战时中国的政治和经济、文坛精英创作的文学作品，以及抗战时期国共

[①] Philip West, Steven I. Levine, and Jackie Hiltz, ed., *America's Wars in Asia: A Cultural Approach to History and Memory*. New york: M. E. sharp, 1998, p.12.

两党分别在国民党统治区①及红色根据地从事的现代国家建设。由于现存有关中国全民族抗日战争的历史著作大多都未包含普通人民的声音，这35位重庆妇女的口述史，以及她们带给我们的战争记忆，就如南非社会学家贝琳达·博佐利（Belinda Bozzoli）在她的研究中提出的一样，是用一种非完美的方式重现了历史，并为学者们提供了一条了解什么才是抗战"真实"面目的途径。②

在现代妇女研究中，西方学者们早就提出了"个人的就是政治的"观念。女性私人生活中发生的事情往往反映出政治和社会中复杂的权利关系。不同身份的中国妇女在全民族抗日战争中的个人故事重新展现出当时的物质条件、社会、经济、文化和政治生活，以及全民族抗日战争时期重庆的精神状态，使我们能以生动的方式了解抗战时期中国战时首都重庆的各种政治权利关系。例如，我们知道在国民政府统治下的大后方，抗战时期通货膨胀和经济困难的情况十分严峻。虽然现有的学术著作都以醒目的统计数据记录了抗战时期重庆的通货膨胀，但我们往往无法从生硬的数据中知道这对当时的普通人到底意味着什么，对他们的生活到底有什么样的影响。本书口述史中普通妇女们对全民族抗战时期重庆通货膨胀的个人叙述，则提供了具体而生动的情节，帮助我们了解全民族抗战时期通货膨胀和经济困难带给普通人民的巨大痛苦。而全民族抗战时期普通民众经历的经济及生活困难，以及他们应对这些困难的方式和态度，也在一定程度上向我们揭示了普通民众与国民政府的关系。

---

① 国民党统治区，后文统一简称为"国统区"。

② Belinda Bozzoli, with Mmantho Nkotsoe, *Women of Phokeng: Consciousness, Life Strategy, and Migrancy in South Africa, 1900-1983*. London: Heinemann, 1991, p. 6.

20世纪80年代以来，历史记忆一直是学术界的热门话题。在西方的中国史研究中，集体记忆及公共领域也是流行的研究题目。很多学术著作和学术会议都在致力研究，用西方学者赵文词（Richard Madsen）的话来说就是，"使一个小团体融入一个小区的集体记忆"[①]，或如大卫·西伦（David Thelen）所指出的，"探索个体如何与大历史进程联系起来的新的可能性"。尽管赵文词指出，大多数关于公共领域的研究都聚焦在非政府的民间社会，但我认为这些研究主要还是试图把个体融入整体，并强调整体的重要性和体现团体的特征。这种研究往往忽视了个体如何将历史进程个人化。个人经历和民族历史是相互影响并呈交叉状的。抗战幸存者的口述史数据可以帮助我们从多个层面了解到抗战中个人历史和民族历史的交叉性，而不仅仅局限于个体与个人记忆是怎样被融合进整体和公共历史中。

实际上，这35位中国妇女的个人记忆向我们揭示出抗战大后方形形色色的面目，既包括了英勇的全民族抗日战争，也显示了战时社会的混乱，以及不同人群对抗战意义的理解和冲突。与欧洲和美国在二战时期发生的情况类似，在中国，全民族抗日战争时期妇女的共同记忆和个人记忆之间也同样存在差异。虽然抗战时期的档案数据和妇女刊物记载和发表了许多有关妇女的资料，但这些文字记录多半代表集体记忆。虽然它们也反映了妇女在全民族抗日战争中经受的磨难和面对的挑战，但基本腔调仍属于激昂的官调，目的是寻求全民族对抗战的支持，故而强调英雄主义和英勇无畏的民族形象。譬如，1937年应澳大利亚某刊物要求，

[①] Richard Madsen, "The Public Sphere, Civil Society and Moral Community: A Research Agenda for Contemporary China Studies," *Modern China*, 19.2 (1993): pp. 183 – 198.

蒋介石夫人宋美龄写了一篇名为《战争与中国妇女》的文章。在该文中，她对全世界说，自打全民族抗日战争爆发以来，中国各界妇女都积极奋发地为支持抗战贡献着自己的力量。受过良好教育的女性领袖，建立起各种组织机构，为抗战提供协调和协助，与此同时，女服务员和舞女则纷纷到医院和慈善机构当志愿者，普通家庭妇女也都自觉自愿地照顾流浪儿童。在宋美龄看来，正是这场战争将中国妇女不会夸夸其谈、只会努力做事的优秀品质表现了出来。①在她的公开演说中，中国妇女在全民族抗战时遭受的苦难被褒扬成民族英雄主义和中国人民顽强生命力的体现。

西方学者詹姆斯·梅奥（James M. Mayo）指出，任何社会在战争时期都需要将其集体的战争记忆神圣化，以此证明人民的流血和牺牲都是有价值的。这种流血牺牲被用作"社会之精神支柱"以掩盖发动无人道战争的国家形象。②与此相反，本书的目的则是避免把战争记忆神圣化。本书中的口述材料，即那些个人的抗战记忆，不仅仅揭示了中国人民的英勇抗战，同时也记录了战争造成的家庭成员死亡和人民的苦难，也就是战争的无人道性。战争会造成流血牺牲。就算是正义的、反抗侵略的全民族抗日战争，受伤害最多最大的也是普通中国老百姓。正如美国一位著名学者琼·瓦拉赫·斯科特（Joan W. Scott）所指出的那样："这种私人与公共空间、家庭与国家、母亲们的需要与国家的需要、个人的牺牲与国家的存亡之间的差异，对于民族主义和爱国主义思想意

---

① 宋美龄：《战争与中国妇女》，《蒋夫人言论汇编》，（台北）正中书局1956年版，第77—85页。

② James M. Mayo, "War Memorials as Political Memory," *Geographical Reoiew*, 78.1 (1988): 75.

识的形成是至关重要的。"①想要对妇女的战时经历和中国全民族抗日战争的历史有更深入详细的理解，关注集体记忆和私人回忆之间的差异尤其重要。这种差异会帮助我们了解社会性别在抗战时期的表现和抗战期间各种政治思想运动的复杂性。

第二，它旨在展示中国的全民族抗日战争史实际上是一个社会性别化的课题。

现存关于中国全民族抗日战争的西方著作几乎都没有涉及抗战时期重庆妇女的经历，因此，知识构建过程中包含的女性视角和见解也就远远不够完善。将全民族抗战中重庆妇女的故事纳入历史叙述，不仅给予她们话语权，更是补充与挑战了有关抗日战争的知识构建。印度学者丽塔·曼查达（Rita Manchanda）在她关于南亚战争中的妇女的研究中指出，一旦妇女们遭到暴力冲突，她们就会创造出特殊的经济、社会、文化、民族及国家等方面的现实条件，并使它们逐渐演变成一门新知识的基础和源泉。②只有以女性为中心的故事获得一定的空间和地位，她们才能成为知识构建过程中的一员，从而使我们能有更充实的知识基础，了解更完整的抗战历史。本书力求从近现代史上在暴力冲突中主张男女平等的学术成就中，借鉴一些观点及见解来说明，男女平等理论及其社会性别分析方法，可以帮助我们更好地理解全民族抗日战争时期社会性别关系在重庆地区的演变，也能提供关于中国抗战史研究中，以女性为中心的另一种视角和版本。

本项研究还试图探讨全民族抗日战争中社会性别与集体及个

---

① Joan W. Scott, "Rewriting History," in *Behind the Lines: Gender and the Two World Wars*, ed., Margaret Randolph Higonnet, Jane Jenson, Sonya Michel, and Margaret Collins Weitz. New york: M. E. Sharpe, 1989, p. 28.

② Rita Manchanda, ed., *Women, War, and Peace in South Asia: Beyond Victimhood to Agency*, New Delhi: Sage, 2001, p. 20.

人记忆之间的关系和区别，展示全民族抗日战争期间社会性别形成的复杂性，并讲述中国的抗日战争历史本身的复杂性。本书记载的重庆妇女在烽火岁月里的故事，告诉我们在探寻社会性别标志的过程中，如同欧洲和美国妇女在二战中一样，中国妇女也必须得在公共和私人需求之间，在国家与家庭之间、国家需要和个人需要之间、国家存亡和个人生死抗争之间，以及社会划分给男性的阳刚英雄主义与划分给妇女的阴柔韧性之间不断博弈。

　　本书的口述记忆揭示出，尽管中国人民在抗战中都饱受磨难，但这种磨难带有社会性别差异。全民族抗日战争时期重庆地区的妇女经历了许多女性特有的苦难。比方说，战争期间极端艰辛的生存条件，使很多母亲在战争中失去自己年幼的孩子；许多妇女在战争中承受了加倍的生育之苦，还有些妇女则由于生活艰难、社会动乱，根本无法考虑生育儿女。再如，尽管全民族抗战爆发前后，中国也存在着对女性的性侵害及性虐待，但战争造成的混乱却使许多妇女更加容易受到性侵害和性虐待。在西方，妇女在军事冲突中遭受的性暴力，尤其是近30年来妇女在世界各地军事冲突中饱受的蹂躏，已经受到学者关注。近年来以妇女在战争中遭受的性侵犯为主题的学术研究已成为热门话题。然而相比之下，以中国妇女在全民族抗日战争中经受性迫害为主题的学术研究却寥寥无几。现存关于抗战时期中国妇女遭受性暴力的中英文著作，大都将焦点集中在参战士兵对中国平民妇女的性暴力上，尤其是在南京大屠杀中遭受日军强暴的妇女和在日军中饱受性虐待的"慰安妇"。而对于妇女在全民族抗日战争中非军事区域里遭受的其他形式的性侵犯和性虐待却极少有人关注。本书收集的口述史中至少有三位女性（刘群英、赵知难和任再一）提到了亲身经历过和目睹过的男性对女性的性侵犯。希望本书的出版能够吸引学者注意，从事该类课题的研究。

我们也应当注意抗日战争时期中国普通妇女日常生活的重要性，及其对抗日战争和国家的贡献。美国学者黛搏拉·哈·霍尔斯特德·伦农（Deborah Halstead Lennon）在她关于妇女研究重要性的思考中指出，妇女对社会（在这里指战争）的贡献通常都错综复杂地交织在日常生活中，并被日常生活所掩盖，以至于现存的学术研究对这些贡献都视而不见。因为妇女们的日常生活对学者们来说太过熟悉，也太过普通了。[①]现存有关抗战时期重庆妇女的工作和贡献的公开历史记录，大多局限于她们在公共领域内的工作，特别是在工厂和机关所做的事务和贡献，而她们私下在家庭里的工作和贡献却常常没有被认为是有价值的材料。我认为，普通妇女的个人经历是中国的全民族抗战历史的重要组成部分，也是研究抗战的宝贵材料。虽然重庆地区的有些妇女在抗战时期确实从事着公共领域内的工作——她们在工厂里劳作、在机关里上班、在学校教书和读书，但我采访的妇女中有许多都是家庭妇女，她们每天的工作是煮饭、洗衣、带孩子，像家仆一样劳作，并且在照顾家人之余，在街上售卖自制的家庭手工品。她们没有薪金，也无法计算自己劳动的价值。然而正是这些未被记录下来的工作与生活技术和生存艺术，帮助无数中国家庭度过了艰苦卓绝的八年抗战，并使全国人民的心智凝聚起来。这些表面看来只是家庭琐事的普通行为，实际上是强有力的民族生存行为。古人曰，齐家、治国、平天下。妇女们理家的日常生活，是中国全民族抗日战争时期国家组织的重要组成部分和赖以生存的重要条件，

[①] Deborah Halstead Lennon, "Why Women's Studies?" in *Women: Images and Realities*, ed., Amy Kesselman, Lily D. McNair, and Nancy Schniedewind, California: Mayfield, 1995, pp.31-32.

也是一种非正式形式的抗日民族主义。这种非正式形式的抗日民族主义应该被包括在抗战历史研究之中,并予以高度重视。

西方学者保拉·施瓦茨(Paula Schwartz)在她关于法国二战时期妇女运动的研究中指出,由于大部分法国妇女都是以日常生活中不显眼的家庭主妇、学校教师等自然身份参与反抗法西斯的地下斗争,所以战后关于反抗法西斯斗争的学术研究没有对战时法国妇女的经历给予令人满意的地位和认可。然而,她坚持认为,有必要重新定义反抗法西斯斗争,并将法国妇女参与的有组织的地下活动和她们的日常职责都纳入反抗法西斯历史的研究中来。① 我认为,我们也有必要重新思考"反抗侵略"在中国抗战史中的释义。

在现有的学术研究中,有关妇女特别是在国统区大后方的妇女,并没有被纳入抗战史的"反抗侵略"的研究。而且由于绝大多数大后方的普通妇女所从事的,都是被人们认为是女人理所当然的普通工作,比如照顾家庭和带孩子,她们的努力和贡献并未被学术界看作是反抗日本侵略的重要工作。大众通常把"反抗侵略"社会性别化,认为是男性的行为,而且只有男性才有能力反抗。因此,在中国有关"反抗侵略"的研究主要集中在男性社会及其成员上,如男性士兵、政党领袖和知识分子等,而不包括普通妇女。因此,将重庆妇女在全民族抗战时期大后方的日常经历加入学术研究,可以揭示妇女维持个人与家庭的生存同样是反抗侵略的重要组成部分。借用英国学者安吉拉·伍拉科特(Angela

---

① Paula Schwartz, "Redefining Resistance: Women's Activism in Wartime France," in *Behind the Lines: Gender and the Two World Wars*, ed., Margaret Randolph Higonnet, Jane Jenson, Sonya Michel, and Margaret Collins Weitz, New Haven: Yale University Press, 1987, pp. 141–153.

Woollacott）在其关于第一次世界大战欧洲妇女的研究中的一句话，在中国全民族抗战时期国统区重庆地区，"妇女才是国家存亡和人民生命的支柱"[①]。在本书中，我们可以读到许多生动的例子，了解重庆妇女如何顽强生存和拒绝死亡，如何表现反抗侵略的斗争和精神。中国抗战史研究一定要把普通中国妇女的经历，以及她们以日常生活的方式参与反侵略战争的行为写进历史，并将其作为研究中国反抗日本侵略史中的不可缺少的重要组成。只有这样，我们才能对抗战有比较全面的理解。

本项研究也为我们提供机会，重新评估在全民族抗日战争中，谁具有男女平等思想和社会性别意识，谁在按照男女平等思想和社会性别意识积极行动、参与全民族抗日战争活动。以往的学术著作通常认为，只有中产阶级和受过良好教育的精英阶层妇女，才会有意识地追求社会性别的代表和男女平等的权利。普通妇女往往被剥夺了寻求社会性别个性的意识，因为一般来讲，有记录的历史只属于社会的精英阶层，而且知识的构建过程也从来不包括普通人民的声音，尤其是普通妇女的声音。如果我们承认，妇女对日常生活及生存方式的管理和创新是中国全民族抗日战争时期反抗侵略的一部分，那么，普通中国妇女也完全有能力拥有社会性别意识和追求男女平等的权利。因为战争是非正义的最高暴力形式，如果普通的中国妇女能有意识地用日常生活反抗侵略，那么她们也可以有意识地争取自身的平等权利和解放。

西方学者玛格丽特·伊戈内（Margaret R. Higonnet）和帕特里斯·伊戈内（Patrice L. Higonnet）在研究第二次世界大战中的欧洲妇女的文章中指出："即使是对新的日常经历的简要揭示，也可

[①] Angela Woollacott, *On Her Their Lives Depend: Munitions Workers in the Great War*. Berkeley: University of California Press, 1994.

能在理论上使我们对一些范例的接受程度产生革命性的影响。"①虽然在抗战中,绝大多数普通中国妇女中都不知道或不明白理论概念上的社会性别关系,但她们却清楚其在具体实践上的意义。战时经历使她们更清楚地意识到,生产力关系中的社会性别分工,以及过去从未被质疑过的妇女在传统概念上的主内的角色到底意味着什么。例如,在我的采访过程中,这些重庆妇女都强调,在抗战中作为一名女性生存有多么艰难,以及她们在抗战中照顾家庭并确保家人生存的责任有多么沉重。抗战期间,就像那些在南亚冲突中生活的妇女一样,战争也造成了与妇女生活水平极度相关的物资稀缺,而社会分配给她们的养育小孩和照顾老人的种种职责,履行起来都更加困难。这些经历都加深了她们对自己扮演的社会性别角色的具体的和实践性的理解。

现有有关二战时期美国和欧洲妇女的研究中,备受关注的问题之一就是"改变":最热门的话题是战争以何种程度、通过哪些途径改变了欧洲和美国妇女的生活及地位,以及这些改变能否在战后持续。我认为,这种问问题的方式本身就存在问题。它将妇女置于无能和被动的位置。因为这样的问题事先已经假设,欧洲和美国妇女的生活一定被战争改变。而本书研究的不仅仅是中国妇女的生活如何被抗战改变,同时也将妇女放在主动位置上,研究妇女参与全民族抗日战争对战争和战时社会、政治及经济体系起了多大的影响。这样中国妇女也可以成为抗战历史的主动创造者,而不仅仅是被动的受益者或者受害者。

---

① Margaret R. Higonnet and Patrice L. Higonnet, "Double Helix," in *Behind the Lines: Gender and the Two World Wars*, ed., Margaret Randolph Higonnet, Jane Jenson, Sonya Michel, and Margaret Collins Weitz. New York: M. E. Sharpe, 1989, p.31.

总体而言，妇女作为一个社会群体在全民族抗日战争中是不可缺少的。如果没有她们的牺牲和贡献，中国根本无法坚持八年艰苦的全民族抗日战争。为了保留妇女对抗战的支持，各党派和社会各阶层都不得不承认，妇女在抗日战争中极其重要的贡献，并对妇女要求的权利和自由作出一些让步。

尽管一些针对妇女的特殊权利和自由而制定的战时政策，譬如对军属妇女的经济援助以及培训妇女掌握战时生产技能等措施，在抗战结束之后，由于紧接着的内战而被取消，但妇女作为一个整体及社会群体，在中国战时及战后的政治舞台上仍成为一支越来越强大的政治力量。例如，1938年国民政府批准国民参政会的成立，就是为了团结各界人民支持全民族抗日战争而作出的让步。国民参政会自1938年持续到1948年，共历四届，举行大会13次，其中11次都在重庆举行。由于国民参政会的成立，民国史上首次出现了少数几位妇女领袖被任命为参政会参议员的局面。尽管女性参议员只占国民参政会总人数的10%，妇女积极分子还是把握时机，切切实实地加入到了全民族抗日战争政治实践活动中来。从现存有关国民参政会的数据中可以看到，虽然女性参议员来自不同的政治党派，如伍智梅代表国民党，邓颖超代表共产党，史良、刘王立明等代表第三党派，所有的女性参议员都积极参与了有关妇女的提案的制定。①以史良为首的女参议员，还成功地迫使在国民政府对女性就业问题作出让步，国民政府于1942年宣布，政府机构不得拒绝雇用女性或无故开除已婚妇女。②女性参议员加

---

① 孟广涵编：《国民参政会纪实（上）》，重庆出版社1985年版，第288—405页。

② 丁卫平：《中国妇女抗战史研究，1937—1945》，吉林人民出版社1999年版，第121页。

入进国民参政会，不仅塑造了抗战时期中国政治的新形象，更标志着中国官方开始接纳女性政治家进入正式的国家政治组织机构。由此，中国的主要的政党——国民党、中国共产党和第三党派——都不得不承认并培养这支女性政治力量。一个很好的例子是在抗战时和抗战结束之后，共产党和国民党都认识到中国的战时动员和战后国家重建，必须要把妇女力量团结进来。这种意识促成国民党和共产党，都把团结和动员妇女的重要性写进他们的党章之中。因此，在学术研究中，对于抗战中妇女权利得失的权衡，应该超越战争在多大程度上影响了妇女的生活这一问题，应将抗战中妇女的经济、社会和政治参与，在多大程度上影响了战时与战后中国的社会和政治，以及这种影响是否持久这一问题纳入思考范围之中。

　　作为全民族抗日战争时期的战时首都，重庆为抗战作出了重大的牺牲和贡献。自从国民政府于1938年1月正式将其办公系统搬到重庆，这座城市就变成了中华民族反抗侵略的象征和全国政治、经济、文化及教育中心。在全民族抗日战争时期，重庆及其市民不仅在精神和道德方面扮演了主要角色，更作出了重大的人道牺牲，遭受了无法忍受的痛苦，并且为抗战作出了具有重要意义的人道和物质贡献。可以毫不夸张地说，是重庆人民在八年全民族抗日战争中的牺牲和贡献增强了中国承受八年艰苦磨难的能力。

　　譬如，在抗战年间，重庆地区成为中国最大的武器、弹药及其他军备的制造工厂。它提供了国统区消耗粮食量的1/3，并担负起全国1/3的财政负担。此外，国民政府军队中的20%的兵源，共计300万人，都征自四川。在川军中，646283名士兵被送到抗日前线。在这些士兵中，死亡人数高达263991人，受伤人员356267

人，还有24025人被认定为失踪。①该地区如此大规模的群众参与，是通过各种各样的政府机构和民间组织精心发起的动员活动完成的。妇女组织在重庆发起的国民动员中扮演着十分重要的角色。

一些资深的西方中国问题学者，如任职于美国圣地亚哥大学的周锡瑞（Joseph Esherick），早就竭力主张中外学者应该研究国民政府在抗战中所扮演的角色。②但在西方的现代中国史研究中，抗战史特别是有关国统区人民参加的抗日战争历史，还是一个薄弱环节。有关抗战时期国统区的妇女史更是少见。尽管在改革开放之后，中国大陆的抗战学术著作已经逐渐开始承认国民党在抗战中所作出的贡献，但它们还是一如既往地将研究重点集中在以男性为主导的政府、政治以及军事战场等课题上。更重要的是，现在虽然大陆学术界已经开始注意国民党和国统区在抗日战争中的贡献，但抗战时期重庆普通老百姓特别是妇女的贡献，仍然未得到应有的重视，成为学术空白。我希望本项研究能为学术界提供有关重庆妇女抗战时期生活经历的新史料，并将注意力引向抗战时期大后方历史的研究，以弄清国统区人民对抗战胜利的贡献。这样的研究会帮助我们更好地了解20世纪中国通史和中国抗战史。因此，在讲述重庆妇女在抗战时期的口述历史之前，有必要先了解一下重庆在抗战之前的简要历史。

---

① 重庆抗战丛书编辑委员会编：《重庆人民对抗战的贡献》，重庆出版社1995年版，第85页。

② Joseph Esherick, "Ten Theses on the Chinese Revolution," *Modern China*, 21.1（1995）：45-76。

重庆简史

　　重庆位于中国西南部,位于长江与其主要支流嘉陵江的汇合处,并与四川大多数地区及云贵部分地区都有水陆路连接。虽然重庆与四川及邻近省份的主要地区也有陆路相连通,但在20世纪二三十年代现代公路建成以前,长江是长江上游与外界联系的主要通道。在19世纪末,重庆的特殊地理位置使它成为了水运系统的枢纽和长江上游及西南地区最重要的贸易中心。尽管如此,重庆在19世纪90年代以前却没有任何现代工业,商业经济的主要内容是西南地区商品的内部再分配。1891年,清政府"开放"重庆为通商口岸,再加上后来清政府的改革,都加速了该地区现代商业企业的发展,引入了现代工业,将该地区的商业经济与世界经济联系了起来。①自19世纪末期以来,重庆一直都是中国西南地区的商业中心。在1937年全民族抗日战争爆发以前,商业也一直都是该地区最重要的经济行业。

　　重庆于1929年建市,20世纪30年代时占地面积为93平方公里。1937年,重庆成为战时首都后,面积扩大到300平方公里——抗战对重庆城市扩展的影响可见一斑。与较发达的上海及其他沿海地区相比,重庆的现代工业发展相对落后。在1891年至1911年间,重庆才建起第一批现代工厂,主要是生产火柴、棉织、猪鬃加工之类的轻工业。②尽管在1935年国民党中央政府入驻四川之前,重庆连年遭受军阀战乱,在1911年至1937年期间,该地

---

① 周勇主编:《重庆通史》,重庆出版社2002年版,第340页。
② 隗瀛涛主编:《近代重庆城市史》,四川大学出版社1991年版,第189—198页。

区的现代工业、基础设施及城市管理系统仍有缓慢的发展，尤其是1926年，四川军阀刘湘掌握了该地区的控制权以后，重庆地区的局势出现了相对稳固的状况，经济建设也有了发展。重庆地区的现代化发展建设，主要归因于这里独特的政治势力结构。清政府被推翻以后，四川便成为众多军阀争夺的焦点。1935年之前，国民党中央政府对该地区的政治影响力不大，甚至1935年之后，国民党政府的控制力也相对薄弱。四川的地方势力，如青帮、红帮和军阀，仍然是控制当地社会的重要势力。重庆作为中国西南地区的工商业中心，对军阀和其他地方势力的财政收入来源至关重要。因此，中央政府相对薄弱的势力及其极力想打入四川的愿望，加之各地方势力对重庆的经济依赖，都为该地区的现代化发展提供了一定的空间。

20世纪20年代到30年代初，重庆地区的基础设施现代化建设比以前得到较大发展。1927年至1937年间，重庆市区铺建完成现代化的公路，市区的公交系统也随之发展起来。至1937年，已经有88辆为当地人民服务的公共汽车，私家车数量达到151辆，成千上万辆人力车则代替轿子成为该地区普通百姓最常用的交通工具。[1]从1932年到1937年初，重庆与四川其他地区，以及与贵州、湖南、云南相连的公路也陆续建成。重庆成为战时首都以后，战前建成的省际公路——连接云南和缅甸的滇黔公路，就成为中国抗战时期主要陆路干道的建设基础。日本控制了中国沿海地区以后，滇黔公路成为抗战时期中国与外界联系、外界救援物资通过

---

[1] 周勇主编：《重庆通史》，重庆出版社2002年版，第857—862页；隗瀛涛：《中国近代不同类型城市综合研究》，四川大学出版社1998年版，第366页。

陆路运进国内的生命干线。①

　　这个时期重庆的船运业也得到了较大发展。长江上游的民族船运业开始于19世纪末20世纪初。第一次世界大战时期，由于欧洲列强忙于战事，中国民族船运业在长江上游地区发展速度加快。然而，第一次世界大战结束后，欧洲帝国主义势力回到了中国，并加入长江上游船运业的控制权争夺战中。中国人自己的船运公司却不断受到各路军阀势力的欺压，往往被迫向用武力争夺川东控制权的军阀提供免费服务。为了躲避军阀压榨，一些中国船运企业纷纷与外国竞争者合并，以保护自身利益，这导致该地区的中国船运业发展受到严重破坏。

　　1926年，刘湘巩固了在川东的地位后，重庆实业家卢作孚创办了民生船运公司，将长江及其支线的船运业务收复回来。卢先生是位进步而务实的商人，他创办民生船运公司的宗旨就是服务社会、为大众提供便利、发展工业和富强国家。②卢先生利用他与刘湘的良好关系，采用以充分发挥员工长处和促进劳资与劳力和谐为中心的独特管理模式，在公司成立仅一个月之后，就开通了重庆通往长江上游合川镇的线路。1937年，在全民族抗战爆发前夕，卢作孚的民生船运公司已拥有47艘船舶、3家分公司、6间办事处及4家代办处。公司业务覆盖整个长江地区，并开辟了重庆至上海沿线的3条长途路线和长江上游的5条短途路线。③

　　铁路方面，尽管1936年国民政府特准刘湘成立了"川黔铁路局特需股份有限公司"，并授予他修建连接重庆与成都、内江及自

---

　　① 李占才、张劲：《超载：抗战与交通》，广西师范大学出版社1995年版，第150页。

　　② 杨继仁、唐文光：《中国船王》，文化艺术出版社1991年版，第78页。

　　③ 周勇主编：《重庆通史》，重庆出版社2002年版，第854—856页。

贡盐场铁路的权力，1937年全民族抗日战争的爆发却使该项目被迫中断，致使抗战前重庆仅有的铁路是为江北区一个煤矿修建的、长约10公里的轻便铁道。

全民族抗日战争爆发之前，中国仅有的航空服务由两家大型航空公司提供，一家是中美合资的中国航空股份有限公司（CNAC，以下简称"中航"），另一家是中德合资的欧亚航空公司。1931年，中航开通了从湖北汉口通往重庆的航线，并于1933年增加了成渝航线。1935年国民政府进入四川后，中航又增加了重庆至云南昆明的航线。1936年，为适应重庆新增航空服务的需要，中航陆续在重庆建成3个机场。重庆变成战时首都后，这些都发展成为中国抗战时期航空系统的建设基础。1938年以后，日军的侵占使中国航空业被迫逐渐迁出中国北方、中部和南方地区。最后，中航和欧亚航空公司分别将其总部搬到了重庆和昆明。在全民族抗日战争期间，重庆和昆明就成了中国的航空中心；1941年后，两地便成为美国根据租借法案为中国提供战时急需物资的空运生命线。

虽然重庆地区在19世纪80年代末期就已经有电报服务，但该地区的无线电通信系统直到1928年才建成。1936年，重庆才有了同成都及贵州相通的长途电话服务。尽管重庆战前的交通和通信系统仅为该地相对较小的区域和人群提供服务，1937年11月，重庆正式成为战时首都后，这些系统也为战时的通信发展打下了重要的基础。抗战期间，重庆的电话系统扩展较大，不仅包括市内的3000部电话，还覆盖了周边地区，最终将包括云南、贵州和四川在内的整个西南地区都囊括其中。1941年后，国际长途业务也开展起来，将重庆与美国及世界上其他地方都联系起来。①

　　1937年7月卢沟桥事变爆发，日本向中国发动全面战争。在这场战争的头几个月里，日军对中国北部和中部的迅猛攻势，迫使许多在上海和沿海的中国工业、企业相继撤退到了湖北。1938年，武汉沦陷，超过30万吨的工业设备和物资，以及1万名技师和工人都困在了宜昌地区，等待转移到四川安全区域。就在这个关键时刻，重庆的交通系统，尤其是民生船运公司，在帮助国民政府和中国工业特别是军事工业，从宜昌撤退到重庆，发挥了重要作用。卢作孚调动民生公司的力量，40天之内，就用船将被困在宜昌的所有工业人员及2/3的工业装备和物资运到了四川，创造了中国历史上最大规模的工业迁移，被誉为"中国工业的敦刻尔克"。②卢作孚及其民生船运公司挽救回来的工业设备和人员，帮助中国在四川重新建立起抗战时期急需的军事及其他工业，使重庆从此成为中国军事工业的重要生产基地之一。卢作孚和他的民生船运公司在重庆成为战时首都以后的抗战岁月里，还在从四川及西南其他地区向前线运输士兵和物资等方面，起到了关键作用。

　　重庆的现代工业出现于19世纪末期，是经过战前35年的历程逐渐发展起来的。重庆战前的工业主要以轻工业为主，尤其是纺织品生产业、蚕丝业和出口商品制造业。重庆的重工业不发达，在20世纪20年代末及30年代初，只有钢铁、电力和水泥等很小一部分重工业。以卢作孚为例，他开办民生船运公司以后，还创建了民生机械公司、三峡染织公司以及合川水电公司。③虽然在抗

---

　　① 周勇主编：《重庆通史》，重庆出版社2002年版，第1153—1154页；吴济生：《新都见闻录》，（上海）光明书局1940年版，第105—106页。

　　② 卢国强：《我的父亲卢作孚》，重庆出版社1984年版，第198页。

　　③ 周勇主编：《重庆通史》，重庆出版社2002年版，第856页。

战爆发之前，重庆的城市基础设施和工业发展都远远落后于工业化程度最高的城市——上海，但重庆却是长江上游地区的工商业中心。1936年，四川全省仅拥有583间工厂和手工工场，重庆于1933年就已经有415间工厂和手工工场。四川大学的近代史专家隗瀛涛教授指出，如果将1933年的重庆数据和1936年的四川数据相比较，重庆占据了四川工厂和手工工场总数的71%、工业劳动人数的2/3。①现存的西方学术研究，如美国学者李·麦基萨克（Lee McIsaac）的重庆研究，都将抗战前的重庆描绘成一个十分落后破旧的城市，认为战时首都的地位护佑重庆实现了现代化。②虽说重庆的战时地位，以及中国人口与政治、教育、工业及文化机构向重庆的迁移，确实加快了重庆现代化发展的进程，但重庆地区的现代基础设施建设和工业发展，早在抗战爆发以前就已经生根发芽了。套用研究日本史的著名美国学者约翰·道尔（John Dower）的观点，正如日本在二战时和美国占领日本以前就已经有了和平与民主的思想一样，抗战时期重庆地区的现代化发展也"并不是由外来的思想或强加的想法诱导的，而是由自己鲜活的经历和对机会的把握而实现的"③。若是当时该地区没有存在基础设施和工业基础，若是重庆地区和外地迁徙来的人民没有加入抗战时期的社会并参与经济发展的愿望，外地迁移来的工业根本无法在1938年后如此迅速高效地在重庆落地重建并投入生产。

李·麦基萨克还提出，"国民政府于1937年秋宣布：'重庆将

---

① 隗瀛涛主编：《近代重庆城市史》，四川大学出版社1991年版，第26页。

② Lee McIsaac, "City as Nation: Creating a Wartime Capital in Chongqing," in Joseph Esherick, ed., *Remaking the Chinese City: Modernity and National Identity*, 1900-1950. Honolulu: University of Hawaii Press, 2000, pp.174-191.

③ John Dower, *Embracing Defeat: Japan in the Wake of World War* II. New York: W. W. Norton, 1999, p.23.

成为中国抗日战争时期的陪都之一',使这座城市几乎一夜之间就从中国政治的边缘变成了中心"①。我认为,麦基萨克的论述又一次削弱了重庆在现代中国政治史上的重要性。从地理位置上看,如果我们坚持中国的中东部才是中心,重庆也许确实只能算是一个周边城市。然而在政治上,自19世纪末和20世纪头十年以来,重庆都是中国反抗帝国主义斗争和民族主义运动的领跑者之一。在1911年辛亥革命的"保路运动"及"护法运动"中,所谓的"周边城市"重庆实际上就是革命运动的中心。众所周知,正是在四川率先掀起的"保路运动"为接下来的辛亥革命拉开了序幕,才使中国由帝制走向共和。不仅如此,重庆在五四运动和中国共产党的早期运动中,也同样扮演着重要角色。②1927年至1937年的南京国民政府十年统治期内,重庆在经济和社会发展方面所作出的努力与南京政府统治下的区域也是旗鼓相当的。到1937年,重庆作为西南都市中心,与上海、汉口等通商口岸城市相比,虽然硬件设施——通信和交通系统、现代工厂和街道的数量等,发展相对落后,却并不缺乏注重革新和进步的现代人文精神。更重要的是,自1911年辛亥革命以来,一个本质上反帝国主义的民族主义社会文化环境,已经在该地区发展起来,帮助重庆在抗战中很快由一个地方性中心转变为民族中心。③尽管抗日战争,尤其是重庆的战时首都地位,确实为重庆带来了巨大的机遇,使它从地

---

① Lee McIsaac, "City as Nation: Creating a Wartime Capital in Chongqing," in Joseph Esherick, ed., *Remaking the Chinese City: Modernity and National Identity*, 1900-1950. Honolulu: University of Hawaii Press, 2000, p.174.

② Danke Li, "Culture, Political Movement and the Rise of Chinese Communist Movement in the ChongQing Region, 1896-1927," Ph. D. diss., University of Michigan, 1999.

③ Danke Li, "Popular Culture in the Making of Anti-Imperialist and Nationalist Sentiment in Sichuan," *Modern China*, 30.4 (2004): 470-505.

方性中心转变为了国际知名的战时首都,但重庆在抗战前的发展,以及重庆人民的主观努力和对抗战历史的贡献,不应被忽略。

美国知名社会学家施坚雅(William G. Skinner)很早就提出,近代史上中国的发展是不平衡的,而这种社会和经济发展的不平衡,主要表现在区域性和地方主义上。①国民政府1928年在南京成立以后,对中国的控制权仅限于中东部地区的一部分,中国其他地区则由不同的地方势力控制,所以南京政府说不上是什么政治中心。其实,国民政府的真正政治核心地位是在迁都重庆之后才更清晰地显现出来。是重庆成为战时首都后的八年全民族抗日战争,使国民政府有机会扮演中华民族领导者的角色,学术界有必要重新思考中国近代史上有关中心与边缘的问题。

我们也应当了解,选择重庆作为战时首都并非出于偶然。重庆地处内陆中心,凭借其山地优势,基本上消除了日本军队从陆上袭击的可能性,所以相对安全。加上重庆与长江流域及四川其他地区水陆相连,使得抗日战争时期国民政府能够发掘利用该地区的富饶资源,并借此建立起维系战时国家民族生存的政治经济系统。中国能够经受住八年艰苦的全民族抗日战争,很大程度上因为从中国其他地方迁移过来的政治、工业系统,与重庆地区富饶的人文、物质资源和已有的工业基础及强烈的民族主义思潮有机地结合在一起。正是这种结合,使得重庆在抗战期间,能建立起当时中国唯一的工业综合体——其范围东至长寿、西至江津、北至合川、南至綦江。这个工业综合体在1938年建立之初,有200家从外地迁移来的工厂和企业(占总数的1/3),截至1940年,包括159家军工厂、17家熔炼工厂、23家能源工业企业、120家化

---

① William G. Skinner, *The City in Late Imperial China*, California: Stanford University Press, 1977.

工厂、62家纺织厂和48家其他工业企业，总数达到429家。至1944年，在中国注册的4346家工厂中，重庆就有1228家，重庆成为抗战时期中国工业的命脉。①

在八年全民族抗日战争期间，重庆还成为了中国全国性的教育、新闻出版及艺术中心。继国民政府迁都后，中国国家图书馆、国家博物馆、中央广播电台、国际广播电台以及包括中华书局、商务印书馆、生活书店、新知书店和读书出版社在内的所有主要新闻出版公司，都纷纷将其总部迁移到了重庆。中国反映各种政见的主流报纸也在抗战中迁移到了重庆，其中包括：国民党的官方报纸《中央日报》、中共的官方报纸《新华日报》，以及代表中间阶层政见的《大公报》。大多数中国高等教育机构也都纷纷迁移到西南地区。在抗战时期，中国的108所高等教育机构中，有57所迁移到了西南地区，其中40%搬到了重庆，另外有17所停业，还有25所分别迁到上海租界或香港。②

重庆还在抗战年代安置了大量的流亡难民。1937年底，中国中东部地区沦陷于日军手中，数以百万计的中国百姓被迫离开家园，开始长途跋涉，向西南地区安全地带转移。其中很多人都来到了四川，特别是重庆。根据1937年重庆的市政统计数字，该市人口数为475968人次；到1945年，这个数字就超过100万人次。1946年，重庆人口又新增加了25万人，这使该市成为当时中国人口最密集的都市之一。③大量外地人口涌入四川，重要的政府、工业、文化、教育和传媒机构向重庆迁移，这都为该地区乃至全中国在社会、经济、政治和文化等方面带来了深远的变革。

---

① 周勇主编：《重庆通史》，重庆出版社2002年版，第874页。
② 周勇主编：《重庆通史》，重庆出版社2002年版，第872—873页。
③ 隗瀛涛主编：《近代重庆城市史》，四川大学出版社1991年版，第399页。

大量外来人口涌入四川，为该地区带来了新的社会文化活力。譬如，"重庆人"定义的改变就是外来人口迁移所带来的结果。除了下江人和重庆本地人之间存在的竞争及地域环境造成的文化观念差异，抗战期间本地人和下江人在重庆地区同生死共存亡的八年经历，使所有生活在这里的人都成为了"重庆人"。本书涉及的重庆妇女的定义既包括本地的妇女，也包括外来的妇女。被重庆本地人称为下江人的流亡难民，不论男女，都为该地区带来了特有的技能、地方文化以及不同的生活方式。八年全民族抗日战争中，当下江人与重庆本地的文化风格发生碰撞时，当所谓的"中心"和"边缘"交换了地点时，焦虑、恐惧、竞争及前所未有的战时文化融合，成为了重庆地区抗战时期生活与文化的重要组成部分。

在西方，抗战时期非传统定义的、非主流的文化，特别是社会性别化的中国抗战时期的难民与流亡文化，只得到相对很少的学术关注。在现存为数不多的有关抗战和难民大迁移历史的学术著作中，学者也往往将焦点集中在正式的、稳定的、代表男性国家结构的，以及精英阶层所创作的文学和艺术作品上，很少涉及妇女日常生活中对抗战文化作出的贡献。本书把妇女对抗战难民及流亡文化形成的作用，以及该文化对重庆地区乃至全国社会及政治的影响，纳入现有的学术研究之中。抗日战争时期重庆地区的生活文化是很有研究价值的。大量难民从中国的四面八方流入重庆地区，将全国各地的文化与传统都带到了战时首都，并与重庆的本土文化相融合。这种融合，在很大程度上改变了战时及战后重庆地区的文化和生活。希望本书的出版能带动更多的学者从事有关抗战文化方面的研究。

抗战期间，重庆也是各种党派政治斗争的战场。在西方，关于中国抗战时期政治的学术研究，长期以来都被简单思维方式牵制着。20世纪90年代以前,一批像美国易劳逸(Lloyd Eastman)和张霞(Maria Hsia Chang)这样对国民党持批评态度的学者,使西方读者们相信,国民党在抗日战争时期的政治体系是保守而腐败的,是建立在蒋介石个人独裁统治之上的。由于蒋面对的对手是具有严格组织纪律,并且民众化的中国共产党,蒋的独裁统治最终于1949年垮台。[1]即便易劳逸和张霞是对的,抗战期间国民党政府是保守和腐朽的,蒋介石在国民党内建立了个人独裁,抗战时期的重庆政治也远非仅被蒋介石的个人独裁和国民党的垄断所统治的。

1937年卢沟桥事变以后,日本侵略军对中国中北部地区的迅猛攻势使蒋介石和国民党都意识到,要存续自己的势力基础——国家政权,必须有全国人民和政治力量的支持。为了赢得这种支持,国民党政府不得不于1937年9月与中国共产党达成协议,建立起新的抗日民族统一战线——第二次国共合作。由此,中国共产党和第三党派便于1938年提出建立国民参政会、力倡宪政运动的要求,以此作为公众对宪政运动发表公开意见的论坛。虽然第二次国共统一战线建立以后,中国共产党和国民党之间的纷争仍然不断,国民参政会带来的新政治氛围,却使中国共产党和第三党派走上抗战时期中国政治的正式舞台,并使得参与战时政治成为了现实。

根据国民党和中国共产党达成的第二次统一战线协议,中共的军队被改编成为国民革命军第八路军和国民革命军陆军新编第

---

[1] Lloyd Eastman, *Seeds of Destruction: Nationalist China in War and Revolution, 1937-1949*, California: Stanford University Press, 1984. Maria Hsia Chang, *The Chinese Blue Shirt Society: Fascism and National Development*, Berkeley: University of California Press, 1985.

四军，并得到许可。在战时首都重庆设立由周恩来领导的八路军办事处，中共中央南方局也在八路军驻重庆办事处的掩护下秘密地运作起来。共产党的官方报纸《新华日报》及期刊《群众》等，也被允许在重庆出版发行。此外，共产党还能在他们的店内出售马克思、列宁、毛泽东及其他中国共产党领导人，譬如艾思奇①等人的著作。第三党派也纷纷在重庆出版刊物，并积极运用他们的出版物进行抗战的宣传和动员工作，扩大自己的政治影响力。②

虽然国民党仍然试图制约中共和第三党派的各项活动，但在抗战时期的重庆，中共和其他政治团体都享有相当程度的自由，并能将这种自由转移到政治活动之中。除了致力于抗战动员，中共和其他党派还利用这些自由和与抗战相关的活动，为自己在中国战时政界的话语权赢得了进一步的认可和发展机会。他们的话语权也反过来对国民党政府造成相应的压力，迫使国民党让所有的政治力量都能参与抗战时期的国家政治，而不仅仅是国民党的一党专制。由此，以1938年和1941年分别成立的国民参议会和民主政团同盟为代表的大规模的战时宪政运动，也纷纷粉墨登场，使重庆在抗战期间变成了中国政治民主化的战场。③

20世纪90年代初期，吴天威（T'ien-wei Wu）和其他几名美国学者在他们"关于抗日战争时期中国政治和第三党团政治"的

---

① 艾思奇，中共党员，无产阶级革命家，马克思主义哲学家，毕生致力于研究宣传马克思主义，曾通过出版《大众哲学》《哲学与生活》，将马克思主义哲学通俗化和大众化，其编著的《大众哲学》被毛泽东赞誉为"通俗而有价值的著作"。——编者注。

② 张友渔：《三进新华日报》，《新华日报50年》，重庆出版社1996年版，第7—11页。

③ 刘炼：《抗日战争时期国统区的民主宪政运动》，中国人民政治协商会议四川省重庆市委员会文史资料研究委员会编：《重庆抗战纪事》（两卷），1987年，第249—282页。

研究中指出，尽管西方早期有关抗战的研究总把战时中国政治描述成蒋介石的个人独裁统治，当时的政治现实却是多个党派对权力的争夺角逐。①香港学者洪长泰在他1994年的研究中也指出，抗战期间，中国学者积极投身于抗战宣传并极力主张社会变革，他们的努力为"新政治文化"的出现提供了机遇。②香港大学学者李木兰（Louise Edwards）在她2007年出版的有关中国妇女运动的研究中也揭示，妇女作为社会团体，在抗战时期也成为了正规政治活动的活跃参与者。③事实上，抗战时期重庆的中国政治远比国共两党之间的简单对立斗争关系复杂得多。抗战时期相对激进的、多党参与的宪政运动的兴起，并不是因为国民党改变了其反共的立场，而恰恰是因为中国非国民党的其他政治力量变得相对强大。

台湾地区和大陆的学者就抗战时期到底有多少全国性妇女组织存在分歧。④但他们都承认，中国共产党、国民党和其他政治团体在抗战时期都分别成立了妇女组织及分支机构。仅在重庆，1941年在市政府登记的妇女组织就至少有40家。⑤抗战期间有至

---

① T'ien-wei Wu, "Contending Political Forces during the War of Resistance," in *China's Bitter Victory*, ed., James C. Hsiung and Steven I. Levine, New York: M.E. Sharpe, 1992, pp.51—78.

② Chang-tai Hung, *War and Popular Culture: Resistance in Modern China, 1937-1945*, Berkeley: University of California Press, 1994, p.270.

③ Louise Edwards, *Gender, Politics, and Democracy: Women's Suffrage in China*, California: Stanford University Press, 2007.

④ 如台湾学者吕芳上认为，抗战期间重庆至少有七个全国性的妇女组织，其中包括三青团的妇女组织。见吕芳上：《抗战时期中国的妇女工作》，李又宁、张玉法编：《中国妇女史论文集》，（台北）商务书局1988年版，第378—412页。但大陆学者则认为，三青团妇女组织不应算为全国性妇女组织，因为该组织没有包括非国民党成员。

⑤ 《重庆市各妇女团体一览表》，重庆市档案馆藏，1941年，0051—2—564，第1—7页。

少三家全国性的妇女组织，吸纳并认可来自所有政治党派的妇女。这三家组织是：中国妇女慰劳自卫抗日战争将士总会、中国战时儿童保育会（以下简称"保育会"）和新生活运动促进总会妇女指导委员会①（以下简称"新运妇指会"）。更重要的是，这三家妇女组织都在动员中国妇女支持抗战及提高国统区妇女生活水平的运动中，扮演了领导角色。

这三个组织的总部，都在重庆成为战时首都以后纷纷迁移至此，它们的负责人同时还兼任其他抗战时期妇女组织的领导职务。这些来自各个政治力量的妇女们，尽管持有不同政见，对发动和组织妇女抗战的方法及目的都有不同的看法，但在整个抗战过程中，她们都能并肩战斗。她们共同奋斗的目标是将日本侵略者赶出中国，提高中国妇女的生活水平。

她们能够并愿意彼此联系，共同分享抗日民族主义和男女平等主义的信仰。这种信仰使她们超越了历来的党派界限，可以在不同党派组织之间求大同存小异，并创造出一支精悍的妇女联合力量。她们的努力使这些联合的妇女组织登上了抗战时期中国政治的大舞台，成为一支重要的政治力量。

这些组织起来的妇女团体，纷纷积极投身于中国抗战动员活动之中。她们的活动包括：慰劳前方将士，募款及物资筹集，为受伤、退役和新入伍军人提供服务，为军属、战时儿童的福利和教育提供帮助，培训并组织"乡村服务团"，动员农村妇女并组织她们进行战时生产。抗战时期，妇女为军人及其家属所提供的服务，对鼓舞抗日战争士气十分重要，同时也为这个饱经战乱的民

---

① 新生活运动促进总会妇女指导委员会，是在宋美龄倡导下，于1937年8月在南京成立。该组织旨在团结全国各界妇女投身抗日救亡动员工作。当时，各党派妇女领袖均参与了宋美龄主持的会议成立工作及之后的工作。

族和国家带来了心理上和感情上的慰藉。妇女团体在国内外筹款和募集物资方面作出了极大的努力,并取得了重大的成就。这些成就不仅直接为支持抗战的多项活动提供了资金支持,更增强了妇女团体本身的力量。

在中国历史上,战争动员协调工作历来是男人的天下。抗战时期,妇女团体在全民族抗日战争动员工作中所作的努力和取得的成就,使她们在那些历来将妇女排斥在外的战争动员协调活动中成为了积极分子,并将她们对抗战的贡献从传统上的幕后支持角色转到了幕前主演,使她们从无名英雄变成了有名英雄。在重庆地区,有组织的妇女抗战动员工作并不局限于城市精英妇女的动员工作以及赴前线慰劳军人的活动。抗战时期的妇女团体还组织了妇女乡村服务队,将妇女输送到四川农村的56个乡镇,开展抗战动员工作。这些乡村服务队在农民中进行广泛的抗日战争宣传,在农村进行大量工作。她们的工作包括:教农妇们简单的汉字和实用技术,组织农妇参加各种妇女协会,以及培训农妇成为地方妇女干部。抗日战争期间,重庆地区妇女团体的乡村服务队,培训了超过20万名农妇,参与支持抗战生产和地方政治。一位大陆学者说过,就这些组织的数量和规模、影响及范围、活动密度而言,都超过了中国之前所有的妇女运动。[①]

虽然五四运动中的妇女解放运动为后续运动打下了基础,抗战期间的妇女运动与之前的运动相比,还是存在不同。"五四"期间的妇女运动大多由城市里受过良好教育的知识妇女们组织并参加,其影响力仅限在中国中上层妇女之中。而抗战时期的重庆妇女运动,则将抗战动员和提倡男女平等的运动相结合,生活在国民党统治下的重庆地区的城市与周边乡村的大量妇女人口,规模

---

① 刘宁元编:《中国妇女史类编》,北京师范大学出版社1999年版。

空前地参与到抗战动员和妇女运动中来。抗战时期的重庆妇女运动已经打破了精英阶层的局限，深入到重庆周边的乡村，影响了数十万乡村妇女的生活。抗战时期重庆地区的乡村妇女运动是一个重要课题，有待学者们注意。以上阐述的就是与本书口述史有关的重庆地区的历史背景和政治环境。

史学史

1937年至1945年的中国全民族抗日战争在美国和中国的学术研究中并不是新课题。但有关全民族抗日战争时期中国妇女的研究相对而言却是比较新颖。在这里，我主要介绍西方有关中国抗战史的研究。

早在20世纪30年代到40年代间，就有大量美国记者，如斯蒂尔（A. T. Steele Jr.）、埃德加·斯诺（Edgar Snow）、白修德（Theodore H. White）、佩吉·窦丁（Peggy Durdin）和艾格尼丝·史沫特莱（Agnes Smedley）等人，开始撰写关于中国抗战的文章。尽管这些记者，如艾格尼丝·史沫特莱，写过关于中国妇女的文章，但报道的注意力主要还是放在男性身上。到20世纪50年代，冷战思维和麦卡锡主义使美国学术界暂时中断了对这个课题的研究，因为任何有关中国共产党对抗战的贡献，或者对国民党的腐朽政治进行批评的学术研究都会被反共阵营贴上"共产党同谋"的标签。

接下来的十几年里，中国现代史的研究中，不仅出现了新一轮的中国抗战研究热潮，在美国还出现了对该课题的新研究方法。1970年以来，在美国，学者们对中国抗战的研究大体上可以分为五个学派。

第一个学派是"革命学派",他们认为抗战是中国共产党在中国取得政治领导权的不可缺少的重要条件,认为中国共产党在抗战中壮大了自己的实力。因此,尽管该学派的学者们在一些问题上持不同见解,但他们都把抗战史当作中国共产党史和中国革命史的一个组成部分进行研究。

第二个学派是"国际关系学派",其研究主要集中在参战国家间对外政策的制定和国际关系问题上。该学派的学术著作多是分析和批判美国和其他西方势力对中国的战时政策,而非研究真正意义上的中国抗战史。该学派的多部著作都提出,正是美国政府对中国的误解及其基于误解制定的政策,导致美国令中国走上共产主义的道路。

第三个学派主要研究抗战时期的国民党、战时国民政府、第二次国共合作及统一战线的问题,解释为什么国民党于1949年输给了中国共产党。

第四个学派主要关注日本占领地区的中国。其学术著作不仅研究中国被日本控制地区的政治、经济、文化和学术活动,还涉及一些中国政治团体和日本占领势力之间存在的反抗和勾结。

第五个学派是用历史和记忆的相互作用的方式研究抗战史,以此解释过去60年中人们对于抗战的记忆是什么样的、这些记忆如何反映并塑造了中国1945年以后的历史。

尽管上述学派尤其是"革命学派"和被占领地区学派的一些出版物,触及了共产党控制下的根据地地区和日占区的妇女问题,但有关中国战时首都重庆的妇女生活经历的英文著作却很匮乏。1992年,美国一个学术小组一起研究并出版了《中国艰辛的胜利:1937—1945年的对日战争》。编者们在书的前言中指出,"这本书最根本的目的是要用全面分析的方法使我们对第二次中日战争史有最好的理解"①。不过，虽然这本书的作者们对抗战的许多重要问题都作出了清楚而精彩的解释，中国妇女在抗战中的参与和贡献却仍然被作者们忽视了。这和欧美史学界对妇女与战争的研究现状有差距。

欧美妇女在二战中的参与及贡献受到学术界的高度重视。1994年，香港学者洪长泰在美国出版了《战争与大众文化：1937—1945年现代中国的反抗》。该书中有一小部分涉及抗战时期大众文化中的女性反抗形象。洪长泰的这本书谈论的中心是中国抗战时期的大众文化，而不是妇女，所以他对妇女问题的讨论主要集中在战时媒体如何描述妇女，而并没有也没打算谈论妇女到底在抗战时期做了什么、有何贡献。②

20世纪90年代中期，为庆祝抗战胜利50周年，中国大陆和台湾地区举行了许多东西方学者们参加的学术会议。然而，这些会议却丝毫没有提及妇女在战争中扮演的角色。2000年，由叶文心（Wen-hsin Yeh）主编的《造就中华文化：通向和超越现代之路》一书在美国出版。该书包含两篇关于抗战时期中国妇女的文章：一篇是杜赞奇（Prasenjit Duara）关于"满洲国"中产阶级妇女讲师们组织的道德学会的研究，另一篇是毕克伟（Paul Pickowicz）关于战后影视作品中的战时妇女的研究。这两篇文章都提出，虽然抗战时期"新民族主义讨论的出现，使妇女们的行动空间有所扩大，并超越了传统观念上的女主内、男主外的限制"，妇女仍然

---

① James C. Hsiung and Steven I. Levine, ed., *China's Bitter Victory: The War with Japan, 1937-1945*, New York: M. E. Sharpe, 1992, p.xxii.
② 刘炼：《抗日战争时期国统区的民主宪政运动》，中国人民政治协商会议四川省重庆市委员会文史资料研究委员会编：《重庆抗战纪事》（两卷），1987年，第249—282页。

得服从以父权国家为代表的新的民族主义权威体系。[1]美国学者何稼书（Joshua H. Howard）2004年出版的《战时工人：1937—1953年中国军工厂里的工人阶级》，为理解重庆抗战时期的军事工业及军工系统工人阶级的历史作出了重要贡献。但是，该书并未谈及妇女问题。[2]香港大学学者李木兰2007年出版的研究成果——《社会性别、政治和民主：中国妇女的选举权》，是西方出版的第一本关于19世纪90年代末到20世纪40年代末中国妇女争取选举权运动的综合概况的书。这本书包含一些关于抗战时期重庆妇女的简要论述，但由于它并非致力于研究抗战中的妇女，仅仅阐述了一些参与战时政治的知名的精英妇女组织，并未打算提供重庆地区普通妇女抗战时期经历的信息。[3]

2007年和2008年，美国学术界分别出版了两本关于中国全民族抗日战争的书。第一本是2007年出版，名为《战争中的中国：1937—1945年中国的地区》的编著。[4]该书的三个编者——斯蒂芬·麦金农（Stephen R. Mackinnon）、戴安娜·拉里（Diana Lary）和傅高义（Ezra F. Vogel）都是当今中国研究的知名美国学者。但该书没有一个章节涉及中国的战时首都重庆，也没有关于抗战中妇女经历的相关内容。第二本是斯蒂芬·麦金农2008年出版的

---

[1] Wen-hsin Yeh, ed., *Becoming Chinese: Passages to Modernity and Beyond*, Berkeley: University of California Press, 2000.

[2] Joshua H. Howard, *Workers at War: Labor in China's Arsenals, 1937-1953*, California: Stanford University Press, 2004.

[3] T'ien-wei Wu, "Contending Political Forces during the War of Resistance," in *China's Bitter Victory*, ed., James C. Hsiung and Steven I. Levine, New york: M. E. Sharpe, 1992, pp. 51-78.

[4] Stephen R. Mackinnon, Dianna Lary, and Ezra F. Vogel, ed., *China at War: Regions of China, 1937-1945*, California: Stanford University Press, 2007.

《武汉1938：战争、难民和中国的现代化》。[1]该书描述了1937年12月，国民政府首都南京沦陷给日本人，武汉自1938年1月到10月成为中国临时首都，并在动员组建中国抗日力量的活动中扮演了重要角色。该书简要讨论了妇女在武汉地区参与抗战的历史，并强调了武汉在南京和重庆之间这个关键时期扮演的重要角色。武汉抗战是重庆抗战临时首都史的前奏，为我们更深入地了解和分析在重庆发生的抗战史提供了平台。

过去25年里，中国的改革开放使得大陆的学术界也相对开放。很多以前查不到的数据和档案，现在都已解冻，可以陆续查阅到。资料档案的开放以外，相对宽松的政治和学术环境也使中国大陆的学者能够根据史料记录做研究，并得出自己的学术结论、阐述自己的学术观点。在中国大陆，从20世纪80年代起，抗战史已经渐渐变成了热门的学术领域。1991年，一本新的学术期刊——《抗日战争研究》，开始出版发行，直到现在还是研究抗战史的重要期刊。20世纪90年代以来，尽管在中国大陆有关抗战的众多文章、书籍以及系列丛书相继出版，关于抗战中中国妇女的研究依然处于边缘地带。1990年重庆出版社出版了六卷《南方局党史资料》，其中第五卷登载了三篇有关抗战时期重庆妇女的文章——黄静汶和黄慧珠的《回忆中苏文化协会妇女委员会》，陆慧年的《中国妇女联谊会》及南方局党史资料征集小组青年组编写的《南方局领导下的妇女运动》。[2]但这三篇文章基本上是讲述中国共产党对抗战的领导。1991年重庆出版社出版的《重庆抗日战

---

[1] Stephen R. Mackinnon, *Wuhan, 1938: War, Refugees, and the Making of Modern China*, Berkeley: University of California Press, 2008.

[2] 南方局党史征集小组编：《南方局党史资料》第五卷，重庆出版社1990年版，第309—316页、385—400页、461—477页。

争纪事续编》登载了钱之光、童小鹏、刘昂、牟爱牧合写的《怀念饶国模同志》。①饶国模是重庆一位富有的女富豪，她的子女均于抗战前后加入了共产党。抗战期间她积极支持中共八路军办事处在重庆的工作，为该办事处出钱出地。八路军办事处在重庆的办公大楼就是由饶帮助建设的。此外，她也利用自己的身份掩护中共地下党在重庆的活动。这篇文章主要是表彰饶对中共的贡献，并非意在展示重庆妇女在抗战中的活动。

在这里，我有必要介绍一下重庆学者在过去30年来对抗战研究所作的贡献。改革开放以来，重庆地区的学者在抗战研究方面做了大量的工作，成果斐然。1979年至1990年之间，重庆出版了一批以史纂和史考为中心的抗战研究的学术著作，如《重庆抗日战争纪事》《抗日战争后方冶金工业史料》《国民参政会纪实》《回忆南方局》《大后方的青年运动》等。1990年至2006年间，重庆学者们对抗日战争研究的视野有所扩展，其研究成果包括《重庆国民政府》《新华日报史》《抗日战争时期国共合作纪实》《重庆大轰炸》《中国远征军入缅抗日战争纪实》等书籍和一批学术论文。2007年以后，抗战研究在重庆有了更大的拓展。重庆市委决定实施"重庆中国抗日战争大后方历史文化研究与建设工程"，拨给大量经费。从2007年至2011年，重庆已出版了8卷10本抗战丛书，其中包括《中国抗战大后方历史文献联合目录》（上中下）、《抗战大后方歌谣汇编》《英雄之城——大轰炸中的重庆》等。但30年来，重庆出版的抗战学术书籍没有一本是有关重庆妇女的。近年来，大陆陆续出版了一些有关抗战时期妇女的著作，如《抗战女

---

① 中国人民政治协商会议四川省重庆市委员会文史资料研究委员会编：《重庆抗战纪事续编》，重庆出版社1991年版，第315—322页。

性档案》和《新四军女兵》等书籍①，但至今未有关于抗战时期重庆妇女的专门著作面世。

在中国台湾地区，抗战历史早已成为一个热门的学术研究课题。台湾学术界的口述史研究也非常活跃。台北"中央研究院"的近代史研究所早在1957年便安排口述史研究计划，并于1959年开始工作。该研究所于1984年成立口述史组，近20年来积极从事抗战时期妇女口述史的收集、整理和研究工作。2004年，该组出版了长达600页的《烽火岁月下的中国妇女访问纪录》。该书记录了十位中国妇女的抗战经历。其中好几位被采访的妇女都曾经在重庆生活，她们的抗战经历和本书中重庆妇女的经历有许多相似之处，可以相互呼应。此外，台湾学者也出版了有关抗战时期慰安妇的口述史。②然而，和中国大陆一样，台湾地区已经出版的关于中国妇女和抗战的文章及书籍，在内容、理论和研究方法论上都还需进一步提高。

在中国大陆，虽然妇女问题的研究和主张男女平等的讨论可以追溯到20世纪初，但西方概念中的女性主义在毛泽东时代取而代之的是"妇女能顶半边天"的革命女性主义。西方女性主义和社会性别研究，是改革开放之后作为学术科目和学术领域被重新介绍到中国的，在中国大陆尚属相对新颖的领域。20世纪80年代以来，西方女性主义和女性研究被重新引入中国以后，得到了迅猛的发展，有关妇女的研究项目也蓬勃地发展起来。近年来，中国大陆不乏女性研究的学术著作，其中包括大陆著名女性研究学

---

① 张西编：《抗战女性档案》，中国青年出版社2007年版；朱强娣：《新四军女兵》，济南出版社2003年版。

② 吴姿萱：《慰安妇：再现，平反/求偿，与介入的政治》，硕士论文，台湾清华大学外国语文学系，2009年。

者李小江主持的有关妇女与战争的上下两册口述史。[①]但是，这部口述史关注的主要对象是中共革命根据地的妇女，没有涉及抗战时期国民党控制下的重庆妇女。这就说明，在中国大陆，有关中国妇女和抗战史的研究还有很大的扩展空间。

为纪念抗战胜利50周年，中国大陆举行过一系列的庆祝活动。这些活动促使许多有关妇女和抗战的学术论文的出版。虽然这些出版物，如《南方局党史资料》，包括一些有关妇女的文章，有些作者也认识到妇女在抗战中扮演的重要角色，但妇女对抗战作出的贡献被看作抗日民族解放运动的附属产物。在"谁是中国抗日战争的主力军"的研讨中，革命主义和民族主义主题依然压过了女性主义、女权主义以及妇女主题。2000年，丁卫平出版了《中国妇女抗战史研究（1937—1945）》一书。该书被中国学者们誉为"填补了中国抗日战争研究空白"[②]。该书不仅承认中共控制地区、日本占领地区以及国民党控制地区的中国妇女对抗战作出的贡献，还指出在这三个不同体系下，存在着不同的妇女组织和抗战动员活动。不过，该书作者还是主要用革命和民族主义分析模式解析妇女在抗战中的角色与地位，并认为，在中国共产党控制的根据地的妇女运动比在国民党控制的重庆地区的妇女战时活动具有更重要的历史意义。

在西方历史学界，自20世纪70年代初期起就开始关注中国妇女的研究问题。如王政在她1999年发表的《中国启蒙运动中的妇女》中指出的，由于20世纪70年代到80年代初期做中国大陆妇女研究的西方学者们无法得到原始资料，他们的学术研究主要依

[①] 李小江编：《让女人自己说话：亲历战争》，北京三联书店2003年版。
[②] 任贵祥：《〈中国妇女抗战史研究（1937—1945）〉简评》，《抗日战争研究》，2000年，第37卷第3期，第232页。

赖于在中国公开发表的著作,所以他们的研究是有局限的。①在西方,学者有关妇女与抗战的研究,还是局限在中国革命史的框架内,总体而言,当涉及妇女时,大多数西方学术研究都将妇女当作被研究的对象,而不是积极的历史参与者与创造者。这些作者提出,抗战时期的妇女为实现中国的民族解放付出了沉重的代价。②

绝大多数有关中国共产党革命的西方学术成果,除香港大学学者李木兰2007年发表的研究作品以外,大体上将中国共产党1949年的胜利归功于毛泽东及中国共产党对数百万中国农民的革命动员。在西方,70年代出版的,有关20世纪30年代到40年代中国妇女及社会性别的主要著作,基本将焦点集中在中国共产党控制的农村根据地地区,而对国民党控制下的城市地区的妇女,尤其是她们的生活经历,关注甚少。这种研究方法无疑忽略了国民党统治地区中国妇女在中国历史中的突出作用。在西方,有关20世纪中国妇女历史的研究领域还存在另外一个问题,即学术关注的焦点相对集中在五四时期和1949年以后,而20世纪30年代到40年代,特别是抗战时期却很少有人关注。事实上,清末以来,中国妇女始终坚持不懈地为争取自己的权利和民族的解放而斗争。本书的目的就是要将重庆地区抗战年间,普通妇女的所作所为写进中国历史,唤起人们对她们以及这段历史的注意。

---

① Zheng Wang, *Women in the Chinese Enlightenment: Oral and Textual Histories*, Berkeley: University of California Press, 1999.

② Patricia Stranahan, *Yan'an Women and the Communist Party*, Berkeley: Institute of East Asian Studies, University of California, Center for Chinese Studies, 1983. Judith Stacey, *Patriarchy and Socialist Reoolution in China*, Berkeley: University of California Press, 1983. Kay Ann Johnson, *Women, the Family, and Peasant Revolution*, Chicago: University of Chicago Press, 1983.

研究方法

　　我是一名生于重庆、长于重庆，并在中美都受过教育的历史学者。对家乡的感情使得重庆总是和我"贴心贴坎"，长期在我的学术研究计划之中。我对抗战时期重庆妇女的口述历史的研究兴趣，可以追溯到1995年夏天。

　　那年，我回国为博士论文收集有关重庆地区的文化、地方运动和中国共产主义早期运动的发展状况的数据。我到重庆的时候，全市都在为庆祝中国全民族抗日战争胜利50周年举办各种各样的活动。我看见了由重庆出版社出版的16本书组成的一套关于重庆与抗战的系列新书，还旁听了几场有学者和官员们参加的纪念重庆在抗战中的作用的集会。在这些庆祝活动中，我发现，所有的书籍和会议论文中，没有一个谈论到妇女及她们在抗战中的作用和地位问题。我开始疑惑：为什么根本没有提及妇女问题？在重庆八年的艰苦抗战时期内，妇女扮演过重要的角色吗？

　　我询问我母亲她的抗战经历。她于1923年出生，一生都在重庆度过。让我吃惊的是，她告诉我，重庆地区的妇女在抗战中都非常积极。就她自己而言，尽管当时她还只是个中学生，却参与了很多抗战动员活动。她向我讲述了许多丰富多彩的故事。虽然时隔半个世纪，她还记得抗战时期她生活过的地方、做过的事情，以及她怎样应对各种困难和挑战。她也清楚地记得，当时她作为一个青年学生所学唱的许多抗战主题歌。我在重庆市档案馆和重庆图书馆查到的关于重庆抗战和妇女的资料，证实了我母亲所讲的那些故事，证明妇女在抗战中确实是积极分子。虽然重庆图书馆藏有不少有关本地妇女与抗战的数据，但那些数据大都没有像我母亲的那些故事那么亲切动人。因为公开发表的文章多半比较抽象、高调，而且所述之事大都离老百姓的真实生活较远。由此我意识到，写一本有关抗战时期重庆妇女的口述历史，会使我们对抗战时期重庆的人文维度以及普通妇女的抗战生活有一个更加深入的理解。

1999年到2007年间的每个夏天，我都去采访抗战时期生活在重庆地区的妇女。2005年，亚洲学术组织和自由人基金会拨给了我一笔暑期师生学术研究经费，我带着三名美国女学生回到重庆，继续进一步的采访工作。

采访工作是很辛苦的。首先，许多抗战时期生活在重庆的妇女已经仙逝；其次，也不容易寻找到尚还健在的、抗战时期生活在重庆的妇女。我前后共采访了50多位妇女，但不是所有接受采访的妇女都能讲述她们的抗战经历。有些妇女的记忆已经非常模糊，采访结果无法使用。我把其中35人的故事收进了本书之中。我和她们的联系主要来自两个方面：一个是我母亲和她与朋友、同事的关系网；另一个是我妹妹和她的关系网。我母亲一生生活在重庆，她的朋友、同事，大都亲身经历过抗战。我妹妹是重庆的一名中学英文老师，我采访的很多妇女都是通过她的学生家长介绍找到的。我母亲的朋友中有些是中国战时儿童保育会组织和民主党派的成员，所以我有幸采访到中国战时儿童保育会的一些学生和老师。

在采访之前，我都会告知采访对象我的采访目的：我告诉她们我正在写一本关于中国抗战时期重庆地区妇女经历的书，并在采访之初就取得了她们的同意，让我可以把她们的故事写进我的书里。本书中所用的人名，全是受访者的真名实姓。大体上，被采访者们在讲述她们的故事时，没有表现出不愿意和勉强的情绪。

尽管在采访中被采访者有时会对时间、地点及一些特殊细节产生记忆偏差，甚至还会自相矛盾，但我们没理由怀疑她们的回忆是不真实的或被夸大的。我对这35位妇女中的大多数人都进行了多次采访，以澄清谬误。采访中的对话并不总是按照逻辑顺序进行的，而且有些细节是根据多次谈话内容整理出来的，因此，为了提高阅读的流畅性，本书记录的故事经过了编辑整理。

一般来讲，我对所有被采访者都询问了同样的基本问题，然后根据她们个人背景经历的不同，再分别增加了有针对性的问题。多数采访我都录了音。2005年，由于亚洲学术组织和自由人基金会的慷慨支持，我们装备了摄像机，将一些采访过程拍摄了下来。自从我1999年开始做采访以来，抗战时期在重庆生活过的妇女的人数每年都在减少，我采访过的妇女中，有些已经不在人世。值得欣慰的是，她们的声音和她们的抗战记忆，已经被记录于本书之中，将永久地成为重庆抗战史研究的一部分。

本书也使用了许多抗战前和抗战中出版的妇女期刊和杂志。其中包括《妇女生活》半月刊。该刊物最初于1935年在上海发行，主编是第三党派成员、进步女性沈兹九。1937年全民族抗日战争爆发后，该期刊迁址到武汉，之后在1938年又迁移至了重庆。《战时妇女》杂志每十天发行一次，1937年在武汉创刊，其女性主编王汝琪后来加入了中国共产党。《新运妇女》月刊，则是1938年由新运妇指会在重庆创办的，其女性主编郑焕英是一名第三党派的成员。《妇女新运通讯》半月刊，也是新运妇指会1938年在重庆创办的，其女性主编夏英喆是位中共地下党成员。《妇女新运》是国民党官方报纸《中央日报》的副刊。《中央日报》于1938年底迁至重庆，随后就创办了这个副刊。《妇女之路》创刊于1940年，是国民党统治下重庆发行的中共官方报纸《新华日报》

的副刊，各界人士都曾担任过其主编，其中包括郑志东。《现代妇女》月刊创刊于1943年的重庆，主编是中共党员曹孟君。《中国女青年》于1940年到1943年间在重庆发行，没有查到主编的相关信息，只有出版商标明为"中国女青年社"。另外，我还就一些特殊问题查阅了新运妇指会的出版物，如有关乡村服务队和松溉实验区的书籍。这些期刊和书籍都藏于重庆图书馆。由于重庆是中国的战时首都，重庆图书馆收藏了最齐全的有关于中国抗战的原始资料。目前新建的重庆图书馆还有专门的抗战资料室，许多原始资料都已电脑化，可以上网查询。此外，我还查阅了重庆市档案馆收藏的、市政档案出版物《档案与史料研究》中收录的原始资料。

  本书共有四个不同的主题章节，每个部分都有自己的导言，突出中国历史和社会性别研究中提出的主要问题。读者们可能会意识到，书中大部分故事并没有严格的界限划分，实际上它们可以被放在三个部分中的任何一个之中。现在的划分，只是为了使本书内容能得到更好的组织而进行的编排。

目录

中文版致谢　　/ 1 /

再版序　/ 1 /

序　历史，女性和中国的全民族抗日战争　/ 1 /

第一部分
抗战，女性与社会　　　　　　　　　　/ 1 /

导　言　　　　　　　　　　　　　　　/ 3 /

朱淑勤　女学生　　　　　　　　　　　/ 18 /

罗福慧　女学生　　　　　　　　　　　/ 37 /

金中恒　女学生　　　　　　　　　　　/ 43 /

李素瑶　女学生　　　　　　　　　　　/ 50 /

莫国钧　女学生　　　　　　　　　　　/ 55 /

王代英　女学生　　　　　　　　　　　/ 59 /

朱淑君　女学生　　　　　　　　　　　/ 63 /

何佩华　重庆商会会长的儿媳妇　　　　/ 66 /

刘群英　下江逃难妇女　　　　　　　　/ 69 /

崔香玉　医生的太太　　　　　　　　　/ 78 /

杨玉青　工人的太太　　　　　　　　　/ 84 /

赵知难	战时儿童保育会收养的孤儿	/ 89 /
杨先知	战时儿童保育会教师	/ 101 /
张慎勤	战时儿童保育会教师	/ 108 /
陈国钧	来自有钱有势家庭的女性	/ 112 /
李素华	贫困的农家女性	/ 120 /
王淑芬	贫困的农家女性	/ 127 /
蒋素芬	贫困的农家女性	/ 136 /

第二部分
抗战，女性与经济 / 139 /

导言		/ 141 /
乌淑群	教师、接线员	/ 151 /
徐承珍	小贩的女儿	/ 157 /
范明珍	木工的女儿	/ 162 /
宾淑贞	女佣人	/ 166 /
龚雪	裁缝的太太	/ 171 /
曾永清	被抛弃的家庭主妇	/ 177 /
常隆玉	民生公司员工	/ 183 /
叶清碧	工厂女工	/ 193 /
杨坤慧	工厂女工	/ 197 /
梁易秀	工厂女工	/ 202 /
高忠贤	松溉实验区女工	/ 205 /
游清雨	松溉实验区女工	/ 211 /
赵桂芳	松溉实验区女工	/ 217 /

第三部分
抗战，女性与政治 /223/

导　言 /225/

任再一　为新运妇指会工作的女共产党员 /235/

白和容　革命学生 /255/

罗自荣　救国会的妇女 /267/

王　素　中共地下党员 /282/

第四部分
女性，记忆与中国的全民族抗日战争 /291/

后记 /298/

英文参考文献 /310/

中文参考文献 /316/

第一部分
抗战,女性与社会

导　言

　　1990年以来，西方学术界出版了不少关于中国抗战的作品，如一些美国学者对被日军占领的上海的研究、对被日本攻陷并占领的南京的研究，以及对日本控制下的伪满洲国的研究。这些学术研究成果，清楚地提供了一些中国人在抗战时期的亲身经历，尤其是这些地区的知识分子的生活状况。[1]近年来，国内也出版了不少有关抗战的书籍，如2010年出版的《蒋介石的陪都岁月，1937—1946》及《抗战家书》。[2]但是我们对抗战时期国民党统治下的战时首都重庆的社会现实状况，尤其是普通人民经历抗战的情况，却了解得很少。本书所录的口述历史，为我们带来了有关抗战时期重庆社会现实状况的丰富信息，以及妇女们怎样看待普通民众如何在战争中生存下来的微观视角。

　　本部分收录了来自不同社会阶层的妇女的故事。她们有些来

---

[1] 如 Poshek Fu, *Passivity, Resistance, and Collaboration: Intellectual Choices in Occupied Shanghai, 1937–1945*. Stanford, California: Stanford University Press, 1997. Joshua Fogel, *The Nanjing Massacre in History and Historiography*. Berkeley: University of California Press, 2000. Norman Smith, *Resisting Manchukuo: Chinese Women Writers and the Japanese Occupation*. Vancouver: University of British Columbia Press, 2007.

[2] 谢儒弟:《蒋介石的陪都岁月，1937—1946》，文汇出版社2010年版；张丁主编：《抗战家书》，中国画报出版社2007年版。

自穷困家庭，有些来自中产阶级家庭，也有个别来自富有家庭。这些故事为我们揭示出抗战时期重庆各种社会阶层划分及生活的情况，也告诉我们重庆妇女的抗战经历与社会阶级有很大的关系。来自富有家庭的陈国钧的故事告诉我们，抗战对有钱有势的妇女的生活影响不大，抗战主要影响了她们的麻将聚会和舞会。日军对重庆地区的大轰炸只是给她们的富裕生活带来了诸多不便。但对广大普通重庆妇女而言，抗战带来的则是千辛万苦的日常生活，是夫离子散和国破家亡。抗战期间在重庆生活的普通妇女面临各种各样艰苦的挑战，从日军的日常性大轰炸到高通货膨胀，还有医疗的匮乏以及粮食和其他生活必需品的严重短缺。她们每天都面临着死神的威胁，都要想尽办法以保家人的生存。

虽然在抗战年月里，国民党政府和一些民间机构都相继成立了许多救济组织，如国民党政府于1938年创立了针对难民的"赈济委员会"。据周俊元1943年编写的《重庆指南》所载，抗战期间重庆大大小小的救济机构不下15处[①]，但这些救济机构对普通妇女的帮助却极其有限。抗战时期重庆无权无势的普通妇女基本上无人顾及，因为很多普通妇女是文盲，不懂得怎么向政府及民间救济机构申请帮助。她们必须独自应对抗战中遇到的各种难题。她们必须要有勇气，有创造力，绞尽脑汁地为自己和家人的生存想尽一切办法。为了生存，抗战时期生活在重庆的妇女，创造了各种各样的日常生存策略。她们想尽办法增加收入，寻找食物，并利用婚姻、亲属、同乡及同学关系作为生存关系网。从她们的回忆中，我们可以看到这种关系网是如何交织的，同时也可以了解其中的复杂性及内部关系。在正常社会秩序和政治力量结构遭到抗战严重破坏的国家危亡关头，这些错综复杂的社会关系网便

---

① 周俊元：《重庆指南》，（重庆）自力出版社1943年版，第10—11页。

成为普通人民特别是普通妇女们赖以生存的强大力量和武器。普通重庆妇女在抗战中的生存故事提供了生动的细节,使我们能进一步了解到抗日战争时期国民党统治下的重庆社会,如何通过组成该地区社会结构的人与人之间的关系网运作。而这样的细节也只有口述史才能够提供,它是研究抗战时期重庆社会的宝贵材料。

抗战期间重庆地区普通妇女的生存是异常艰难的。生存,有时意味着妇女,尤其是穷困的流亡妇女,不得不作出最坏的选择。下江妇女刘群英同她母亲和弟弟逃离武汉时年仅17岁。她当时是一位花样年华的高中女生,有自己的理想,也对未来的生活充满了希望。可是战争打碎了她的理想和希望。为了在混乱的流亡生活中生存下来,逃难途中她被迫同一个男人进行性交易,以此来养活并保护家人。她的身体就成了全家赖以生存的机器。

可是即使在最恶劣的环境下,这些妇女都顽强地寻找生存的办法。她们不仅自己要活下去,还要忍辱负重地确保家人的生存。抗战中普通妇女和许多男人相比,见证并经受了更多的伤害与磨炼。她们是无名英雄,却从未得到接受和承认。很大程度上,正是因为这些无名妇女在战争中拒绝死亡的坚定意志、她们的足智多谋以及令人难以置信的生存和管理家庭的技巧,才使整个国家和民族也能够存活下来。普通妇女是抗战时期社会和国家的基石,是撑天的大树;她们顽强的精神和艰苦的日常生活,形象地表现出抗战时期中国人民反抗日本帝国主义侵略的民族主义精神和社会现实。

在西方学术界,不少学者认为抗战时期对中国的现代国家政权建设来说是一个重要时期。但学者对抗战期间的现代国家政权建设是否成功却持有不同意见。例如,有些美国学者认为,抗战时期国民政府的国家建设是完全失败的,但也有一些学者认为抗战中，国民政府已为国家建设做出了当时条件允许下最大的努力。[①]然而，西方学者们的这场争论并没有告诉我们，现代国家政权的建构过程到底对普通人民的生活造成了怎样的影响。本书中重庆妇女在抗战时期的故事则为我们提供了宝贵的信息，了解抗战时期国民政府的国家政权建设到底对当地社会和人民有什么样的影响，对国家与社会的关系有何种改善。

举个例子，1939年中央国民政府和重庆市政府都成立了空袭应急救济局，以便应对日军对重庆的大规模轰炸。同时，中央和市政府还提出了综合空袭紧急救援计划，帮助空袭中房屋遭到破坏的老百姓解决房屋居住问题。虽然这些措施对抗战时期国家机构的建设与完善有所补益，然而本书妇女的证言表明，这些建设对普通民众的战时日常生活并无多大好处。

1939年5月3日、4日，日军对重庆大轰炸，大片民房被烧毁。政府继而要求重建房舍要用不易燃材料。这种规定在书面上来看，对于完善制度是很合理的，但对广大贫穷百姓而言，则是不合理和不可能的负担。因为普通老百姓没有经济能力购买不易燃的建筑材料。普通民众能从政府那里得到的帮助少得可怜，所以很多在大轰炸中失去住房的穷人在之后的抗战岁月里无房可住。本书记录的李素华和其他成千上万个贫困家庭所面临的巨大的住房问题，以及王淑芬经常遭到警察欺辱的事实，都显示出穷困人

---

① 持第一种观点的学者如：Lloyd Eastman, "Nationalist China during the Sino‐Japanese War, 1937-1945," in *The Cambridge History of China*, ed., John Fairbank and Albert Feuerwerker. vol. 13, pt. 2. Cambridge: Cambridge University Press, 1986. *Seeds of Destruction: Nationalist China in War and Revolution*, 1937-1949. California: Stanford University Press, 1984. 持有第二种观点的学者如：Robert Bedeski, "China's Wartime State," in *China's Bitter Victory: The War with Japan, 1937-1945*, ed., James C. Hsiung and Steven I. Levine. New York: M. E. Sharpe, 1992, pp. 33-50.

民几乎没有从国家体制建设中受益。

虽然在西方和中国，学者们对抗战时期中国现代国家政权的建构投入了大量的学术研究精力，但是我认为相应的精力也应该投放在抗战时期现代国家建设与中国社会和普通百姓的关系的研究上。抗战时期很多普通老百姓不仅没有从现代国家建设过程中获利，反而遭受到了严重的伤害，并且被国民党统治地区的战时政权忽视。这种忽视在一定程度上解释了，为什么在抗战结束后共产党与国民党的最后决战中，普通中国老百姓不支持国民党政府。

抗战时期，国民党中央政府对重庆社会到底有多大的控制权和影响力，也是一个值得研究和思考的问题。朱淑勤的故事告诉我们，抗战时期国民党中央政府对重庆社会的控制权和影响力都是很有限的。相反，像青帮和红帮这样的帮会组织在当地社会却有着重要的影响力。抗战期间朱淑勤所在的学校经常有人行盗。当地警察一直无法解决小偷在她学校里行盗的问题，但自从一个青帮老大的女儿入了该校之后，校园就安宁太平了。

抗战中普通重庆妇女对社会性别特征的意识也是本书试图研讨的问题。本书中口述史的主人公们都来自不同的家庭及社会背景。对她们而言，社会性别特征只是她们抗战时期众多特性和意识中的一部分。在抗日战争中的重庆地区，并不是所有女性都理解社会性别的意义，也不是所有女性都对社会性别的含义有共同的理解。从本书中收录的重庆妇女抗战经历中可以看到，社会性别很明显同社会阶级及其他社会特性交织在一起——包括家庭的经济和教育背景、政治关系、个人意识以及认识社会和政治的主观能力。这些多种多样的特性和意识，都造成了重庆妇女在抗战时期有着多种多样的经历，对社会性别有不同的意识和理解。

譬如，对当时身为中国西南地区染料大王的妻子陈国钧而言，抗战仅仅扰乱了她的大学生活，并在她婚后还影响到她打麻将和参加宴会、舞会。但总体而言，之前作为一个有钱有势家庭的女儿，而后作为一个富有商人的妻子，抗战并没有对她相对舒适的物质生活带来多大改变。抗日战争对她的个性和社会性别角色的塑造，远远小于她所在的社会阶级和她与继母之间权力斗争带来的影响。在采访中她常常告诉我，她的生母过世很早，她父亲娶了继母后，她和继母关系不好。在她从小与其继母的斗争中，她意识到了自己遭受的社会性别歧视。她相信，就是因为她是个女孩而非男孩，她的继母知道她父亲不会像爱护儿子那样关心她，所以才敢对她这么不好。对陈国钧而言，抗日战争并没有对她个性的形成起到多大的影响。对她最有影响的是她的家庭情况。为了反抗父母对她的约束，陈国钧最终接受了父母强加于她的包办婚姻。但她是个天生的叛逆者，她的丈夫又是极有钱的人。最后陈国钧利用婚姻获得了自由，脱离了对父母金钱的依赖，并取得了对自己生活的掌控权。她丈夫的财产，加上她父亲的社会政治关系和影响力，使她成为了抗战时期重庆一位有政治影响力的社会知名女性。抗战中她不仅战胜了继母，还在国民党统治的城市里为抗战出钱出力，也为中共地下党提供帮助，坚持并展现了自己的个性和爱国精神。

与此相反，对于抗战时期生活在重庆社会最底层的穷困妇女而言，决定她们各自抗战经历和命运的最主要因素，是与她们的社会阶层息息相关的经济困难。普通中国妇女在抗战年月里遭受了最多、最大的磨难。虽然她们遭受的那些磨难多是由她们所在的社会阶层决定的，然而抗战加深了她们的苦难，也加深了她们对自己社会性别身份的认识。像李素华和王淑芬这样的穷苦妇女，由于太穷，在抗战爆发之前就一直经受着生活的煎熬。然而，抗战却使她们的生活变得更加痛苦不堪。对这些妇女而言，社会性别和社会阶级地位相互影响，使她们面临一系列独特的挑战，这些挑战成为了她们抗战经历的主要部分。就社会性别关系而言，本部分中这些受访者们的经历向我们揭示出，抗战时期普通民众所面临的困难，使众多穷苦男女意识到，为了生存他们必须相互依赖。例如，王淑芬就坚信，正是由于这场战争严重地限制了穷苦人民的生计，而大轰炸使他们的生命安全陷于极度危险之中，她的丈夫对待她才会比之前好很多，因为他们夫妻必须得一起艰苦努力工作、挣钱、互相鼓励并互相依靠，才能存活下来。

抗战时期重庆妇女的口述史要求我们重新思考传统的"男主外、女主内"的社会分工以及对这种现象的理解。现存的西方学术研究通常把中国妇女的行为锁定于"家内"的范围之中。事实上，为了养活家人，抗战期间穷苦妇女的生存需要经常迫使她们走出家门，到城边的田地里和垃圾堆里搜寻食物和废旧物品。抗战时期重庆地区的艰难生活实际上使"内部"和"外部"范围的界限变得非常模糊；至少在研究中国抗战妇女史时，学者们有必要重新思考和认识"家内""家外"范畴的真正含义。抗战时期，对大多数的贫穷妇女而言，根本不存在什么内外之别。为了求生，她们得"家内""家外"地奔走，里里外外的活都得干。

不可否认，抗战也给一些在重庆生活的妇女，譬如朱淑勤和罗福慧这样中产阶级家庭的女学生带来了一些机遇，特别是能够受到进步教育的机遇。抗战期间由于参与抗战宣传活动，像朱淑勤、罗福慧这样的女学生能够大胆走出家庭禁锢，并且在公共场所从事宣传鼓动工作。她们之所以能够这样做，也是部分因为抗战宣传活动启发了她们的社会性别意识和政治觉悟。在抗战年月里，许多学校和高等教育机构都搬到了重庆，为那些能够负担得起学费的年轻女性提供了更多更好的教育机会，同时还提高了女性教育的质量。那些从沿海和发达地区，如上海、北京等，搬迁到重庆来的新学校，相对而言，在课程设置和教学方法上都比较先进，并且富有活力。由此，抗战时期重庆的学生们才有幸跟随著名学者和前大学教授等高水平的老师，以及一些有崇高理想、热情进步的青年男女教师学习知识文化。像朱淑勤、罗福慧、莫国钧、李素瑶这样的年轻女孩们，抗战期间都被她们的老师深深地吸引，受到很大的启发，对她们自身思想意识的发展变化有巨大影响。一位曾于抗战期间在四川居住过的美国女社会学者观察到，在抗战中，当地乡村中学的女教师结婚后仍继续从事教书工作。生完孩子后她们把新生婴儿带到学校里，学生们都来帮忙照顾。①这些女教师的行为让乡村青年们特别是女孩子看到，女人也可以拥有家庭和职业。乡村中学的女生所渴望的就是一份能够让她们走出家门、为国效力的事业。在她们眼里，女教师的人格独立和经济独立，她们在学校里的特殊角色和在社会上普遍得到承认的地位，以及她们和男同事之间的平等共事及相互影响的事实，都是非常吸引人的。女教师的事业与生活使这些年轻女学生大开眼界，让她们第一次看见了一个新型的社会性别关系和劳动力的社会性别划分。全民抗战的动员与宣传使她们有机会参与动员民众的活动，这些活动也为她们提供机会塑造自己的社会性别个性，并激发她们有意识地为个人和国家的解放而斗争。她们在抗战动员中所扮演的积极角色显示出，妇女是重庆地区抗战政治活动的重要部分。抗战增强了她们的社会性别意识感，并对她们的个人

---

① Irma Highbaugh, "Effects of the War on Rural Homes," in *Wartime China as Seen by Westerners*. Chungking: China Publishing, 1942.

生活及个性发展产生了长期有益的影响。

抗战时期重庆的物质文化也是一个值得研究的课题。如前所述，在抗日战争年月里，成千上万的中国老百姓从被日本占领的华北、华中地区逃难到了重庆。本书中的所有受访者都在很大程度上受到难民潮的影响。在采访中，她们都谈论到了关于抗战难民潮带给重庆的鲜为人知的文化影响。受访者们对这些外地流亡难民所带给重庆的史无前例的战时文化冲击和融合，都留有生动的记忆。下江妇女们把沿海地区和发达城市的新式旗袍、花裙子、口红、烫卷的头发以及尼龙裤袜带到了重庆，这些新潮的物质文明将本地妇女们吸引得神魂颠倒。对本地妇女而言，这些新兴时髦的产品都是现代物质文明的象征。

抗战时期生活在四川的一位美国女学者也注意到战时迁徙文化对四川本地文化的冲击和影响。她发现大量下江人迁移到四川来时，大多穿着迥异，她们带到乡村地区的上海风格的穿着和卷发，都很快被本地妇女或私下或公开地接受了，并被大胆的年轻主妇和学生模仿。在抗战期间常常可以看到这样的情景：在小乡镇上，受过教育的妇女梳着短发，穿着沿海城市风格的着装，将四川本地特有的竹篮子挂在手腕上就去集市购物了……这些从外地迁徙来的新家庭的饮食也发生了改变，他们开始吃四川本地种植的、自己以前没有吃到过的新型蔬菜。反过来，四川本地人的饮食文化也受到了影响。例如，新来的外地人带来了烹制芋头和红薯的新方法。抗战时期住在同一个院子里的人们互相交换着烹制食物的方法：四川的家庭主妇告诉下江妇女如何用辣椒做菜；同样地，北方的母亲将新蒸好的馒头拿给邻家孩子分享，并向四川主妇解说制作方法。①虽然大体上,在抗战岁月里"时髦的"下江人和"落后的"本土重庆人之间,确实存在着一些社会和文化差异,但是正是这些差异促成了文化融合。外来流亡人口对抗战时期重庆地区的文化融合作出了很大的贡献。这种文化融合改变了重庆地区人民的空间感,使文化上的地域界限变得模糊,把重庆地区和全国各地的文化联系在一起,使重庆变成了一个全国性的文化大社区。

以前发表的一些中外著作过分强调了下江人和重庆本地人之间的矛盾和差异。我们应当注意并非所有的流亡妇女都被本地人认为是"时髦"和"有钱有势"的下江人,也并不是所有的下江人都被重庆本地人看作是可恨的外来者。本书中三位下江妇女——刘群英、赵知难和崔香玉的故事,证实了社会阶级和社会性别,而非地理位置的渊源,决定了妇女们抗战时期的经历及其与重庆本地人的关系。穷苦妇女不分地域,抗战时期都经历了极大的艰难困苦。

外来流亡难民给重庆带来了深刻的社会变革,尤其是在人们对待社会性别关系的态度方面的变化。虽然本书中重庆妇女的口述史显示,抗战时期大部分普通妇女的生活仍然受传统性别观念的约束,比如包办婚姻、生儿育女依然被认为是女人的必由之路。但是抗日战争,特别是外来流亡人群也给重庆带来了新的社会性别观念。那位于抗战中生活在四川的美国女社会学家曾在1942年评论道,来自中国其他地区的大批难民到达四川以后,年轻的男男女女就开始公开地一起上街了。很多女孩在经历了数周或数月的逃难过程后,根本无法遵守传统的女规,抵达四川后,看见富

---

① Irma Highbaugh, "Effects of the War on Rural Homes," in *Wartime China as Seen by Westerners*. Chungking: China Publishing, 1942, pp.144-145.

有魅力的男青年走来时，当然不会再垂下眼帘或躲在屋子里了。她们的父母也意识到女儿在逃难途中已经懂得该如何照顾自己，所以也不枉费心思地顾及传统观念了。她还注意到，当本地的四川青年和下江青年一起去学校上学时，四川青年会模仿下江同学的行为和思维方法。①抗战甚至改变了一些年轻人对理想配偶的看法。抗战中的男人希望找到的配偶能够忍受战争带来的艰难困苦，能像一名战士一样和他一起并肩作战，在关键时刻能背着孩子一起长途跋涉，还要能应付在日军每天的大轰炸中东躲西藏。

　　抗战甚至改变了中国传统家庭和母性的观念及定义。"七七"事变之后，日军对华北、华中地区的占领和烧杀掳掠使得成千上万的中国人家破人亡，妻离子散。本书记录的抗战时期重庆妇女的故事告诉我们，抗日战争不仅破坏了众多的中国家庭，也在很大程度上破坏了中国传统母性的基本含义——母亲能够照顾和抚养她们的新生儿女的能力。战争的磨难、频繁的日军大轰炸以及物资的严重匮乏，从跟崔香玉一样的母亲们手中夺走了维持她们基本健康的食物和水，使她们没有奶水养育自己的宝宝。崔香玉、林玉青、李素华这样的母亲由于无法为生病的孩子找到医生和医疗救助物资，不得不在日军轰炸中眼睁睁地看着孩子死在自己怀里。

　　她们的故事也告诉我们，抗战改变了传统意义上中国母性的定位和形象。现存学术著作中的中国传统母性常常被定格于家庭范畴之内，与男性占主导的公共范畴相对立。传统母性的基本定位就是在家里生育和养育子女，照顾家庭。而抗战使重庆地区母性的定义发生了很大的变化。许多母亲不仅不能哺育自己的孩子，还几乎天天都要带着孩子出门跑防空洞、躲避空袭，也得常常出

---

① Irma Highbaugh, "Effects of the War on Rural Homes," in *Wartime China as Seen by Westerners*. Chungking: China Publishing, 1942.

去搜寻残羹冷炙及野菜野果以补家庭餐食之需。这样的抗战经历，大大地改变了传统意义上的母亲的含义，打破了"母主内"的传统界限，并使家庭内部和外部公共空间的范围界限变得模糊起来，甚至联系起来。抗战时期普通的重庆母亲们，已经不是那种只待在家里相夫教子的传统母亲，她们中很多人都得走出家门，想方设法地劳作以养活家人。希望本书中母亲们的口述史能鼓励学者们重新思考抗战中母亲和母性的含义。

　　本部分收录了两篇有关中国战时儿童保育会的回忆录。抗战导致许多中国家庭家破人亡，但中国战时儿童保育会却成为有超过3万名无家可归的流亡儿童和来自全国各地的成千上万名教职人员的大家庭。中国战时儿童保育会是于1938年3月10日在武汉，在来自各个政治阵营的男女支持者们的帮助下，由妇女积极分子自发创立起来的。1938年11月，日本占领武汉以后，中国战时儿童保育会的全国总部迁移到了重庆。它一共建成了53个中心，23个在四川，其中大部分都在重庆地区。其领导工作是由来自各个政治阵营的妇女积极分子担任。其中有国民党领袖蒋介石的夫人宋美龄，有共产党领导人周恩来的夫人邓颖超，有冯玉祥的夫人教育家李德全，有著名律师及第三党派领导人史良。收留在中国战时儿童保育会中心的流亡儿童称保育会妇女领导人和女性教职员工们为"妈妈"。抗战时期的中国儿童保育会创立了一种新型的中国家庭。儿童保育会对难童的教育，也为培养新型中国公民应该从儿童抓起，做出了大胆的尝试。中国战时儿童保育会的成立和相对成功的运转，也体现了抗战期间全国各党派间的共同努力与相互合作。中国战时儿童保育会相对成功的经验也说明中国各党派之间的合作是可能的。

　　中国战时儿童保育会四川分会的宣言，为该组织的宗旨做出了最好的总结:"自从九一八事变爆发以来,我国无数儿童都在无谓地遭受着死亡的折磨。尤其是卢沟桥事变以后,敌人开始要么大肆杀害我们的孩子,要么就把他们带走。被杀害的孩子再也回不来了,被抓走的孩子被敌人强迫变成了奴隶。这些都是敌人的毒计,目的就是要断送我们的国家命脉。敌人如此不择手段地试图摧毁我们的孩子们,我们就必须要加倍地珍爱他们;要是敌人想要杀害他们,我们就要尽一切力量来保护他们;要是敌人想要把他们带走,我们就必须要把他们营救出来。本着这样的信念,我们在此正式创立战时儿童保育会。"[1]在八年烽火岁月里,中国战时儿童保育会被认为是由妇女发起的最成功的战时组织,其建立的中心和难童之家不仅收留了无家可归的流亡儿童,而且还培训他们,向他们灌输了民族主义思想、自力更生的思想和公民主义思想,为中国培养出了几万名有思想、有文化的青年公民。他们中间的许多人都为抗战和战后国家建设作出了贡献。

中国战时儿童保育会的成立也赋予母性新的定义。它使妇女担负的救助流亡儿童的任务变为对国家有益的公共责任。这一公共职责让抗战时期的妇女积极分子扮演了国家母亲的角色和全国抗战救国活动的领军人。最初,中国战时儿童保育会是由来自各个政治阵营的男人们支持建立的。男性政治家们支持儿童保育会主要是因为他们崇奉男性至上主义思想。因为他们认为照顾孩子是妇女们的天性和天职,而且妇女和孩子之间重新建立起的关系可以恢复被战争破坏了的、以社会性别为基础的劳动力划分方式,以及以男性为主导的传统社会秩序。然而,中国战时儿童保育会的妇女领导者们重新确立和推崇的母性的意义,远远超越了传统

---

[1] 四川省妇联妇运史研究室:《战时儿童保育会四川及成都分会概况》,《四川妇运史料研究资料》,第18卷第11期,1988年,第5—6页。

意义上妇女仅仅是生儿育女的工具的含义。对流亡儿童的保护和教育,是保护中国的未来,是对中国国家力量的测试,也象征着中华民族对未来的认识和承诺。当抗战妇女积极分子担负起流亡儿童的母亲这一角色之时,她们就成为了中华民族的母亲。她们将建立于私人和家庭内部意义上的母亲的定义,转变为一个活动于公共范围内的、富有爱国主义和民族主义精神的角色。抗战时期妇女们所扮演的这一母亲角色,在很大程度上决定了中国作为一个国家,以及中国人民作为一个民族,在战争中和战后都能得以生存的根本原因。

保护下一代就意味着保护国家的命脉。如一位华人学者指出的那样,在传统历史上对中国国家命脉——"种"的保护,从来都是和男性的权威与角色联系在一起的。①但在抗战期间,通过担负起拯救流亡儿童的公共责任与义务,妇女们取代了男人成为了国家命脉的保护者。作为国家命脉的保护者,妇女们自然而然地拥有了民族道德和权威。女性的母性和养育天性就成为了抗战时期中国的公共美德和政治道义。这样,中国战时儿童保育会不仅为母性,还为以男性为中心的国家作出了重新定义。最重要的是,正是妇女们自己,而非男人或国家政权,为抗日战争时期的母亲、母性和国家作出了新的定义,并且将女权主义思想和民族主义思想注入抗战时期的中国社会和政治之中,为现代化国家的建设作出了重要的贡献。中国战时儿童保育会所建立的流亡儿童之家为中国现代儿童福利机构的系统性发展开创了先河,为战后中华人民共和国和台湾地区相似机构的发展奠定了基础,提供了宝贵的经验教训。

---

① Rong Cai, "Problematizing the Foreign Other: Mother, Father, and the Bastard in Moyan's Large Breasts and Full Hips," *Modern China* 29.1 (2003): 72-108.

我在采访中发现有一个主题，几乎所有的被采访者都对其有生动的记忆，并把它看作是她们抗战经历的一个重要组成部分。这个主题就是抗战中日本对重庆的大轰炸。在1938年至1943年的五年半时间里，日本动员其在中国的主力空军对重庆实施了战略性的大轰炸，想以此来摧毁中华民族反抗日本侵略的意志。尽管中国学者们仍然在就人员伤亡和财产损失的统计数字进行争论而无统一意见，所有的被采访者都证实了大轰炸所带给她们的精神恐惧以及身体上和感情上的痛苦，还有物质上的损失。虽然有些外国人在第二次世界大战中注意到了日军对重庆的大轰炸和二战刚结束时在他们的写作中涉及了重庆大轰炸，但是日本对重庆发动的大轰炸，尤其是与对欧洲一些城市和东京的轰炸关注程度相比，并没有引起多少西方学术界的注意。重庆地区的学者们从20世纪80年代就开始研究重庆大轰炸，也在这方面取得了一些成果。①但现存的大陆学者对大轰炸的研究基本上还局限于地方史的范畴，没有从全球视角从事相关研究。本书中妇女们的故事向我们揭示出，在抗战年月里，大轰炸对每一个重庆人的生活都产生了深远的影响，要真正了解重庆的抗战历史，学术界就必须要关注大轰炸给重庆和重庆人民所带来的社会、经济、政治和心理方面的影响，也必须关注国民政府和重庆地方政府为应对日军大轰炸所制定的各种政策和措施。同时，可以参考国外学术界有关二战大轰炸的研究成果，将重庆大轰炸的研究置于世界范畴的二战史研究之中。

---

① 见西南师范大学历史系、重庆市档案馆编：《重庆大轰炸》，重庆出版社1992年版；重庆市文化局、重庆市博物馆、重庆红岩革命纪念馆编：《重庆大轰炸图集》，重庆出版社2001年版。

朱淑勤

女学生

1923年生于重庆巴县

我很清楚我家经济困难的程度，知道作为女人要得到自己想要的生活，而不仅仅是苟且偷生，我唯一的希望就是好好读书。我母亲对我的影响很大。她一生不幸，从我懂事开始，她就总是告诫我和妹妹，女人要想过上好日子就必须要依靠自己，要自立。

我1923年出生在重庆巴县迎龙场①。我父亲是个小地主，他在原配去世以后娶了我母亲。我母亲嫁给我父亲以前，也曾结过婚。她嫁给第一个丈夫时年仅16岁，婚姻是家人包办的。我母亲的第一任丈夫是家里的独子，我母亲嫁给他时，他正在城里的一个店铺里当学徒。由于他在学习手艺，并且有潜力在城里就业谋生，这段婚姻在当时被认为是一个好姻缘。然而不幸的是，他在结婚三个月后就因病去世了。他家里的人怪我母亲命太硬，把丈夫克死了。按照本地的风俗习惯，我母亲在丈夫去世后待在他家里，为他守了三年寡。三年之后，他家里因无力养活多余的人，把我母亲又嫁给了我父亲。当时我母亲19岁，而我父亲已37岁，

---

① 今重庆市南岸区迎龙镇。——编者注

是一场老夫少妻的婚姻。他们结婚的时候，我父亲与前妻生养的孩子中有两个都已跟我母亲差不多年纪了。我母亲的命很苦，在我7岁的时候我父亲也因病去世了。

父亲死后，家里的财产由他的六个儿子瓜分，女人在家庭中根本没有财产继承权。我母亲与父亲育有三个儿子和两个女儿。只有我的三个兄弟分到了父亲的财产，我们六个人都得靠这些遗产生活。父亲死后，母亲经常受到我那几个同父异母的哥哥（我父亲和前妻生有三个儿子，两个对我们不好）的骚扰。他们对我们一家很不服气，想方设法地试图把我们除掉，这样他们就可以将我兄弟们享有的那部分遗产也归为己有。由于我母亲一生中经历的这些坎坷，她很早就开始不停地向我和妹妹灌输：女人一定要去学校读书，以后好当教习（老师），可以挣钱，能够独立生活。我母亲自己没文化，她所知道的女人唯一能够从事的职业只有教书，因为她看见过一些附近乡场上的外国教会学校有外国女教师和中国女教师。

尽管我母亲明白教育是改善她女儿们命运的最好办法，但她却无力支付我们上学的费用。我记得在我父亲去世后，为了减少家庭开支，我们女孩甚至不准吃晚饭。在我们家只有男孩可以吃晚饭，每天我和妹妹只能眼巴巴地看着他们吃。有时我的大哥哥会故意留点吃的东西在他碗里，这样我和妹妹就能吃到一点儿东西。因为家庭经济困难，我们从小没有玩具。在我的记忆中，我唯一的"洋娃娃"是一只旧鞋，我把它用破布包起来抱在怀里当成是我的洋娃娃。即使这样，我们的生活与家乡其他人家相比还不是最差的。事实上，在当地我们比许多穷苦农民生活得好得多。虽然家里的粮食总是不够，但我们至少还有食物可以吃，而且还有房子可以遮风避雨。

我的启蒙教育是在家里和同父异母二哥的孩子们一起接受的。我同父异母的二哥受过一些新式教育，为重庆的军阀工作过。从我懂事的时候，他已经很有地位，而且已经是一个很有钱的人了。他曾经当过泸州税务局局长，在任期间捞了不少钱财。他家长期请有私人教师，他的子女们和我年纪也不相上下，所以我也就和他的孩子们一起跟私人老师学习了多年。1936年西安事变爆发的时候，我正住在我同父异母二哥重庆的家里。他们家订有报纸，我是在报纸上读到西安事变。我们的老师也向我们谈论过西安事变，所以我是知道这个事变的。

我五年级时，在同父异母二哥的帮助下回到家乡入读了当地一所学校。我六年级时，抗日战争①爆发了。虽然我的学校在乡下，我还是对这场战争有所耳闻。上海沦陷日本人手中后，许多人都逃亡到了四川。我们学校的校长招收了三名新老师，两男一女，都是从上海逃亡回来的。他们年轻，受过良好教育，见过世面，思想也相对开放。另外，他们与巴县县长的关系也很好，因为他们都是来自四川中江县的老乡。现在回想起来，同乡关系很重要，当时有那样的关系是很有用的。

那三位从上海回来的年轻教师们也很热情地想要与我们分享他们的抗战经历。他们教我们唱许多爱国歌曲，以此激发我们的抗日热情，使我们意识到这场战争实际上是一场民族危机。他们将报纸带到学校来，让我们阅读有关抗日战争的新闻，并要求我们就"为什么要打倒日本帝国主义"为主题写作文。我记得我有一篇作文就曾得到过老师的高度赞扬，并获得了最高分数。他们还组织我们上街游行，并在附近的乡场发表演说，以此来向当地

---

① 本书采访者口述中所称"抗日战争"均指1937以来所爆发的中国全民族抗日战争。——编者注

人民宣传有关抗日战争的知识。我是演说小组的成员之一。

在1930年到1940年，巴县人很多是每五天赶一次场，以便买卖、交换货物。每到赶场的日子，我们都会把学校的板凳搬到集市去，一些同学就站在板凳上面对公众发表演说，号召人们起来打倒日本侵略者。我们总是用这样的话开头："同胞们，请安静下来听听我们的演讲。你们知道日本人正在侵略我们国家吗？如果我们不予以反击，我们的国家和民族就无法再继续生存下去了！我们就会亡国灭种！"只要有赶场的日子，我们都会到场上去向人们发表演讲。当地的老百姓们也能理解和支持我们。我要说一点，在抗日战争时期，重庆的抗日救亡的政治宣传做得相当有效，这些宣传覆盖了重庆地区广大的普通民众，包括周边农村地区的人群。

抗日战争时期另一个很明显的变化就是下江人（来自长江下游地区的人）的到来。当中国北部和东部地区沦陷到日本人手里时，很多人都逃亡到了四川，伴随而来的还有新兴的思想以及诸如上海和北京这样的大城市的物质文化。许多下江妇女穿的衣物都比重庆本地妇女更鲜艳、更时尚。我记得下江人来重庆后，我才第一次看见了妇女穿的、本地人称为"玻璃雨衣"和"玻璃袜子"的透明塑料雨衣和连裤袜。这些时髦的东西让我们这些土气的本地女孩们羡慕不已。随着逃亡到重庆的下江人不断增多，他们的到来也给当地人带来了经济上的好处。在我家乡，许多当地人都把自家空余的房屋出租给急需住房的下江人来赚外快。当地农民们还突然发现农产品市场需求大增，价格也上涨了很多。为了满足下江人和本地人不同的饮食习惯，餐馆里的菜肴也更加多样化了。所有这些物质的改变都为我居住的地区带来相对更加开放的社会氛围。

作为一名学生，我感到受抗战影响最大的还是学校。那三名从上海回来的年轻老师被聘请来后，整个学校的氛围都轻松和谐了许多。下江老师总是努力将教室营造成抗日战争宣传的平台。我记得那时我们语文课布置的作文题目往往都和抗战有关。为了让我们受到更深刻的抗日爱国主义思想的感染，老师们还引入了新的教学方法和丰富的课外活动。比如老师帮助我们设立了公众演讲课程和小组、戏剧课程和表演小组等，既丰富了我们的学习和生活，又使我们有机会更积极主动地参与到抗战动员活动中来。

1938年我从小学毕业了。由于成绩优异，我决定参加巴县女子中学①的入学考试，巴县女子中学是当时重庆地区最好的学校之一。因为巴县女中是所公立学校，它以学生的考试成绩为依据，择优录取。当时我住在乡下家里，而考试则要到重庆城里才能参加。但是由于正在打仗，从乡下到考试所在地的城里没有公交车可以坐，我便和一个同学一起步行了整整一天，才从家乡走到城里参加了考试。我们在我同父异母二哥城里的房子过了一夜。因为抗日战争和日军的大轰炸，他的家人都搬回到我们乡下的家乡去避难去了，只剩下几名佣人在看家。他们都知道我和我二哥不是亲生兄妹，却没有一个人歧视我。尽管如此，在二哥家里我还是觉得不太自在。我二哥很有钱，但我们家却很穷。我的穿着很破旧，同我一起来参加考试的那位同学评价我说，我看起来像这个家里的小佣人一样，我自己也感觉是这样。

我的考试成绩不错，考进了前10%，被录取了。入学后我才发现，巴县女中好多学生都是下江人，其中很多还是高官子弟。在我的同学中，有李鸿章的孙女，还有蒋介石侍从室人员的女儿。

---

① 巴县女子中学，由清末民初教育家曾吉芝创办于1927年，现为重庆市第十中学校。——编者注

巴县女子学校是所寄宿学校，我们都住在学校的宿舍里。入学后的第一年，学校设在长江南岸的一个叫南坪的郊区。在这里，我们经受了许多起日军空袭，尤其是在1939年5月最为突出。在1939年的"五三"、"五四"大轰炸期间，有时我们不得不在一天之内多次跑到防空洞去躲避危险。有几次在我们上课时防空警报声响起来了，我们来不及跑防空洞，只能躲在课桌下面。通常，老师们都比我们还要害怕，钻课桌的速度比我们还快得多。当时我们都还是十几岁的小女孩，根本就没有真正意识到空袭的危险性，所以我们还常常嘲笑老师们是胆小鬼，特别是那些相对年长又动作迟钝的男老师。有个教我们中国文学的老师还写了一首诗来讽刺我们这群女学生们幼稚的勇敢和老师们的"胆小"。

抗战期间，很多人，包括一些知名学者，都从沦陷地区逃亡到了四川。在重庆地区，许多著名教授曾一度只能在中学甚至小学找到教书的工作。我们学校吸引了很多曾在名牌大学任教的一流教授，我们也因此受到了很好的教育。在我们学校，很多非重庆籍的老师都是政治激进分子，都支持抗战，他们总是想方设法地让我们了解中国最新的政治发展动态和抗战进展。我记得在汪精卫决定同日本人合作以后，有个曾是著名作家的、在我校教中国文学的老师写了一首诗，说汪精卫早期的革命成绩已经被彻底抹杀了，他已经变成了日本侵略者的一条走狗。这位老师认为汪精卫是个机会主义者，依势而倒，就像向日葵跟着太阳转一样。如果不是因为抗日战争，我想我是不可能有机会成为这些有名望的老师的学生的。

由于日军对重庆地区的狂轰滥炸，1939年我们学校被迫从南坪迁移到了比较偏僻的巴县的土登堡。我们的新校址是前清川东巡抚的公馆，富有乡土气息，校舍被一片美丽的松树林所包围。

正是因为有这片茂密的松树林将我们的学校很好地掩盖起来,在日军多次空袭重庆地区时,我们才能免于跑防空洞躲避轰炸。当防空警报响起来时,我们就分散躲到附近农民的农房里去,直到解除警报才返回学校。躲避空袭时,我们有时还会"袭击"一下附近农民的菜地,偷摘一些个西红柿或黄瓜吃。

在巴县女子中学,我参加了很多抗战宣传活动。下江老师召集学生们在晚自习时间为当地农民开设平民学校,为他们上课,向他们宣传抗战知识,开识字班。由于学习成绩优秀,我被老师们选去参加平民学校的晚班授课活动。我们教当地农民一些简单的汉字,又花了大量时间向他们解释为什么我们要支持抗战。在抗战期间,我们经常在校园里制作宣传支持抗战的墙报和标语。我们学校开设有手工课程,我们在课上为前线的战士制作鞋子。我还积极地参加了学校剧团的活动。我曾在抗战时期流行的街头剧《放下你的鞭子》中扮演了一个小配角。我们还在附近的跳蹬集市上演了该剧。我扮演的是一个普通农民,整个演出中只有一句台词。我穿上一件长衫,头上包了一块白帕子,扮成一个男性农民的样子。当地农民也许并不能理解街头剧里的那些政治术语,但是他们却明白剧中的主题思想,并且对日本对中国的侵略很愤慨。我们的街头表演总是能吸引到一大批观众,这也表现了抗战期间,普通老百姓对抗日宣传是感兴趣的。

在巴县女子中学时,我们还经常到附近的乡场去动员当地人民支持中国的抗日战争。我们一到达乡场,就敲锣打鼓吸引赶场的人们的注意,然后开始演讲。我于1938年到1941年间在巴县女子中学学习了三年。在这三年里,我们学习到了许多丰富的知识,因为参加抗战宣传活动,爱国主义思想也得到很大的提升。

1938年以前,重庆只有两所专门的女子公立学校。一所就是巴县女子中学，另一所是女子幼儿师范学校。1938年以后，许多学校纷纷从外地迁移进重庆地区，还有部分是由下江人到重庆后创办的，其中很多都是女子学校。所以抗战期间重庆女子学校的数量增加了很多。

巴县女子中学离我家不是太远，放寒暑假时我一般都要回家。即便是在远离城市的偏僻的家乡，大多数的乡下人还是知道抗日战争爆发之事，并且大部分人都怀着对日本侵略者刻骨铭心的仇恨。当然，不同的人对待抗战的方式也不同。有些人跟我母亲一样，担心日本侵略军会打到重庆地区来；还有一些人则瞄准抗日战争所带来的商机，利用国家危难之际大肆敛财。我认识的一个远房亲戚当时是做化妆品生意的，在重庆成为战时首都以前，他的生意不好，基本上已经无力维持经营了。但自打重庆成为战时首都以后，加上大量外地人的涌入，他的生意从1938年开始变得异常火爆，他在抗战期间变成了一个非常有钱的人。当地人称这种生意为"发国难财"，意思就是利用国家危难来赚钱发财。

然而，对大多数的普通老百姓而言，抗日战争却使我们的物质生活变得非常困难。由于我们学校地处乡村，校园里根本没有电和自来水，我们只有靠蜡烛和煤油灯照明，靠打井水来解决饮水和清洁卫生问题。在八年抗战期间，由于食物短缺，我们每天吃的都是"八宝饭"①——饭里总是混有很多小石头、沙子、老鼠屎和其他一些不能吃的东西。

在巴县女子中学完成了三年的学业以后，我考进了懿训女子

---

① 八宝饭原本是本地人过年过节时的佳肴，通常是用糯米加上八种干果做成。

高中。①懿训是由于战乱而从武汉迁移到重庆来的教会学校。女校长周御瀛②毕业于哈佛大学,周御瀛家在武汉地区,是个有钱有势的家族。抗日战争期间很多学校都从沦陷地区迁移到了四川,懿训就是其中之一。我决定去懿训上学是出于两方面的原因:其一,它离我家更近;其二,尽管懿训是所私立学校,但它的学费和当地公办学校差不多。另外,懿训的校园文化也更适合我。巴县女子中学是重庆地区最好的学校之一,因而吸引了众多有钱有势家庭的女孩前来就读。这些富家女们傲慢而懒惰。举个例子,即使在抗战中,她们中大多数人都不整理房间,连自己的衣服都不洗,而是雇当地农家妇女来做这些事情,更别说清理马桶了。而在懿训,不论你的家庭有多么富有、地位有多高,每个人都必须自己动手打理清洁卫生、整理房间,学校里不允许学生雇佣人。我从来都没有也没钱雇清洁佣人,所以我觉得在这里更舒服自在、更适合我的情况。

  懿训的校址在长江南岸的黄山地区③,离蒋介石的战时公馆很近,景色也很优美。据我所知,我们学校至少有一位蒋介石的侍卫的女儿在上学。我入学的第一年,也许是因为这是一所女子学校,而且该校的人脉渊源是在湖北而不是四川,所以校长和当地势力没有什么交往。结果,小偷们经常光临我们宿舍,差不多每天学校都有偷盗现象发生。于是老师把我们这些女孩子组织成一个个小队,每晚轮流在校园里巡逻。就算这样,在校园里每天还

---

  ① 即懿训女子中学,由英国传教士夫人宣士德女士创办于武汉汉口,为武汉最早的女子中学,1938 年迁入重庆,1946 年迁回,现为武汉市第二十一中学。——编者注

  ② 周御瀛(1894—1990),女,湖北黄冈人,曾任汉口协和女中、懿德女子中学校长,毕业于美国纽约西拉扣大学并获教育管理硕士学位。——编者注

  ③ 黄山地区,在重庆南岸区南山风景区附近。——编者注

是有人被偷走东西。学校只好聘请当地的一名警察来校园里巡逻。不幸的是，这个警察不但自己也从学校偷盗了很多东西，更无法阻止盗贼的入侵和偷盗现象。直到我在懿训上高三的时候，一个叫张树生的青帮①头目的女儿转学到我们学校以后，那些盗贼才没有再来骚扰我们了。显然，抗战时期在当地社会中，青红帮组织比政府及司法部门更有势力。

我们学校的房屋是很古老的木质结构的建筑。由于我们都是用蜡烛和煤油灯照明，这些建筑发生火灾的隐患很大。我上高三时，整个学校就被一场大火烧得一干二净，我们所有的东西都被毁之一旦。为了重建校园，我们都参与了筹款活动。我们自发地分成小组，到码头上去向坐船的旅客募捐。学校还要求我们动用自己的社会关系来筹集资金。我的大哥哥当时正在重庆城里的复兴面粉厂当会计，通过他，我们学校得到了该厂的一笔捐款。加上外国教会的帮助，学校很快就重建起了竹子和茅草搭建的简易教室和宿舍。

懿训地处乡下山区，比较隐蔽，日军的空袭对我们影响不大。虽然我们不必到处躲避日军空袭，但生活还是异常艰苦。在懿训期间，大多数时候，我们每天的主要食物还是霉米掺沙石及老鼠屎的"八宝饭"。有时物资紧张，我们每天仅靠学校食堂发给我们的八颗煮熟的蚕豆就算解决了一餐饭。在懿训期间，我和许多下江人，特别是那些来自湖北的同学成了好朋友。她们中的大多数都因为战争而无家可归了，还有一些甚至失去了家人。我们这些当地学生在假期还能回家，而那些下江学生则根本无家可归。我很同情她们。因此，我在懿训学习的三年中，每到假期都会邀请

---

① 青帮，清朝民国年间发源于漕运业的帮会组织，在中国民间具有较大影响力，民国著名人物杜月笙即为青帮头目之一。——编者注

几名关系好的下江同学到我家做客。

抗日战争用一种特殊的方式把我们联系在了一起，我们中的几位同学把这份友谊保留了一生。在"文化大革命"期间，教会学校的教育背景让我们都吃尽了苦头。然而，当红卫兵强迫我们互相揭露所谓的罪行、以莫须有的虚假信息来互相诬告诋毁时，我们几位要好的同学中没有一个人出卖过朋友。当然，我们都为此付出过沉重的代价。"文化大革命"期间，我们都经受了身心摧残和打击。直到今天，我们五个懿训的同学还是很亲密的朋友，我们在战火中建立起来的友谊已经持续了近70年。

虽然懿训是所教会学校，但在抗日战争期间所有的主要政治团体都试图在重庆建立自己的影响力，懿训也不例外。母亲不准我加入任何政治组织，叫我好好读书，所以我只参加了基督教学生组织的活动。我记得有一次，在学校食堂的饭里发现了一些玻璃碎片，国民党的青年组织三青团①控告说是共产党干的，还要求学校管理层打击共产党在校园里开展的活动。另一个事件是，有个"生病"的学生老是待在寝室里，并趁其他同学都在上课的时候搜查她们的东西。之后这个学生被查出来是个国民党特务，她要找出证据资料揭露校园里的共产党的地下党成员。1949年以后我们才知道在抗日战争期间我们学校确实有共产党的地下党组织。但我当时并不知道这些情况。

我和我的朋友们既没加入共产党，也没加入国民党，而是参加了学校里的基督教组织。作为一所教会学校，它理所当然地鼓励学生成为基督教徒，并积极投身于基督教组织的各项活动。我自身的背景和个人情况也促使我成为了基督教徒。我一直在为我

---

① 三青团，全称"三民主义青年团"，系国民党下属青年组织，起初为联络爱国青年开展抗战活动的团体，后被国民党操纵，成为反共工具。——编者注

的生活寻找一个答案。我试图弄明白为什么我这么穷,而和我一同就读于懿训女中的、我同父异母二哥的女儿却基本上是要什么就有什么。每到周末和假期,我二哥就派四个壮汉用滑竿到学校来接我侄女回家,如果我也想回家,就只能跟在她的滑竿椅后面,跑40里路回去。我一定得跟上接我侄女的那些人走回家,因为在乡下一个单身年轻女子独行是很危险的,因为路上有土匪出没。每次返回学校时,我侄女可以带很多煮熟的豆腐、肉以及其他好吃的东西,而我什么都没有带,因为家里太穷。她穿的都是很时尚的衣服,而我只有校服可以穿。就连我的学费都是靠同父异母的二哥资助的。我希望基督教能够为我经常纠结的这些问题提供答案。在懿训,我们还听说如果成为了基督教徒,就更有机会上大学,特别是教会的大学。因为我知道我母亲无力支付我去上大学,就想尽力把握住所有机会。

在懿训,老师们没有组织我们为支持抗战去乡场发表公共演说或表演街头戏剧,但他们也不反对学生自发的抗战宣传活动。懿训的老师们对待抗日战争的态度多种多样。有些有意识地将当前的抗战时事与我们的教育教学结合起来,而另一些则只是把抗战当成是生命中的一次不幸的灾难而默然接受了,很少予以关注。我有一个姓程的英文老师就总是对抗战时事问题非常有激情,因为他的家乡就在武汉附近,已经被日本人占领了,所以他对日本侵略军充满了仇恨。1941年底日军偷袭珍珠港导致太平洋战争爆发时,程老师非常激动,他在我们的英文课堂上做了一场激情澎湃的演说。他告诉我们如果美国参战,我们将更有胜算打败日本人。我们都对他优异的英文演说印象深刻,但却并不十分理解为什么美国参战会对中国的抗日战争有利。

在懿训,我们每天都要做的一件特别的事情就是阅读报纸,了解有关抗日战争的时事新闻。我们读的是《大公报》和《国民公报》。因为同学中有很大部分人是下江人，所以每天早上第一节课之前，班上都会有同学被叫到前台去，用普通话朗读有关抗战的新闻。我们这些土生土长的四川人说普通话很困难，我根本没有学过普通话应该怎么说，因而说起来相当别扭。每当轮到我读报时，我都不得不跟自己搞恶作剧，故意把舌头卷起来装作是在说普通话的样子。读完之后，我和我的四川同学都会嘲笑我们所说的搞笑的"普通话"。不过我们还是很喜欢读报纸，因为这样可以了解到抗战进展的情况。虽然作为普通人，与战事相比，我们更关注的是日常生活。但作为学生，我们很清楚这场战争是一场民族危机，也很渴望参加到力所能及的抗战动员活动中来，做一些诸如公共演讲和街头戏剧表演那样的政治宣传活动。我的同学当中有些在抗战后期参加了青年军。[①]不过我却没有想过要参军去上前线打日本人，这也许是因为我们居住在抗战大后方的重庆地区，根本没有目睹日军在华北、华中的暴行，也没有接触到有关中国将要被日本征服的亡国论思想。但我却总是坚信，我们迟早会赢得这场战争的胜利。显然重庆地区的抗日战争宣传工作是很有成效的。通过战时宣传，抗日战争必胜的观念已被该地区广大的中国群众所接受了。那些没有受过教育的普通群众也许还不知道抗战的整体观念是什么，也许不清楚它是怎样进行的，但每个人却都明白中国正在和日本打仗，不打我们就会亡国。大多数的重庆人都相信抗战必胜。

在抗战八年的时间里，我一直都在念书。我把精力都投入到

[①] 1943年及1944年国民政府发起了两次动员青年知识分子从军的活动。见重庆抗战丛书编撰委员会编：《抗战时期重庆的军事》，重庆出版社1995年版，第218—238页。

了学习上，因此我的成绩总是名列前茅。我很清楚我家经济困难的程度，知道作为女人要得到自己想要的生活，而不仅仅是苟且偷生，我唯一的希望就是好好读书。我母亲对我的影响很大。她一生不幸，从我懂事开始，她就总是告诫我和妹妹，女人要想过上好日子就必须要依靠自己，要自立。她的梦想就是要让我们当老师，可以自立门户。为了实现我和我母亲的共同愿望，我不得不很努力地学习。

在懿训念高中的三年中，我们的物质生活变得比在巴县女子中学时还要糟糕。火灾之后，重建的校园里只有用竹子和茅草搭建而成的简易教室和宿舍，没有电和自来水。冬天，这里冷得要命，没有足够的御寒衣物及其他保暖措施，我的手上和脚上每年冬天都长满了冻疮。严重的时候还会流脓穿孔。我们只能穿单薄的蓝色校服，所有的清洁卫生和清洗工作都得自己做。

1941年以后，持续的抗战引发了严重的经济困难，流亡到此的巨大人口导致了重庆地区日常必需品供应的严重短缺。任何日常生活必需品，从大米到煤油，全部都得由政府统一定量分配。有钱人可以从黑市上买到额外的食品和布料。我没有一丁点儿零花钱，只能靠学校供应的三餐勉强维持生存。随着抗战的继续，一些下江人也开始靠变卖生活品维持生计了。每到周日，许多下江人就把他们那些稀奇玩意儿拿到集市去，摆地摊叫卖，有收音机、照相机、手表、自来水笔、西洋布料，等等。对于我这个一直都生活在相对落后的重庆农村地区的乡下女孩来说，一下子看到这么多稀奇玩意儿，实在是大开眼界。是下江人让我第一次认识到，在三四十年代的中国，现代化能给人民的生活带来些什么。作为一个只有十几岁的小女孩，我梦想着，也许，仅仅是也许，某一天我也能拥有一些这样的新奇东西。

1944年我从懿训毕业了，开始申请大学。虽然在抗日战争期间，很多如金陵和复旦这样的一流私立大学都迁址到了四川，但我却一所这样的学校都没有申请。公立大学的申请费只要两角钱，而私立大学的申请费却要一元。所以我只申请了公立大学。我的第一志愿是川东女子师范大学[1]，因为在抗战时期，师范大学不仅免学费，而且还免住宿费和餐费。我和懿训的另外三名同学一起报考了川东女子师范大学，并都同时被该校的师范专业录取了。

川东女子师范大学坐落在江津，距重庆大约四五十公里陆路。该校是在抗战期间建立的，前身是北京师范大学，迁往四川后改名为川东女子师范大学。在抗日战争年代，江津共有20多所学校，其中大部分都是从川外迁址过来的。不仅如此，国家中央图书馆和其他几个文化教育机构也都从南京迁移到了这里。各类学校和教育文化机构的高度集中，使江津成为了一个战时文化中心。有一批著名学者在我们大学任教，其中包括胡小石[2]。他是早期中国文学界的知名学者，也是夏洛蒂·勃朗特的《简·爱》的译者[3]。我很喜欢这里的学术和文化氛围。

我进入川东女子师范大学时，抗日战争也快要结束了。大轰炸的高潮也过了，偶尔才会有日军空袭的警报。然而，对于我们穷学生来说，生活并不容易。我们身无分文，必须处处想办法应对生活中的种种挑战。在大学期间，我们只能在河边洗衣服和被单。物资紧张，肥皂属于奢侈品，很难弄到，我们就用皂荚来代替肥皂。皂荚是一种树的果实，含碱，可以用来清洗衣物，重庆

---

[1] 即"国立女子师范学院"，创建于1940年，曾为国统区最高女子学府，曾有大批知名教授如谢循初、台静农、胡小石等任教于此，后并入西南大学。

[2] 胡小石（1888—1962），国学大师、文字学家、书法家、史学家。

[3] 此处为采访者记忆偏差，胡小石非《简·爱》译者。真正的译者应为同在国立女子师范学院任职的李霁野先生。

地区盛产。我们最好的洗衣工具就是我们的双脚。每次要洗衣服时，我们就会到河边，脱掉鞋子，在河里的岩石上用双脚踩踏来清洗衣物。在夏天，这是个很好玩的事，但在冬天，洗衣服就变成很恐怖的家务事了。冬天这里的水温非常低，下水后仅几分钟，手脚都会被冻得发紫。所以冬天我们就尽量少洗衣服。

在抗战的最后几年，重庆地区面临巨大的物资短缺问题，包括照明用的煤油供给。四川是个农业大省，盛产菜油，所以抗战期间菜油也被用于照明。虽然每个月我们都能领到几两定额分配的照明用菜油。但仅仅为了把油灯灌满油，我们得步行八里路，到专门的商店，待打好油后再步行八里路赶回学校。学校安排八名学生共住一个房间，每个房间每个月可以分到八份油。我们决定只用四个油灯，并且规定我们寝室在非考试期间，每个灯只用两根灯芯，而到准备考试复习的时候，每个灯才用三根灯芯。这样，每个月我们都可以省下一些油，然后我们到附近的市场上去买回些红辣椒，用省下来的菜油拌上很多盐，把辣椒炒熟。这样我们都可以用它来下饭吃，因为这些辣椒又辣又咸，每顿饭只吃一点儿就可以了。这样我们每月都可以省下一部分菜钱买其他东西。几个月下来，我们都能省下好几元钱来买布料做衣服穿。我在抗战期间仅有的那件花旗袍就是用这笔钱买的。我们四个人都买了同样小碎花的布料，我当裁缝来给大家做旗袍。我觉得这是我一生中拥有的最好、最漂亮的衣服了。

我们学校里有些下江同学的家庭却很富裕。我有个同学的家庭来重庆以前，曾拥有武汉多家钢铁企业。因为她经常出去约会，又经常逃课，每到考试的时候都要来找我帮忙。我就给她辅导功课，帮助她通过考试。作为回报，她带我到附近的餐馆去吃面。对我来说能上馆子吃面，在当时确实是很难得的享受。每当我有机会去餐馆，都会在面里加很多酱油和辣椒油，这样就能把面汤带回去，和朋友们一起分享。每次我把面汤带回去，我们就用这些又辣又烫、美味而多汁的汤来下那些粗糙而夹有很多沙子的米饭，我们大家都吃得津津有味。

虽然在川东女子师范大学我没有参加任何一个像国民党或共产党那样的政治组织，但我却在感情上和理智上都心系抗战。我们学校的大多数学生都是流亡学生。她们中大多数人都来自四川以外的地区，被日本侵略者夺走了家园和亲人。在这里，大家对抗战都非常关注，我们学校所在地经常都有支持抗战的活动。我参加了学校里许多和抗战有关的活动，如募捐、游行和公共演讲等。

1944年，日军打到了邻近重庆的贵州省的独山，重庆在抗战中第一次面临到了可能遭受日本从陆地上侵略的危险。许多同学都志愿参加青年军去保卫大后方，其中有些同学还真的成为了军人。我没有参军，却也积极参加了学校里为支持征兵工作而开展的其他活动，特别是我所在的学生基督教团体所组织的那些活动。我当时最重要的目标是完成大学学业，找一份工作来养活自己并帮助家人的生活。

在大学期间，我和三个关系亲密的同学都开始谈恋爱了。我在1944年夏天从懿训毕业后回家过暑假时遇到了我的男朋友。他家和我家是远房亲戚，都住在同一个地方。那时他还是个高中生，也是回家过暑假。他是学校里的政治活跃分子，还是一个学生报纸的编辑。自打我们在一个都认识的朋友那里相遇以后，他就给我写信，邀请我为他的报纸撰写了一篇关于"学生应该如何支持中国的抗日战争并为其作贡献"的文章。之后我们就开始通信了。我回到学校以后，他经常来看望我，我们的关系越来越亲密。我和懿训的另外三位好朋友不仅一起分享我们的饭钱，也分享各自的爱情生活秘密。她们对我的男朋友很满意，一致投了"赞同票"。我在川东女子师范大学时有另外两个四川同学，抗战期间和两个在江津的下江男同学谈了一年多恋爱。抗战结束后，下江男生都回到了各自的家乡，出于种种原因我那两个四川朋友没能和他们一起回去，只能留在这里忍受失恋的伤心难过。这也是抗日战争带给我们这些重庆年轻女孩的另一种创伤。

当日本于1945年8月15日投降时，我正在家里过暑假。我收到了很多下江同学和朋友寄来的深情的信件。她们都欣喜若狂，抗日战争终于结束了。经历了八年艰辛的流亡生活后，她们现在终于可以回家了。我也为八年抗战的真正结束而感到无比高兴，并且对中国战胜日本后我们都能过上更好的生活抱有厚望。

1945年秋，我回到学校时，发现下江同学们个个都兴高采烈。政府为她们每人都发放了返家经费，而对于我们这些当地人来说，抗战的结束并没有对我们的生活带来多大的改善。对一些本地人而言，抗日战争的结束意味着经济更加艰难的时代到来了。随着国民政府和数十万下江人陆陆续续搬离四川，当地许多人都失去了房舍出租的租金收入来源。大米和蔬菜的价格也大跌。因抗日战争而在重庆建立的政府机构和工厂也陆续搬离，大量人失业。许多把房屋出租给下江人的普通人也失去了他们的部分收入来源。

抗战期间我哥哥在重庆一家面粉厂工作。因为战时通货膨胀厉害，物价很高，1945年初一些亲戚朋友怂恿他合伙做面粉生意——以批发价格买进面粉，再以市场价格卖出，赚取小额差价。然而作为小人物的他们，既没投资生意的知识，也不了解抗日战争的发展情况。他们都不知道抗战即将结束。日本投降后，外来人口纷纷迁离重庆，面粉价格大跌，他们的钱全赔了，所有债权人都跑来找我哥哥算账。他不得不离家出走到外面躲避了一年。那些债权人追到我们家里，逼迫我母亲还钱，使我们的生活痛苦不堪。他后来花了几年时间才还清了债务。所以对许多本地人来说，抗战的结束并不意味着生活的好转。很多人在抗战结束后还要继续应对生活的挑战。

罗福慧

女学生

1922年生于湖南

在大学里，当我的几个好朋友纷纷开始和男朋友谈恋爱时，我也很羡慕。晚上我们在一起谈论各自的理想、家庭和婚姻，我也在梦想着爱与被爱、婚姻和家庭，憧憬着未来。但是想到家里陷入绝境的经济情况，我明白我的家庭需要我的帮助，我根本没有考虑自己个人幸福的余地。

我出生在湖南。我父亲是个商人，老家在江西。他做的是中国老式的钱庄。20年代他因公来到了湖南，在这里娶了一个太太和一个妾，并和她们生了七个子女。我母亲就是他的妾。1931年我9岁时，他又因为生意而搬来重庆。30年代时，重庆较之湖南是一个相对偏远落后的地方。我父亲决定搬家到这里来的时候，我母亲在湖南的娘家觉得我们是被流放到了这样一个穷山恶水的落后地方，很不满意。然而当我们真正搬到重庆以后，才发现这里的生活环境与湖南相比，并没有想象中的那么差。

抗日战争爆发时我年仅15岁，还在重庆南岸一所叫文德①的、

---

① 文德女子中学，1914年由加拿大传教士创办于重庆南岸，现为重庆市第十一中学校。——编者注

加拿大人办的女子教会学校念书。虽然我并不热衷于政治，但我对抗战却很关心和了解。在文德，校方不主动组织我们去做支持抗战的活动，但却允许我们参加这类活动。大多数文德学生组织都参与了抗战动员活动。我加入了一个学生宣传小组，并参与了它组织的很多活动。跟其他学校的许多学生一样，我们也到附近的镇和乡场上去做公开演讲，动员当地人民支援抗战。我们也表演街头戏剧来唤起人们的抗日爱国主义热情。在抗战期间，真挚的抗战动员精神在重庆热情高涨。

1938年我初中毕业，升入复旦高中。复旦大学是从上海迁至重庆的中国顶级大学，复旦高中是其附属学校。复旦高中的大多数老师都是随复旦大学一起搬到重庆来的下江人。复旦高中和我之前读过的当地学校相比，课程要求要严格得多。复旦高中的老师更有知识，他们的教学方法也比较新颖，能让学生学得有兴趣。复旦的理工科课程特别好，有很好的理科实验室和实验室设备。我们做了很多有趣的实验，使我眼界大开。

抗战时期外地教育机构往重庆搬迁，给像我一样的当地学生带来了更多更好的教育机会。由于很多下江老师都被日本人夺去了家园和亲人，他们对抗日战争的宣传活动非常积极主动。但涉及妇女的社会地位问题时，他们中的多数人还是很守旧的。我的理科老师来自东北，人很优秀，学问也很好，对抗战救国之事非常热情，但他对女学生在理科方面的能力却很不看好，不相信女学生也能学得跟男学生一样好。他到我们学校教书的第一学期，决定要每周点名表扬那些考试分数上了93分的学生，让他们站起来接受班上其他同学的掌声祝贺。当叫到我的名字、看见我站起来时，他非常惊讶地说："啊，你是女的啊！"他根本没想到女生也可以学好理科。

在复旦高中，下江老师和学生的到来，使得学校的社会文化气氛都变得轻松起来。一般而言，男女学生可以在学术和抗战动员活动小组里一起参加社交活动。例如，我们可以一起出去做宣传，并且有时候男女学生还在一起复习功课，准备考试。然而如果某个女生一旦和某个男生好几次都在一起学习，就会引来其他人的流言蜚语和戏弄。可见当时在男女交往关系方面，还是不太开通。

抗战期间国民政府和数十万下江人搬迁至此，为重庆带来了巨大的社会影响，使它成为了一个更富有文化的地方。除了众多新学校的建立，诸如公路和交通系统的基础设施也得到改善。因为我们家是战前从外地迁居到重庆来的，我们很清楚地见证了抗日战争为这里所带来的影响。虽然抗战期间我还只是一个女学生，但我都注意到了，很多下江人来到重庆，使当地的社会气氛发生了很大的改变。外地人为重庆地区人们的日常生活带来了新的开放文化。例如，下江人到来之前，重庆的妇女，包括小女孩，不管夏天有多么酷热难耐，很少有人穿裙子。下江妇女们不仅为我们带来了裙子，还带来了交际舞。就连传统的旗袍样式都改变了。下江人的旗袍两侧的衩开得更高，几乎到了臀部，这样走起路来腿能露得更多。风靡一时的女式卷发也是由下江妇女引进到重庆来的。还有一个下江人带来的新奇玩意儿，也是当时新时尚的标志——裤袜，即重庆本地人所说的"跳舞裤袜"。作为一个在抗日战争期间只有十几岁的小女生，下江人带给我们的新奇的物质衣食文化使我十分着迷。我觉得正是这些下江人的到来，引起了重庆地区的物质及社会现代化变革。

抗战期间，逃亡到重庆来的不但有很多中国著名剧作家，还有许多男女演员，如郭沫若（左翼剧作家和诗人）、白杨（著名女演员),以及张瑞芳(著名女演员),等等。为支持全民抗战动员,这些剧作家、演员在重庆组织演出了很多场爱国戏剧。作为一个高中生,我有幸观看了很多场戏剧表演,被这些表演所深深地打动。

在抗战前,重庆最受欢迎的休闲娱乐形式可能就是传统的川剧和京剧表演了。而在抗战之中,话剧被介绍到了重庆。话剧不仅成为了最受欢迎的休闲娱乐形式,还成为了一种政治和爱国主义宣传的有力工具。我观看了很多场话剧表演,深深地喜爱上了话剧,也十分情愿地接受了剧中宣传的抗日救国思想。在抗日战争年代里,重庆地区最有力、效率很高的政治宣传活动就是为了动员中国人民参与到抗日战争中来。话剧的确起了很重要的抗日宣传作用。抗战中的这些新鲜事都让我着迷和感到兴奋,然而我同时也感到有些茫然,因为这些新鲜的事物中没有一样和我的生活有直接的关系。在抗战前我父亲的钱庄生意收益颇丰,我们的生活也很安逸。而在抗战中我们家的经济情况急剧恶化,我们也因此遭受了巨大的经济困难。

最初,抗战只是打乱了我父亲的钱庄生意。但日本人占领了中国中部地区后,他的钱庄生意就被彻底毁了。我们家人很多,父亲要养活两个老婆和七个孩子,家庭负担非常沉重。日本人开始对重庆进行大轰炸以后,我们家被迫搬到了乡下。抗日战争期间,从外地逃难至重庆地区的外省人都喜欢与老乡集结在一起。比如说,上海人在重庆喜欢住在上海人多的地方,而安徽人则喜欢住在安徽人多的地段。我们家搬到了距主城区20里远的大渡口地区,因为在抗战期间很多来自江西省的人都住在这里。我父亲一直就是我们家唯一的经济来源,一旦他失业了,我们家的经济情况就彻底改变了。最初我们还能依靠家庭储蓄维持生活,但随着战争带来的高通货膨胀率，要养活这么一大家子人，那点儿钱就支撑不了多久。很快，我们就不得不靠变卖家产来维持生计。我记得在抗战期间的大部分时间里，我们每天都只吃两顿饭，以此来节省家庭开支。由于家里的经济困难，我不得不高中毕业后就参加工作，来赚钱补贴家用。在上大学前，我在一所小学教了一年书。

作为一个在抗日战争年代里成长起来的女孩，我目睹到战争摧毁了数百万中国家庭，彻底改变了他们的以及我的家庭的命运。我很痛恨日本侵略者。尽管我只是一个普通人，对抗日战争的整体发展情况并不很了解，但是重庆地区为支持抗日战争所广泛开展的那些宣传活动却让我坚信中国最终一定会打败日本。

老实说，虽然我在抗战期间也参加了很多学校组织的抗战支持活动，但由于我家庭所突然遭受到的经济上的变化，我更关心的是我自己的生活。我父亲生意破产后，家里的储蓄快要用完时，他最大的愿望就是我们这些子女能够自立。我是母亲生的孩子中最大的，经常感受到要帮助家庭的巨大责任和压力。在复旦中学我的学习成绩非常优秀，可以被许多所一流大学录取。但我却选择了到川东女子师范大学念书，以后做一名教师。因为这里的学费、餐费和住宿费都是免费的，而且毕业后有更好的工作机会。

我1943年进入川东女子师范大学，在这里度过了抗战的最后两年。在没有任何家庭经济帮助的情况下，我只能靠学校的免费餐度日。好在我有几个好朋友和我一起同甘共苦。我们几个女生每周都努力从饭钱中省下点钱，用来做新衣服。我们也互用彼此的衣物及日常用具。

在大学里，当我的几个好朋友纷纷开始和男朋友谈恋爱时，我也很羡慕。晚上我们在一起谈论各自的理想、家庭和婚姻，我也在梦想着爱与被爱、婚姻和家庭，憧憬着未来。我的梦想就是念完大学以后找份工作，然后找和我志同道合的人结婚。那时候，对我来说，志同道合就意味着我们都要受过教育，都愿意通过诚实劳动来营生。好几次我的朋友们想给我介绍对象，安排我和某个男士见面，虽然我非常想要有个男朋友，但是想到家里陷入绝境的经济情况，我明白我的家庭需要我的帮助，我根本没有考虑自己个人幸福的余地。这样，我就把这些想法保存在自己心里，而把所有的精力都投入到了学习中去。

1945年抗日战争即将结束时，我父亲希望恢复他的生意，或者至少能挽回部分失去的财产。抗战最终真正结束的时候，我们才意识到他已经根本没有什么生意可以恢复，也没有什么财产可以挽回了，我们能够活着见证抗日战争的结束已经是非常幸运的了。

金中恒

女学生

1925年生于重庆

我亲自走过闷死了几千人的隧道。隧道只有一个进口，没有出口。就是在20世纪50年代我们参观隧道时，里面还是又黑又闷，空气不好。隧道很长，越往里走，氧气越稀薄。走进隧道深处，我都感觉到呼吸困难。我完全可以想象在隧道里面的人为什么要朝外面挤，惨案为什么会发生。

我出生在璧山县。我父亲是开杂货铺的。我父母共有七个孩子，我排行第三。我上头有一个哥哥和一个姐姐，下面有两个妹妹和两个弟弟。

抗日战争爆发时，我在璧山读小学。当时璧山的小学是男女分校的，我读的是女子学校。我是在学校听到抗战爆发的。1939年我读初中时，日本人轰炸重庆地区把我们学校炸毁了，而且整个璧山县城都遭到很大的破坏。我父母就带着我们全家去了重庆①。因为重庆是战时首都，我父母以为做生意的机会会比璧山多一些。到重庆后，我进了南开中学读书。我的父母很开明，不论

---

① 此处指"重庆主城区"。——编者注

男孩女孩都让上学读书。我父亲告诉我们,他会供我们七个孩子至少读到初中毕业,再高他就供不起了。所以我们七个孩子都至少是初中毕业生。

南开中学分有高中和初中部。我在初中部读书。抗日战争时期南开的学生很活跃,很多学生都积极参加了抗战动员活动。但是那些活动多半是高中学生组织和参与的,初中生参加得很少。我们初中生只是有时跟着高中生一起参加一些和抗战有关的活动。我只参加过几次抗战动员活动。但是我们都从学校学到很多有关抗战的歌曲,了解到抗战的事情。

南开的老师有些非常支持抗战活动,常常把和抗战有关的题目和事件融合进教学之中,特别是语文课。我们经常写与抗战有关的作文,讨论和抗战有关的题目。学校也有很多抗战的报刊。我很喜欢读那些刊物,也从中了解到很多抗战的事情。抗战期间冯玉祥的夫人李德全曾到南开来给我们做过讲演。她讲年轻女学生应该争取自身独立,并为妇女解放作贡献。我当时并没有女权意识,也不太明白李先生讲的东西。

抗战时物资匮乏,生活很艰苦。在南开我们吃的都是霉苞谷面和霉米,饭里面还有小石头、沙子和老鼠屎。重庆人幽默地称之为"八宝饭"。我记得一次有位要人来南开讲演,动员青年学生投身抗战。他对我们说,吃霉米饭是好事情,这样你们会记住日本侵略者欠我们的债。

因为南开是名牌学校,很多名人、要人和有钱人的孩子在该校读书。比如冯玉祥将军的女儿冯晓达,就是我的同班同学加室友。她总是想请我到她家玩,我从来都没去过。因为我怕他当高官的爸爸。我常常和冯晓达开玩笑说你爸的官太大,我不敢到你家去。南开有很多有钱人家的孩子。虽然冯玉祥的官很大,冯晓达的生活却非常简朴。在南开每到星期六，别的有钱人的孩子都有私人小轿车来接他们回家，冯玉祥却坚持要冯晓达自己走路回家。冯家的孩子都是穿自己家里做的土布鞋和衣服。冯玉祥的夫人还给我们班上的同学做过鞋。别的有钱有势家庭的孩子在学校花钱大手大脚，而冯晓达的父母每周只给她一点点生活费。冯晓达后来和她父亲一起死于轮船事故。

我们家穷，每天放学以后，我都要快快回家帮父母做事，没有时间去和同学交往。我只在南开读了一年就转学了。有几个原因促使我转学：第一，南开的学费太贵，对我父母的压力太大；第二，我自己也不喜欢南开。我觉得自己不属于南开。南开是有钱人孩子读书的地方，有些老师也只喜欢家里有权有钱有势的学生。像我这样来自无权无势、没有社会地位和经济地位家庭的学生经常受歧视。我自我感觉不属于那儿。这样，我就转学去了建商中学，并在建商完成了初中学业。

我对日本人轰炸重庆的事记忆很深刻。我读初中时经常要跑防空洞。日本人刚开始轰炸重庆时，我们还在璧山。我们从来没见过飞机。当空袭警报响了之后，我还跑到我朋友家把空袭警报当成热闹来看。后来，我看到我的学校被日本人炸毁了，也看到很多人死了伤了，才知道空袭不是开玩笑。随后，我们都得了空袭恐惧症，很怕空袭。警报一响，我就紧张不安。好多年我都是在恐慌中过日子。我们每天的生活都被空袭控制了，因为不知道空袭何时来。空袭警报一响就要跑防空洞。

日本人在1939年的5月3号和5月4号对重庆进行了大轰炸，炸死、炸伤了很多人。大轰炸也造成了很大的财产损失。1949年重庆解放后我在市政府工作。我的工作是安排各种会议。有一次在工作中我遇见一位抗战时曾经在防空委员会工作过的人。他告诉我抗战时期重庆公布的空袭死亡数字不是很准确。真正的死亡数目比政府公布的要高得多。我问他为什么大隧道惨案那天防空洞门迟迟不打开，让洞里的人快出来？那次惨案的结果是几千人闷死在洞里。他说抗战时期，防空委员会都是按令行事，没有上面的命令不敢开门。大隧道惨案死者都死得很惨。大部分人是缺氧而死。死前都拼命地抓脖子、胸膛，想再吸口气。有好多家庭全家人都死在一起。事件发生后，清理现场时，光是金银首饰就装了几大箩。20世纪50年代，重庆市政府组织过我们参观发生惨案的大隧道。我亲自走过闷死了几千人的隧道。隧道只有一个进口，没有出口。就是在50年代我们参观隧道时，里面都是又黑又闷，空气不好。隧道很长，越往里走，氧气越稀薄。走进隧道深处，我都感觉到呼吸困难。我完全可以想象在隧道里面的人为什么要朝外面挤，惨案为什么会发生。

1939年至1940年日本大轰炸期间，重庆暴发过疟疾，很多人生病死亡。我在初中时有个同学头天听说她病了，第二天校方就通知我们她死了，因为她得了疟疾。抗战期间药物紧张，普通百姓没钱看病。加上大轰炸，医院诊所常常不能开门，普通老百姓没法看医生。疟疾暴发后，老百姓既没有防御措施，也没有治疗方法，全靠个人运气。

疟疾流行期间我也病了。我的身体时而发冷，时而发热。我发冷时，我妈就把我抱到室外晒太阳；一发热，就把我抱进屋用凉水擦身。当时重庆人流传说吃了狗肉疟疾就会好。我不记得我妈有没有给我吃狗肉。我病了整整一个月也没钱看医生。我妈只能用她能找到的草药为我治病。所幸我当时年轻，挺过来了。一个月之后，我的病慢慢好了。但是我知道很多人没有我那么幸运，很多疟疾患者都死掉了。和很多人比起来，抗战期间我们家的情况还是好得多，至少我们家没有死人。

抗日战争时期国民党军队强行抓壮丁服兵役，那也是一般老百姓深恶痛绝之事。穷人家的男青年是抓壮丁的主要受害者。有钱人通常可以出钱买穷人去顶替自己当兵。抗战时期我父亲就救过一个穷苦逃丁。那位年轻人是个农家男。因为家贫，十几岁就到重庆来在一家铺子打工当学徒。哪晓得店主人心黑，把他卖了去当壮丁，去顶替店主人自己的孩子。他被强行入伍，用绳子捆起送到江苏。他后来找了个机会逃回了重庆。如果他被官方抓住，他会被判死刑。我父亲收留了他，把他藏在我们家很长时间，供他吃住，还给他衣服穿。我父亲做了件好事，我们救了他的命。至今他都还很感激我们，还经常来看我，说我们家是他的救命恩人。

抗日战争中，对一般老百姓来讲最糟糕的事就是物价飞涨。每天物价都在涨。钞票每天都越来越不值钱，有时候一大包钞票还换不到一张手纸。我们家有七个孩子，人多。我父亲挣的钱根本就无法养活我们。为了送我们几个孩子上学读书，我父亲向亲戚朋友借了很多债。抗战期间普通人在重庆的日子很难过。白天晚上都在跑空袭警报，生意根本没法做。再加上通货膨胀，我们家的经济情况随着抗战的深入也越来越糟。我初中毕业后就无法升学了，因为我父亲没钱交学费。为了帮助家里减轻经济负担，我一定得工作。

于是，1943年我18岁时就找了一份教小学的工作，一直教到1945年抗战结束。我做的是一份没有工资只管吃饭的工作。教两年书我一分钱也没拿到。我只是可以在学校免费吃三顿饭。学校的伙食非常糟糕。每天都是吃"玻璃稀饭"——稀饭清得可以照出人影来。我那时才十八九岁，正是长身体的时候，可是我差不多天天都是在饥饿中过的。抗战期间我们没有油炒菜。我们就把炒菜锅烧热后,用麦秆先在锅里使劲擦一下,然后把菜倒下锅里快快炒一下,这样就不会粘锅。

我那时很年轻,又只有初中文凭,学校就分配我去教一年级。我只是教学生读和写简单的汉字。我也没有机会教学生学习与抗战有关的题目。我有两个同事年纪比我大一些,人也很进步,他们倒是经常组织学生参加抗战活动和搞抗战宣传。我们学校在乡下,我也很少有机会到城里去听讲演。我到这所农村小学去教书是为了帮助我父母渡过经济难关。虽然我没有工资,但有饭吃,这样我家里就少了一张吃饭的嘴,也算是帮了父母的忙了。我在那所乡村小学教书时,认识了未来的丈夫,是我的一位亲戚介绍我们认识的。之后我们相互来往,谈恋爱。所以我们的婚姻不是包办的,而是半自由恋爱的。在当时这样的情况比较少。

我丈夫毕业于国民党的中正政法大学,该校是用蒋介石的名字命名的。抗战期间我丈夫在国民政府工作。结婚后我们在城郊租了一间农民的房子住。我们住的地区抗战时是名人云集的地方。冯玉祥的家就离我们很近。

1949年中华人民共和国成立后,我曾给很多抗战时期在重庆住过的要人们做过导游,带他们参观他们抗战时所住过的旧地。最后一次是80年代,我带了一队从美国、英国回来的要人后代,参观他们的父母抗战时期的居住地。

虽然我的学历不高,但也是受过教育的人。我和我丈夫都喜欢读书看报。我们不喜欢读关于大地主、大资本家的东西,我们喜欢知识性和文学性的读物。结婚后,一起读书看报是我们的共同乐趣。1945年抗战结束后,我丈夫奉命随国民政府一起搬回了南京。我也随同我丈夫去了南京。当时抗战刚刚结束,很多日本士兵被困在南京。那些日本军人对中国人还是很敌视,不愿意向中国士兵敬礼。1945年抗战结束后,很多日本人被困在中国。在南京,中国男人花很少的钱就能买一个日本女人。我有个朋友就花钱娶了一个日本老婆。

　　抗战胜利时中国人都非常高兴。差不多所有的人都跑上街去放鞭炮庆祝抗战胜利。抗战结束后普通人的生活并没有好转。抗战结束后通货膨胀依然严重,老百姓生活非常困难。我是1949年后读夜校才拿到高中文凭的。

李素瑶

女学生

1926年生于重庆巴县

当时洛磺只有我们一所学校，没有其他外来单位，所以学校可以从当地农民那里买到大米和食品。学校还给我们发衣服用品。我当时选择这所学校就是因为不用花钱。我六哥读的商专、七哥读的农业学校也都是不花钱的学校。否则，家里是供不起我读书上学的。

我1926年生于巴县长生桥①的李家坝。我父亲原在一所小学管财务，后来因为有一笔账目有问题被人诬陷，他生气得病死了。我父亲死时，我只有五岁。我家有几十担谷子的田产。我父亲死后，我母亲就靠田租把我们几个孩子养大。我是家里的老幺，原本有五个哥哥和一个弟弟。父亲死后一百天，我弟弟也病死了。当时他生病发高烧，如果有钱让他去看医生吃药，也许他不会死。但是父亲刚去世，家里没钱送他去看病，一家人就只得眼睁睁地看着他病死。一年之后，我的二哥也得肺病吐血而死，也是因为家里没钱送他看医生。我们家虽然是地主，但是收的几十担租的

---

① 现为重庆市南岸区长生桥街道。——编者注

谷子仅够一家人吃饭。父亲死后，家里没有其他经济来源，生疮害病都是用草药。草药医不好的病就是听天由命。我上小学时，只有一件阴丹士林布①的旗袍。夏天白天穿，晚上洗，第二天早上干了又穿。

抗日战争爆发时，我11岁，在镇上的一所小学读书。我们是在学校听到有关抗战爆发的消息。我记得抗战爆发后我们学校搞过一个晚会宣传抗日。学校的老师演了一幕话剧。但是我记不得话剧的名字了。话剧的内容是讲日本人进攻中国，搞得中国到处都不安宁，所以我们必须抗日，赶走日本人，这样中国人才会有安宁日子过。我当时年纪小，不是十分明白老师的抗日宣传。

我对抗战真正有认识是日本人开始轰炸重庆以后。虽然李家坝在长江南岸，远离重庆城中心，但每次日本人来炸重庆，我们都可以看到日本飞机的炸弹像雨点一样下来。炸弹击中城里的目标后，会发出巨响，再然后就是火光冲天，浓烟滚滚。那时候我和我学校的同学们人小不懂事，不知道大轰炸的危险，每次日机来轰炸，我们还跑出教室到小山坡上去看热闹。由于我们住在南岸乡下，日本飞机没有直接轰炸李家坝。只有一次，有一枚炸弹落到我们附近的水田里，但是没有爆炸。

日本人刚开始轰炸重庆时，除了丢炸弹，还丢传单。我记得有一次，我和我哥哥及一群小朋友看见日机丢的传单，白花花的纸满天飞。我们跑到山坡上想捡些来看是什么东西。可是，我们跑了半天什么都没捡着。传单都被风刮到别处去了。结果我们都跑饿了，后来跑到别人地里去偷了人家的红薯来吃。我自己只有过一次跑空袭警报的经历。有一次大概是1940年我14岁时，我进

---

① 一种风靡民国的蓝色布料，经久不褪色，深受民国时期青年女性喜爱。——编者注

重庆城到我舅舅家做客，正好碰上空袭。舅舅带着我跑过一次警报。那次我们到防空洞里躲了一天才出来。从此每次空袭警报一响，我都有点紧张。

我的三哥从小有叛逆思想，后来他离家出走。抗战开始时他已在重庆电厂当工人。1939年日本人大轰炸重庆，落在嘉陵江里的炸弹炸死了江里很多鱼。我三哥下河去捡鱼，结果被淹死于江中。

抗战时期，大量的下江人逃难到重庆。很多下江人也到乡下来租房子住，躲轰炸。有一家下江人就租了我们家的房子和我们住在同一个院子里。那家下江人是一家四口，爸、妈和两个女儿。他们住了八年，抗战结束后就搬走了。我们两家相处很好，从来没有什么问题。那家下江人的男主人在重庆城里做事，平时不在家，只是周末才回来。平时就是三个女人在家。那家下江人的妈妈是烫了头发的，穿得也时髦。他们没来以前，重庆人的早饭很简单。我们的早饭通常就是把剩饭剩菜煮在一起吃，叫吃烫饭。下江人来了之后，把油条、豆浆、馒头、包子之类的早点带给了重庆人。我第一次知道油条就是看见住在我们院子里的下江人妈妈炸油条。油条炸好后，她们送了几条给我们。那是我有生以来第一次吃油条。后来重庆本地人也把油条、豆浆、馒头、包子当作早餐了。不仅家里吃，很多大小餐馆也卖这些东西了。

1939年以前，我在小学读书。学校除了老师演过那场话剧，没有组织我们做过抗战宣传。读小学时，我们班上有三十几个学生，只有两个是女生。我13岁那年进了从外地搬来的复旦中学读初中。日本人轰炸重庆，我的学校就搬到了巴县东温泉。东温泉是个很偏僻的乡下，离重庆城很远，加上交通不方便，我们的学校远离战火，有点与世隔绝。所以我们一天到晚就只是读书，反而少涉及抗战事宜，也没有出去搞抗战宣传。在初中时我学校的女生人数明显地增加了不少，我们班共有40多人，其中有十几个是女生。

我能够从小上学读书是和我哥哥们的帮助分不开的。我的几个哥哥都受过新式教育，特别是我四哥是个中共地下党员，思想很开明。他们年纪都比我大很多，我是家里唯一的女孩，他们处处照顾我。我母亲思想本来并不开明。我六七岁时，我母亲要我缠脚。她把我的脚用布带子缠起来后，我痛得大哭大叫。我的哥哥们看见后就拿把剪刀把我的裹脚布剪掉丢了。他们还一起说服了我母亲让我留天足。我妈认为女孩子读书无用，要我从小在家学绣花、做鞋，但是我哥哥们一致认为我应该上学读书。我的哥哥们告诉我妈，做什么鞋啊，小妹读书后自己挣钱买鞋穿！我妈本来想把我嫁给一个大地主的儿子，也是我哥哥们出面反对，我才可以继续上学读书，而没成为地主老婆。

抗日战争对我们的生活有很大的影响。我们在学校吃的是霉烂米饭，饭里有三分之一的霉大米、三分之一的谷子、三分之一的稗子。当时学校把学生分成八个人一桌，男女混合。除了霉米饭之外，我们每餐的菜就是当地出产的时令蔬菜。夏天，我们每餐每桌有一盘空心菜。男生们手脚比女生快，一上桌，他们就三下两下地把菜夹走了，我们女生往往吃不上菜。后来女生们就买些盐，用油炒一会儿用它来下饭吃。抗战时期物价飞涨，我们的伙食费常常是还不到半学期就没有了，校方又要我们追加伙食费。有时候，一学期要加几次。

1942年，我初中毕业后考进了由松江迁至重庆的女子师范学校。学校当时办在重庆洛磺。我考师范学校是因为读书吃饭都不要钱。我们的学校是女子学校。校长是个老处女。学校办得不错，但是管得也很严格。学校办在一座庙里头，平时我们连门都不准出。洛磺是一个非常偏僻的地方。抗战时期那里就只有一条又窄又小的街，街上只有几家小杂货店。就是出校门也没有什么地方可走。我们成天就是关在庙里读书学习。老师也没组织我们出去做什么抗战宣传。

我们学校的老师很多是下江人，对本地情况不是很了解，所以我们基本上是闭门读书。加上大轰炸也没有波及洛磺，虽然我们都知道抗战在进行，也没太多过问。我读高中那几年真有点像住在世外桃源。每天的日程就是吃饭、读书、睡觉。学校订得有报纸放在办公室里，学生如果要看报得去办公室。但是我们很少去办公室读报。

我读女子师范学校时，生活全是国家包了的，而且生活还可以。我们经常可以吃到黄豆烧猪肉，米也很好，不像在复旦中学那样，吃霉烂米。当时洛磺只有我们一所学校，没有其他外来单位，所以学校可以从当地农民那里买到大米和食品。学校还给我们发衣服用品。我当时选择这所学校就是因为不用花钱。我六哥读的商专、七哥读的农业学校也都是不花钱的学校。否则，家里是供不起我读书上学的。虽然我的学校是外地迁来的学校，但大部分学生都是来自重庆。我班上的同学都是重庆地区的人。

1945年抗战结束后，该校迁回了松江。迁校前把我们这些重庆籍的学生转校到了国立女子师范学院的附属师范部及市立师范学校。我转学进了国立女子师范学院的附属师范部，在那里完成了学业。

莫国钧

女学生

1929年生于重庆

突然，日本飞机丢下一颗炸弹，落在离我们房子只有三块田远的水田里。炸弹虽然没有爆炸，但是冲击波把我们的房子震得摇晃。我站的楼梯被震倒了，我也从楼梯上摔下来。我急忙跑到桌子下躲起来。如果当时那颗炸弹爆炸了，我们所有在房子里的人肯定都被炸死了。

我1929年生于重庆九龙坡。我的父亲在一家中药房帮老板打杂，母亲是家庭妇女。我是家里的老四。我上面有两个哥哥和一个姐姐。大哥哥是个瞎子，小时候生病没钱治，他的命是保住了，但眼睛却瞎了。二哥上山打柴把手摔断了，也是因为没钱治疗而留下了残疾。我姐姐没读过书，在家帮妈妈做家务。我妈生我以前生过几个女孩子。我前面的女孩子一生下来就被丢到尿罐里，拿到荒坡上去活埋了。我出生时，我父亲不在家，我姐姐央求我妈把我留下来，并答应我妈她会帮忙照顾我，我才捡了一条命。我从小是姐姐带大的。抗战爆发后，重庆的物价飞涨，家里生活困难，我妈后来也不得不出去帮人。

抗日战争爆发时，我才7岁，在街上的人和小学读书。我是在学校听说抗日战争爆发的。1939年，日本人开始大轰炸重庆后，原先住在城里的人纷纷朝城外搬，躲避轰炸。

我们住的九龙坡冷水场①，抗战时期是重庆比较偏僻的乡下郊区，大轰炸开始后，很多城里人搬来了九龙坡。原本偏僻的小地方，一下子变成了来自全国各地的人口集居的热闹之地。我们家住的院子里也搬来了一家原先住在城里的律师和他的家人。律师家里有个十来岁的调皮男孩。他可能是在城里的大轰炸中受到了刺激。空袭警报常常搞得他很紧张。他经常吓唬我们院里的小孩们说他要上吊死了。当时乡下人很忌讳说不吉利的话，但是那男孩天天都说，搞得我们院子里的人都觉得不吉利。

1939年的"五三""五四"大轰炸后，不光是城里人要跑空袭警报，连我们冷水场也得跑。我记得每次警报响了，我就拉着我妈妈的衣衫角，跑到院子后面的菜地里，躲在四季豆架子下面。我们当时对空袭很无知，以为躲在竹子搭成的四季豆架下就安全了。后来我们又把家里的两张桌子拼在一起，在桌子下面和上面都铺上被子，空袭的时候就躲在桌子下面。有一次空袭来了，我们就躲在桌子下。我当时人小，在桌子下躲了一阵子后，觉得无聊，就爬出去，并到楼梯上去玩。突然，日本飞机丢下一颗炸弹，落在离我们房子只有三块田远的水田里。炸弹虽然没有爆炸，但是冲击波把我们的房子震得摇晃。我站的楼梯被震倒了，我也从楼梯上摔下来。我急忙跑到桌子下躲起来。如果当时那颗炸弹爆炸了，我们所有在房子里的人肯定都被炸死了。幸好那颗炸弹没爆炸。想起都后怕。1949年后，政府才派人来把那颗炸弹从我们

---

① "冷水场"曾是九龙坡周围著名商贸集散地，又名"人和场"，因与江北区人和重名，后改名华岩，现为九龙坡区华岩镇。——编者注

后院的田里挖起来运走了。据说挖起来时，那颗炸弹都还有爆炸能力。

日本人开始轰炸重庆以后，我们经常得跑空袭警报。有时刚开始上课，警报一响，我们就得跑。有一次我们还没走到学校，警报就响了。我们几个女孩就跑到一个同学家里去玩。虽然我们都惧怕空袭，但是那时人小不懂事，也没亲眼看见空袭对重庆城和城里人造成的危害，我们也高兴空袭警报一响就不用上学了。但是我们对大轰炸还是很恐惧。每次日本人的飞机飞过我们房子上空，噪声震天，我们还是很怕，希望轰炸快点结束。

我们学校有几个进步的老师，可能是中共的地下党员。他们经常在同学中打听我们的身世，了解我们的家庭情况。那几位老师对我很感兴趣，要培养我做抗日宣传积极分子。他们很积极地把我们这些喜欢唱歌跳舞的学生组织起来，教我们唱与抗战有关的歌曲，组织我们在赶场天到场上去演唱抗日歌曲，在当地老百姓中进行抗战宣传。遇到赶场天，老师就带我们到场上的茶馆里，把几张桌子拼起来当成台子，然后把我和同学推上台唱抗日歌曲和表演舞蹈。很多抗战歌曲我都会唱，如《追兵来了》《松花江上》，等等。

小学毕业之后，我失学了，家里没钱让我继续上学。后来我父亲的老板做善事，决定资助我上初中。在我父亲的老板的帮助下，我到了在南岸龙门浩的华中中学去读书。华中中学是抗战时期从湖北搬迁到重庆的。同学当中很多下江人，我们班上女生比男生还多。我们班上有个下江女同学在我进校不久就参军了。当她穿着军装向我们告别时，我们都很羡慕她。千方百计向她打听我们是否也可以参军。后来她去打听了，告诉我们招女兵的时间已经过了，我们都十分失望。

在华中中学我们都住校。学习安排很紧凑，学习任务也很紧张。学校要求学生们专心读书，很少组织我们参加抗战动员活动。我们在学校的生活很简单。我刚进校时，我们每天还有三顿饭吃。早晚吃稀饭，只有中午吃一顿干饭，菜很少，也很简单。基本上都是当地农村出产的时令小菜。后来，随着抗战的深入和物资的匮乏，我们每天只能吃两顿饭，上午十点钟吃一顿，下午四点钟吃一顿，基本上是吃稀饭。

日本人投降时我们在学校上课。我们在教室里听到外面街上很热闹，还有人放鞭炮，一打听才知道日本人投降了。之后，老师组织我们唱了几首抗战歌曲，庆祝抗战胜利。

王代英

女学生

1924年生于重庆

不一会儿,我们就听到日机开始丢炸弹,爆炸的声音震耳欲聋。我们躲在竹林里吓得发抖,七个女同学全部趴在地上,把自己的衣服拉起来把头盖住。我们当时年纪小,防空知识也不多,天真地以为只要把头盖住了就安全了。我们在竹林里意识到日本飞机在学校附近丢了炸弹,趴在地上都感觉到地动山摇。

我1924年出生于重庆磁器口。我父亲经商,母亲是家庭妇女。我们家有三个孩子,我是老二。我上面有个哥哥,下面有个妹妹。我13岁时父亲就死了。我们家的生活是靠我哥哥当学徒挣的一点儿钱和我祖母的帮助。我的伯父是个大地主,他供养我祖母,每月会给她钱,她就把钱拿给我们一些。此外,我母亲也帮人洗衣服挣点儿钱。

抗日战争爆发后,我13岁时,进了萃文[①]中学读书。我是12岁进的初中。萃文中学是抗战时期从安徽芜湖搬到重庆的内迁学校。萃文的总部在白市驿,后来萃文中学有所分校设在磁器口对

[①] 萃文中学,1909年由西方传教士创办于安徽芜湖,1937年芜湖沦陷后迁至重庆磁器口,1976年迁回,现为安徽师范大学附属萃文中学。——编者注

面的石山,离我家不远,我父母就送我去了萃文。我们学校有很多下江老师和同学,也有很多重庆人,其中有很多是我的小学同学。因为学校就设在磁器口附近,很多同学小学一毕业,就一起上了该校。我读初中时,我们班上有30多个学生,其中七个是女同学。

萃文中学是内迁学校,搬到重庆后,校舍非常简陋。在石山分校,我们的教室和宿舍都是简陋的茅草房。住校学生都是睡上下铺,学校里的生活也很艰苦。1939年日本人开始大轰炸重庆[①],我们几乎天天跑空袭警报。

虽然我们学校位于城郊,但是由于有几百名学生住校,校方怕出意外,日机轰炸重庆时,还是叫我们跑警报。我们学校在山上,附近没有防空洞,空袭警报一响,我们就朝山上的坟地跑。通常就躲在两座坟包之间的空地上。

记得有一次,我们七个女同学听到第一次警报后,就一起跑到山上的坟堆去躲。我们在坟堆里躲了很久第二次警报才响。然后又等了很久日本飞机都没来,我们几个女生等得不耐烦了,就决定回校。我们一行人往回走,走到离学校不远处,就听到日本飞机的轰隆声。那天日本人派了二十几架飞机来轰炸重庆,就在我们头上盘旋。我们吓坏了,急忙跑到附近的竹林里躲起来。不一会儿,我们就听到日机开始丢炸弹,爆炸的声音震耳欲聋。我们躲在竹林里吓得发抖,七个女同学全部趴在地上,把自己的衣服拉起来把头盖住。我们当时年纪小,防空知识也不多,天真地以为只要把头盖住了就安全了。我们在竹林里意识到日本飞机在学校附近丢了炸弹,趴在地上都感觉到地动山摇。日本飞机丢完炸弹飞走后,我们才从竹林里出来战战兢兢地回到学校。因为那

[①] 此处为受访者记忆有误,日军飞机对重庆的第一次大轰炸应是1938年2月18日。——编者注

次轰炸日本人在我们学校附近投了炸弹,校方怕有师生伤亡,日本轰炸机一飞走,学校就开始清点人数。

我们回到班上,班里的男同学告诉我们,日本轰炸机朝我们经常藏身的坟场丢了炸弹。男同学们看见我们在第一次警报响后躲在那里,日机丢炸弹后,他们都以为我们被炸死了。看见我们安全返回,老师和同学都很高兴。第二天,我们跑回坟场去一看,我们的藏身之地真的被日本飞机夷为了平地。如果那天我们没有早早离开,我们七个女生肯定都被炸死了。我们都自庆命大,庆幸躲过了一劫。

在萃文中学,抗日气氛比较浓厚。老师经常向我们灌输抗日思想。学校也经常组织宣传演讲和教唱抗战歌曲。我有一次在学校参加演讲,我的班主任老师帮我写的稿子,题目是《最后胜利一定属于我们》。在学校,老师们都努力地帮我们树立抗战必胜的思想。学校的同学也自己组织了抗战宣传队,有歌咏、舞蹈和戏剧队。我也参加了歌咏和戏剧队,经常到附近的村子和乡场去宣传抗日救亡。我参演过街头剧《放下你的鞭子》。我们那时真心相信最后胜利一定属于我们。

1939年夏天,我初中毕业后升进了萃文的高中部。读高中时,我们班三十几个学生中有十几个是女生。但是由于家庭经济困难,我家里不能继续供我上学。1941年我高中没有毕业就出去工作了。

抗战时期找工作很不容易。通常都是要靠关系介绍。我的一位堂姐有个同学在江北一所乡下小学当校长,她就介绍我去那里教书。抗战时期交通不方便,普通人的信息也不流通。我到了那所学校才知道,我堂姐的同学上学期是校长,但我去的那学期已经不是校长了,他没有权力聘请我。我在那里人地生疏,进退两难。我离家去江北时,我母亲借钱为我买了衣服和行李,我满心以为我工作挣钱后可以还债。谁知我到了江北后才知道我不能工作。

当时的情况对我的打击很大。我连回重庆的路费都没有。我也没脸回家见母亲。于是，我就留在江北那所学校做义工做了一个星期。后来学校的一位同事同情我的处境，介绍我在本地做了家庭教师。我做了一段时间的家庭教师之后，才在巴县乡下的一所学校找到了教书的工作，教音乐。我在巴县乡下好几个学校，如白市驿、走马坝，教过音乐。我当了音乐老师后，就用音乐课堂教我的学生们唱抗战歌曲，向学生们灌输抗日思想。比如说，我教了学生们唱《在松花江上》《游击队歌》等歌曲。我也帮助学生组织过歌咏队，宣传抗日救亡。从1941年到1945年，我在重庆地区七八所学校教过书，几乎在每所学校都组织过抗战宣传队。在重庆地区，抗日宣传及全民抗战思想还是很深入人心。

从1943年起，我教过书的好几所学校里都有共产党的地下党员在活动。但是我当时自命清高，既不参加国民党，也不参加共产党。我只是教书和宣传抗日。我没等高中毕业就出去工作，主要是为了减轻我家里的负担。抗战时期物价飞涨，我一个月的工资基本上就只够我自己吃饭。每月拿到工资后就先付伙食费，付完饭钱后，所剩无几。剩下的钱最多只够买一张手帕或吃一碗小面。抗战时期生活很艰苦。我们每天吃的都是霉米。我们还算幸运的，有饭吃。很多人根本没有饭吃。

抗战胜利时，我回到了磁器口教书。听到抗战胜利的消息后，我和几个朋友跑到城里去看热闹。重庆城为庆祝抗战胜利举行了盛大游行，政府机关、学校单位都组织了游行队伍。很多老百姓在街上放鞭炮。街上看热闹的群众也自发地参加游行，我和朋友们也随游行队伍一道唱歌，呼口号。我们都很兴奋，八年抗战终于结束了。

朱淑君

女学生

1929年生于重庆巴县

我们每天吃的是平价米煮的"八宝饭",饭里有老鼠屎、沙子、石头。菜也很简单,经常吃的是烂胡豆,而且还要按颗数分配,每人每餐只能有几粒。

我1929年生于重庆巴县迎龙场。我的父亲是地主,但我1岁时他就得病死了。父亲死后,家里的财产只有男孩子们可以继承,我和我姐姐没有份儿。我们家虽然有饭吃,但经济并不宽裕。

抗日战争爆发时,我8岁,正在迎龙乡读小学。我当时人小,对抗战的主要印象就是躲轰炸。只要警报一响,我们就不上课了,就可以出去耍。每次跑空袭警报,我们这些小孩子就跑到河边去抓螃蟹。当时我们人小,又住在偏僻的乡下,不知道空袭的危险,只图好玩。听到日本飞机来了还跑出去看热闹。每次日机来轰炸重庆,从城里来的人就会聚在一起,凭炸弹落下的方向评论哪里被炸了。我当时从来没进过城,只知道城里很好玩,有很多乡下没有的东西。所以我总是喜欢听大人们摆龙门阵①,想象重庆城像

---

① 重庆人称聊天为摆龙门阵。

什么样子。我是进了中学后才有机会进过一两次城。

我对抗战印象较深的另一件事就是抗战爆发后,很多下江人和城里人搬到我们乡下来,躲日本人对重庆的大轰炸。我们家没有下江人和城里人租房子,但是我们周围的邻居和我上小学的迎龙乡都来了很多下江人和城里人。他们都是从本地人那里租房子住。当时普通老百姓都知道中国和日本在打仗,但是因为我们远离城区,加上我当时年幼,对抗战并没有大的意识。

1942年我小学毕业考进了懿训女子中学。懿训是抗战时期从汉口搬迁到重庆的教会学校。学校的老师同学很多都是下江人。本地人比较少。我当时人小,没有区分下江人和重庆本地人的概念。只是觉得下江人比我们穿得好些和整齐些。

我小时候通常只有一身阴丹士林蓝布衣服,晚上洗,白天穿。但下江同学的衣服有很多不同的花色,样式也好看得多。我们这些本地女孩都很羡慕下江同学的衣服。在学校我没有感觉到本地人和下江人之间有什么隔阂。我的学校是教会学校,同学中很多是教徒。我们一起参加宗教活动,大家基本上和睦相处。

在懿训,学校没有组织我们出去搞抗战宣传,校方只是鼓励我们专心读书,而且管我们管得很严。我母亲也叫我专心读书,所以我只是参加学校教会组织的宗教活动,没有怎么参加抗战宣传活动。我们学校也有过一些激进的老师,希望利用课堂进行抗战动员宣传。但学校并不鼓励老师们搞政治活动。我曾有过一位激进的国文老师,但是他只教了我们一学期就离开了懿训。学生中也有一些积极分子,而且有中共地下党员。有一次,有两位学生抗战积极分子被国民党抓去,被打得死去活来。现在想来他们可能是中共地下党员。在懿训,我们每两个星期才放一天假。放假期间我都是回家。

抗战时期学校的生活很艰苦。我们每天吃的是平价米煮的"八宝饭",饭里有老鼠屎、沙子、石头。菜也很简单,经常吃的是烂胡豆,而且还要按颗数分配,每人每餐只能有几粒。我们在学校住校,要自己洗衣服,打扫清洁,一切事情都是自理。

抗战胜利时,我刚好初中毕业。因为我们离城较远,没有去参加庆祝抗战胜利的活动。但我们都听说重庆城举行了盛大的庆祝游行活动。抗战胜利后,懿训迁回了湖北,本地学生都转学到了本地的学校。我是抗战结束后在重庆本地学校读完中学的。

何佩华

重庆商会会长的儿媳妇

1915年生于重庆

我们是用天价的洋钱买了回重庆的船票。我们乘的轮船不是客船,而是货船。尽管我们付了天价,上船后我们也只能和几百人一起,挤在轮船装货的底舱。每人可能只有一尺宽的地方,连转身的余地都没有。货舱空气不流通,几百人,大人小孩挤在一起,吃喝拉撒都在一块,日子真是不好过。

1937年7月抗战爆发时,我和我丈夫在上海经营家族在沪的生意。随着战事加剧,战火烧至上海,我们的生意也无法做下去。1937年8月淞沪会战打响,上海危急,我公公急电唤我们迅速返渝。我们急忙举家迁离。

八一三淞沪会战打响后,很多在沪人士都想方设法离开上海,车船票都难得一求。我们是以重金购得车位,全家才得以逃离上海到苏州。但是我们刚到苏州不久,日本人就打过来了。我们又花重金雇车接着往南京跑。谁知日本人又跟着我们朝南京逼近。我们只得又逃离南京到武汉。一路仓皇,好像是我们走到哪里,日本人就打到哪里。

1938年日军开始进攻武汉，我们决定撤回重庆。当时从武汉到重庆的船票只有出高价用黄金和洋钱才能买到。我们是用天价的洋钱买了回重庆的船票。我们乘的轮船不是客船，而是货船。尽管我们付了天价，上船后我们也只能和几百人一起，挤在轮船装货的底舱。每人可能只有一尺宽的地方，连转身的余地都没有。货舱空气不流通，几百人，大人小孩挤在一起，吃喝拉撒都在一块，日子真是不好过。船上也不提供吃喝，乘客得自理饮食。由于日本飞机跟踪轰炸，船行缓慢，停停走走。每到一处，只要船一停，我们就得赶快上岸抢购食物。逃难的人太多，就是有钱也不一定可以买到食品。我们经常要饿肚子。大人还可以忍耐，小孩们就遭罪了，饿得哭。孩子们到后来饿得连哭的力气都没有了。从武汉到重庆，本来只是几天的路程，由于要躲日机的轰炸，经常夜间才能航行。加上沿途不断有新的乘客上船，货船严重超载，行驶十分缓慢。我们十几天后才到重庆。到了重庆后，我们全家人都像是大病了一场。

　　到了重庆，我们住进了我公公的家。我丈夫不是家中长子，所以是我大嫂管家。我只是在家相夫教子，做家庭妇女，偶尔也帮助我大嫂做点家里的琐事。汪家是个大家庭，我们回重庆后，几代同堂，家庭关系也很复杂。我们回重庆后，我基本上是带我自己的孩子，管管我们一家几口人的衣食而已。

　　我公公是名人，抗战时期任国民参政会议员，常常忙于公事，白天基本上不在家。由于公公的关系，我们在家常可以听到抗战事宜和抗战宣传动员。我们家的在校学生们都参加了抗战动员活动。我们家也为抗战捐过很多钱。但是我自己并没有参加很多抗战动员工作。我们家是大嫂当家，出头露面的事都是她在做。我在家里没有什么发言权，就是在家看孩子。日本人开始轰炸重庆后，我们就搬到乡下去住了。因为城里不安全。

抗战时期，大量下江人涌入重庆。很多下江男人和重庆本地女人结婚，结成本地人说的"抗战夫妻"。但是1945年抗战结束后，许多下江人陆续离开了重庆，回到他们自己的家乡，把他们的重庆老婆抛弃在重庆。

抗战时期，下江人的到来对我们汪家在重庆的生意有很大的影响。我公公在抗战以前和抗战期间做银行生意。国民政府迁都重庆以后，许多国有银行，如中央银行和上海、武汉的私营银行也随之迁来重庆，对重庆本地的银行业造成很大的冲击。加之抗战时期物价飞涨，生意不好做，抗战一胜利，很多下江企业大举回迁，我公公银行的贷款资金收不回来，我公公的银行生意就是因为抗战胜利而垮了。这就是重庆人说的"倒胜利霉"。

抗战胜利后，我公公试图恢复汪家的银行业，但因各种原因，其中也包括本地生意人之间的相互争斗和国民党官员的腐败，终未成功。后来我公公又办了一家猪鬃厂，但是也办垮了。

日本人轰炸重庆时把汪家两处大院都给炸毁了。除了在轰炸前转移到乡下的文物收藏品外，到抗战结束时，我们已是家道中落，陷入了经济困难。后来"文革"时期红卫兵来我们家抄家，抄不出黄金、古董和值钱的东西来，他们还不相信。其实他们不知道，抗战结束时，我们家已经没有钱了。

刘群英

下江逃难妇女
1921年生于湖北汉川

那两兄弟对我们的帮助并不是没有企图的。那个年长的哥哥把眼睛放在了我身上，想要和我发生性关系。想到我们一家三口如果没有他们的帮助根本无法在如此混乱的逃亡中生存下来，我母亲默许了他对我的性侵犯。

我出生在湖北的汉川，我5岁那年我们家就搬到了武汉。我父亲是武汉的一名警官，我母亲是个家庭妇女。在我10岁那年，父亲去世了，我弟弟才只有几个月大。之后，母亲只有靠帮人洗衣服来养家。

1937年7月卢沟桥事变爆发的时候，我还在武昌第二女子学校念高中。1938年上海沦陷以后，武汉就成了日本侵略军打击的第二个目标，很快，日军也开始在武汉地区进行轰炸了。武汉城里的很多房子都被炸毁了，我们每天都要跑空袭警报到防空洞好几次。我们都因日军的大轰炸得了空袭恐惧症。为了减轻我们的恐惧，母亲决定带上我们以及我的一个刚刚失去母亲的好朋友兼同学一起，回到汉川的乡下去等待轰炸的结束。

我们在乡下待了一个星期就又回到了武汉。回家后，我们发现邻近好多家邻居的房子都被日军的炸弹炸毁了。我们家隔壁的一家三口，父母和小儿子都被炸死了，只留下一个和我差不多大的女孩儿。还好，我们家的房子幸存了下来，母亲就把那个女孩接到我们家来一起住。第二天一大清早防空警报就又响了。我们还没来得及穿衣物往防空洞跑，日本人的炸弹就已经炸过来了。我一把抓起还在睡梦中的小弟弟，迅速地和母亲一起钻到饭桌下面去。邻家的那个女孩则躲在床底下。一瞬间，伴随着震耳欲聋的炸弹爆炸声，在一阵地动山摇中，我们的房子塌了。我感觉到火热的鲜血从我的左臂的一个伤口上喷出来，弟弟也开始猛哭起来。几分钟后，等日军的轰炸机离开了，我们才从桌子底下爬出来。我这才看见我的左臂被一块炸弹碎片划伤了，流了好多血。我解下裤腰带，把它绑在手臂上来止血。

随后我们就发现，我们的房子正好坍塌在床上，躲在床底下的那个女孩儿已经被压死了，我们悲痛万分。她的一家子全都在日本人的轰炸中丧生了。下午的时候，几个邻居过来一起把她的尸体挖了出来。我们将她和她几天前去世的家人们葬在了一起。我十分悲痛，痛哭流涕，对日本侵略者的兽行恨得咬牙切齿。

失去朋友的巨大悲痛使我极其想要去参军上前线，去为我的朋友报仇。之前我就看见城里有很多征兵站在征收年轻人参军，我母亲却恳求我不要去。我弟弟还很小，没有我的帮助，母亲和弟弟很难在战火中生存下来。现在我们的房子没有了，她帮人洗衣服的工作也被战争毁掉了。很显然我们已经无法再在武汉生活下去了，母亲决定离开。但是我们又能去哪里呢？在外地，我们没有任何亲戚朋友可以投奔。正当我们左右为难之际，我接到通知，说我的高中搬迁到了靠近四川一个叫恩施的小镇上，学校要我前往该地报到。我们于是决定到恩施去，这样至少我就又可以上学了。

我被炸伤之后，家里没钱送我看医生。母亲只能每天用盐水为我清洗一次伤口，也许是因为我年轻身体好，几周之后伤口就痊愈了。母亲从垮塌的房子里面搜出所有能用的东西，又把仅剩的几件首饰也变卖了。1938年9月初，我们正式加入进了逃往四川的难民队伍。那时，数十万难民把武汉通往外地的主干道占得水泄不通。人山人海的难民及其行李挤在路上，使得行进的队伍变得极其缓慢而又混乱不堪。我们也只能在小孩们焦急的咒骂声中，跟随前面队伍的节奏，机械地行进。

我们两个女人（我17岁、我母亲38岁）和一个小男孩，在逃难的混乱状况下，正是强盗和流氓们瞄准的目标。我们只能跟在难民队伍里沿着主干道往前走。因为歹徒们常常会袭击落单的难民，尤其是妇女和儿童，我们尽力保持跟上难民大队伍。白天，我们跟着人潮缓慢地朝前移动，靠随身携带的干粮充饥。晚上，我们就把唯一的一床被子铺在地上，我和母亲轮流在上面各自睡上几小时。母亲睡觉时，我放哨；我睡觉时，母亲放哨。我们不敢同时睡觉，一是怕遭坏人的袭击，二是怕脱离大队伍。弟弟当时还不能走远路，我和母亲只好轮流背着他和行李走。

我们原定的计划是想先到沙市，希望能从那里坐汽车到恩施去。但是从武汉去沙市的队伍走得实在太慢了，等我们到那的时候，所有车票都卖完了。先到达这里的那些恐慌的难民们订走了所有能够离开湖北的交通工具。我们既累又焦急，完全不知道该怎么办了。

在来沙市的路上，我们遇到了两个20多岁的兄弟，他们是从安徽省逃难过来的。当他们看到我们又要背弟弟，又要搬行李，苦不堪言时，他们向我们伸出了援助之手，帮我们背弟弟和行李。得知我们要去恩施时，他们也决定和我们一起去。由于当时已经完全无法找到任何交通工具，我们只能靠步行到恩施去。在从沙市去恩施的路上，逃难的人们只能在白天赶路。一到夜幕降临，土匪们就会出来袭击路人。那两个兄弟说要和我们一起上路，让我们心里踏实了许多。就这样我们一行五人加入了同去恩施方向的难民队伍，一走就是几个星期。快要抵达恩施的时候，我们还得爬80里山路上山，然后又得走80里山路下山。如果没有那两个兄弟帮我们搬行李、背弟弟，我们一家三口绝对无法平安到达恩施。

但是很快我就发现，那两兄弟对我们的帮助并不是没有企图的。那个年长的哥哥把眼睛放在了我身上，想要和我发生性关系。想到我们一家三口如果没有他们的帮助根本无法在如此混乱的逃亡中生存下来，我母亲默许了他对我的性侵犯。

当我们终于抵达恩施的时候，才发现我就读的那所学校根本没有在这里重建。和靠近四川的其他很多小镇一样，恩施也挤满了从湖北和其他地方逃亡来的难民。在这里很难找到工作和住处。大量难民突如其来地涌入，使这里的粮食和其他物品的价格也被抬得离奇的高。在恩施我们根本无法生存。于是那两个兄弟建议我们跟他们一起到重庆去，说他们在那里有个当官的亲戚，在国民政府工作。如果我们去那里，他们就能找到工作，并且承诺会帮助我们。在四川我们谁也不认识，身上带的钱也快要用完了，和他们一起去重庆对于我们来说，就是当时唯一的选择。我感到无比的伤心和绝望。

逃难途中，我们对自己的生命和生活完全没有掌控，每天都生活在巨大的恐惧当中。我们完全不知道下顿饭来自何处，也不知道要到哪里才能找到一个安全的地方睡一觉。为了安全起见，我们只能跟那两个兄弟待在一起。对于我来说，这就意味着不管我有多么不情愿，为了我母亲和小弟弟的安全，我也不得不忍受巨大的痛苦，去满足那个大哥哥的性欲。我那时还是一个只有17岁的高中生，我对爱情、婚姻以及家庭也有美好的梦想，但我无论如何都没有想到我的生活会变成这个样子。战争摧毁了我的生活和梦想。

从恩施出发，我们乘坐了一小段路的柴油汽车。之后，我们完全得靠步行走完去重庆的路程。在从恩施去重庆的途中我怀孕了。那是一段漫长而艰辛的旅程。每到一个地方，我们都不仅要小心地提防强盗土匪，还要躲避日本人的轰炸。由于我们带的钱都用完了，每走一天我们都得找个地方停下来，母亲和那两个兄弟去打点零工，为我们接下来的旅程买点吃的。就这样，我们花了一年时间才走到重庆。在途中，我的第一个孩子，是个男孩，在我们艰难跋涉中降生了，成为了一个非婚生婴儿。由于我在怀孕期间缺乏营养，加上又没有休息好，这个孩子生下来体质就很弱。

一天我们跟着前往重庆的难民大部队前进的时候，日本轰炸机来了，丢了很多炸弹。难民们惊恐万分地逃进附近的树林躲避空袭。我抱着孩子，用尽全力跟着人群跑，慌乱中，我跌了一跤。当我爬起来，再把孩子抱起来时，他已经停止了哭泣，整个小脸都发紫了。那天晚上，我的儿子死了。我们只是在野外挖了一个坑，就算是把他葬了，然后又继续赶路。儿子之死让我的身心破碎。甚至到今天我都不清楚他到底被埋葬在了什么地方。等我们终于抵达重庆的时候，全部人都感到身心疲惫。而我则在身体上和感情上都已经是筋疲力尽了。

在重庆，那两兄弟和他们那个当官的亲戚联系上了。很快，两兄弟都在新成立的一个政府分支机构——"赈济委员会"里找到了做职员的工作。那个年长的哥哥和我办了一个简单的婚礼，我们就算正式结婚了。

虽然我丈夫在市中区上班，但我们却负担不起在那里租房的费用。于是他在市外的歌乐山附近为我们租了一间小房子住。没过多久，通过他亲戚的关系，我也在"赈济委员会"找到了一份工作。我的工作是在"赈济委员会"的机关小学教书。

我们在重庆安顿下来不久，我又怀孕了。到重庆后，我丈夫也开始露出了他的真实面目。他不仅抽烟酗酒、好赌成性，还经常去妓院。时不时地，他甚至还把那些女人带回家来，还命令我为他们做饭、洗衣服。为了保护我肚子里的孩子，也为了不让我母亲已经充满愧疚的心再受到进一步的伤害，我默默地忍受了这一切。然而，即便是这样，他并不觉得满足。

我有一个姓王的朋友，是我在武汉时的高中同学。抗战爆发后我们失去了联系。我在重庆安顿下来后，一次在街上与她偶遇了，我们才又联系上。她也是从湖北逃亡过来的难民。我发现她很需要找一个临时住处，就把她带回了家。后来，我才发现她加入了中国共产党的地下组织。她住在我家的时候，极力想要影响我，让我为共产党工作。只有我和我丈夫知道她与共产党的关系。她是一个很漂亮的年轻女人，我丈夫就想利用他知道她与共产党的关系，要挟她与他发生性关系。他想让我去说服我朋友做他的情人，并且威胁说，如果我不满足他的要求，他就去向当局报告，说我和我朋友都是共产党。他简直就是一头禽兽！为了保护我朋友和我自己，我就安排她从我家逃了出去，并且警告她我的丈夫不是好人。就这样，我那位朋友就再也没有回来了。

我丈夫发现了我做的事情后，大发雷霆，对我又打又骂。自从这件事之后，他就很少回家了。他把所有的钱都用来喝酒、玩女人，完全不管我们的死活。只有到他缺钱花时，或者有性要求的时候，他才会回来。

我来到重庆后生了两个女儿。我教书的那点工资要养活两个女儿、我弟弟、我母亲和自己，实在是入不敷出。我母亲只得又开始帮别人洗衣服，挣点钱。不仅如此，她还在街上卖烤红薯和蔬菜来挣钱补贴家用。母亲一直为在来重庆的途中让我丈夫占我的便宜而感到愧疚不已。她认为就是因为这样，我才被迫有了这段不幸的婚姻。但是，对于我自己的不幸，我一点儿也没有埋怨母亲。我们又能怎么办呢？如果没有那两个兄弟的帮助，我们很可能已经被那些强盗土匪抢劫，甚至绑架走了。日本对中国的侵略战争毁掉了数百万像我一样的中国人。而事实上，母亲教会了我很多东西，比如对不幸的人要富有同情心，即使是在状况不好的情况下也总要保持积极向上的精神状态，等等。正是因为受到了母亲的积极影响，我在重庆曾免费为邻里几个穷困妇女上课，教她们学习一点儿基本的文化知识。

抗日战争年间，重庆的生活很艰难。随着像我们一样的数十万下江人的到来，这里的物价被抬得高得离谱。即便你有钱，也很难在正规市场里买到需要的东西。我教书的工资本来应该是每月三块银元，而拿到手里的钱往往都只有一半，这还算运气好的。校长和主任总要从我们每月的工资中抽走一部分。

我记得那时我一个月的工资只能买到一个牛肚。为了满足家里的需要，我不得不晚上再找些零工来做。中国社会向来是尊师重教的，然而抗战期间，教师却没有经济回报。正因为我是一个老师，去做体力活就会很没面子，因此我不得不到那些没人认识我的、很远的地方去，隐姓埋名地帮人洗衣、做清洁来赚点外快。如果我学校所在地区的那些人知道了我晚上做的这些事情，我很可能会因有辱教师这个职业而被学校开除。最后，我找到了一个在夜间织毛衣的稳定工作来赚钱。为了养活家人，我没日没夜地努力干活。在抗战后半阶段，通货膨胀严重到了极点。到发工资那天，如果校长一早就把钱发给了我们，我们一个月的工资就能买到一斗①米。但是，如果校长去参加朋友的宴会，又去打麻将，直到下午很晚才回来，等我们拿到工资时这点钱就只能买到两升米了。

在抗战期间，物资虽然紧张，但商店里还有很多大米。只是很多商人都经常利用抗战大肆抬高米价。重庆也有很多黑市，如果你有很多钱，也可以在那里买到各种各样的东西。我们从来没有光顾过黑市，因为我们根本没有钱去黑市买东西。

1942年，我小女儿得了肺炎，高烧不退，医生说只有一种很贵的进口西药能够救她的命，我们却没钱买药。我们住的这个地区是个贫民窟，我曾试着去借钱，但是我认识的人都没钱借给我们。我又去找我丈夫要钱。那时他通过他亲戚的关系已经升职成了一个税务主管，负责在附近县上收税，赚了很多钱。但是，他却理都不理我。女儿病了将近一个星期，一天比一天病得严重，一天比一天虚弱，我丈夫完全不闻不问。最后，她死在了我的怀里。还有什么能比一个母亲眼睁睁地看见自己的孩子死在自己的怀里，而自己却无能为力、什么都做不了更让人痛苦的？

我女儿死后，我甚至无法为她找个合适的地方来安葬。在抗日战争年间，重庆的穷人家里死了人，只能把死尸丢到城外一个叫王家坡的荒山地里。由于一个女人单身前往那里很危险，我只

---

① 一斗等于十升。——编者注

好花三元钱雇了一个人帮我把女儿的尸体丢在了那里。

  我丈夫自从升职为邻县的税务局主管后,就再也没有回过家了。我和母亲、弟弟还有女儿一起生活。那时我们的希望就是抗战结束后能够回到武汉老家去。但是,等到1945年抗战终于结束的时候,我们才发现,回武汉去已经没有任何意义了。首先我们没钱回去,即使回去了也没有房子住,也没有一个真正意义上的家了。于是,我们便留在了重庆。

崔香玉

医生的太太

1918年生于湖北宜昌

那天晚上,我儿子死在了我的怀里,他才三岁大啊。他在日军轰炸警报中出生,又在另一个警报中死去。在他对这个世界短短三年的记忆里,全是空袭警报,往防空洞奔跑,忍饥挨饿。

我出生在湖北省宜昌市,1937年抗日战争爆发的时候我19岁,已经结婚了。我丈夫是国民政府军队附属医院的医生,1937年底日军向武汉推进的时候,他跟随医院转移到了四川巴东,而那时我正好怀孕了。他走了几个月后,我们的第一个孩子,是个男孩儿,在日军的大轰炸中降生了。

宜昌地区是日军空袭的主要目标,因为此地有军事设施和军事机构。白天我们都得跑空袭,躲到防空洞里去。防空洞里没有吃的,连喝水也很困难。只有夜幕降临才能回家,做些快餐充饥。我刚生了孩子,身体很虚弱。白天我们老是得往防空洞跑,又没有得到应有的食物和水分补充体力,再加上总是担心孩子的安全,这一切都使我的身体受到严重的伤害。生产后,我的身体一直很虚弱,奶水严重不足,宝宝也饿得一直哭个不停。我们就在这样的混乱状况中过了将近半年。

1938年底，我丈夫回了趟家，才第一次见到了他儿子。他是来接我们的儿子、我和他父母一起去四川的。因为他是部队医生的关系，我们才有幸得到了去四川的船票。否则，在1938年，普通人是很难搞到离开湖北的车船票的。但是上面规定不能携带任何行李，因为我们坐的那艘船是用来运送军火、医疗设备和药物的，我们能乘搭船去四川，已经是特殊照顾了。于是，我们每人只带了几件换洗衣服，就匆匆地离开了湖北老家。

当我们全家终于到达川东的一个叫巴东的小地方时，日军的轰炸机也跟着我们来到了这里。巴东集结了很多军工厂以及从沦陷地区迁移过来的医院，我们每天都得经受惨烈的大轰炸。在巴东，就像我们在宜昌一样，每天都得跑到防空洞去躲避空袭。我丈夫在一家部队医院工作，由于日军快速向南推进，他的医院住满了受伤的中国士兵。作为医生，他必须把大部分时间都用在医院岗位上，很少回家。

每天，一听到空袭警报响起，我就得抱着孩子，带着公公婆婆一起跑出去找地方躲避。巴东是个位于长江岸边的小镇，我们就跑到江边，躲在悬崖下面或者沿江建的那些吊脚楼底下。和在宜昌一样，躲空袭时我们也没有东西吃。在白天根本不准做饭，因为炊烟会把日军的轰炸机引到我们镇上来。冬天，江边又湿又冷。因为没有足够的御寒衣物，我只能把宝宝抱在怀里，和公公婆婆挤在一起，在寒风中瑟瑟发抖。在春天和夏天，江边满是饥饿的蚊群在等待着我们这些美味大餐的到来。

好多次日军轰炸完毕后，在回家的路上，我都能看见到处散落着支离破碎的尸体。有些在地上，有些挂在树枝上。每到一处，我都能看见着火的房子和痛哭的人们。我差不多得了恐慌症，无论白天黑夜都始终处在巨大的恐惧之中，总担心我们就会成为下一个受害者。

我们在巴东住了两年左右，对我来说，这是极其恐怖艰难的一段时间。我们一家五口人全都靠我丈夫的收入过活。随着抗战的进行，大量流亡难民涌入四川的各个小镇，这里的物价变得异常昂贵。我的任务就是照顾我自己、一个小宝宝和年迈的公婆。要找到足够的粮食养活一大家人实在是一个艰巨的挑战。有时，正好赶上空袭频繁，即使有钱也买不到东西，我们因此经常挨饿。我和公婆就把我们屋后的小院改造成了一个种满蔬菜、玉米和红薯的小农场。多亏了它，否则我丈夫的那点儿微薄收入根本无法养活我们。在巴东的两年时间里，我从来没有吃过一顿饱饭，也没有睡过一次安稳觉。就在这样的条件下，我在巴东又怀上了我们的第二个孩子。

1940年，日军轰炸太厉害，我丈夫的医院目标太大，总是遭日机袭击。上级决定将其分解成许多个小单位，每个单位被送往在四川的一个地区。他所在的那个单位被迁移到了重庆的涪陵，我们全家也跟随他到了涪陵。涪陵离重庆城很近，又是日本轰炸机开往重庆的必经之地，因此那里每天也是遭受到惨重的轰炸。我丈夫从农户那里为我们租了一间房子，让我们远离他的医院和其他军工厂所在地，因为那些都是日军轰炸的重要目标。然而，没过多久我就发现这么做基本就没有什么区别，整个涪陵地区都在日军轰炸的范围之内。所以，在涪陵，日军的大轰炸还是控制了我们的生活，我们天天都在跑空袭警报，钻防空洞。

在涪陵，我们的第二个孩子，也是个男孩，也在日军的狂轰滥炸中降生了。按照中国传统，女人生了孩子都要静养至少一个月。在此期间，不能做用力的活儿，还要吃很多营养丰富的食物来恢复体力。然而，就在我生了二儿子的当天，我就不得不抱着新生儿跟着跑到防空洞去躲避空袭，而且整整一天都没有得到吃喝。在接下来的几个月里，我们每天都在重复着这样的生活。我丈夫每天都得留在医院里照顾伤兵，我就肩负起了照顾两个孩子和公婆的责任。

在涪陵待了一年之后，我丈夫又被派到了另外一个站点。他被派到在四川西部一个叫西府的小镇上。由于我们没钱全家都和他一起搬过去，我丈夫就决定自己一个人先过去，并且承诺他会寄钱回来，养活留在涪陵的家人。然而，很快我们就发现这是一个严重的错误。在抗战期间，邮递服务很不稳定，就算是真能在涪陵收到从西府寄来的信件，时间也太长。一般来讲，从西府到涪陵的信件要在路上走好几个星期。日军的轰炸严重扰乱了邮政系统对普通群众的服务。我丈夫走后，好几个月我们都没有收到任何信件，更不要说他承诺的钱了。他的收入就是我们家唯一的生活来源，如果没有了这笔钱，我们就只能等着饿死。

没有收到他寄来的钱的第一个月，我还到当地部队和政府要求紧急援助。由于我丈夫的医院归属于部队，我们领到了一小笔一次性救济款。1941年，重庆地区的生活必需品，包括大米和食用油，都严重短缺，物价也大幅飙升。为了省钱，我常常要走好几里路，到离镇子很远的乡场去，才能买到便宜一点儿的食物。我经常要在一个小市场里待上将近一整天，等到卖家在最后降价。我还在附近的地里和垃圾堆里搜寻可吃可用的东西。我把田地里农民剩下的红薯根挖出来，和其他能找到的可以吃的野菜一起放进锅里。我每天把所有能找到的食物都放进一口大锅，倒入很多水一起煮。煮出来的东西就是很清的汤，我们就靠这个维持生命。这个汤太清了，没有什么可吃的，为此我年仅三岁的大儿子在吃饭时总是大哭，求我给他点米饭吃。每次儿子哭，我心里都非常难过。我儿子连饭都吃不饱，我还算什么妈啊？

在涪陵，防空警报也总是很不准确。有时候我们刚到防空洞，它就宣布解除危险了。然而，当我们出来正准备回家的时候，防空警报又再次响了起来，人们又只好跑进防空洞去。每天来来去去地折腾。1941年夏的一天，就在往防空洞来回奔跑的途中，我大儿子生病了。最初，我以为只是感冒，因为经常空袭来临时，我都得把他们两个熟睡的孩子从被窝里抓出来，带着他们迅速跑去防空洞。从温暖的被窝到又冷又挤的防空洞，这么突然的环境变化，加上又没有足够的食物和水可以吃，还要忍受持续的大轰炸所带来的恐惧，就算强壮健康的成年人也难免会生病，更别说这么小的孩子了。

第二天，我儿子就发高烧了。我想带他去看医生，然而，正在我准备带着他出发的时候，警报又响了，我们只好跑去防空洞躲避。那天我们在防空洞里待了很久，等到出来的时候已经是晚上了。我到处找人救我儿子，但都是白费力气，我连一个医生都找不到。空袭使当地所有商店、机关都被迫关闭了，包括诊所在内。而且我也没有钱支付医疗费。那天晚上，我儿子死在了我的怀里，他才三岁大啊。他在日军轰炸警报中出生，又在另一个警报中死去。在他对这个世界短短三年的记忆里，全是空袭警报，往防空洞奔跑，忍饥挨饿。虽然他的父亲是个医生，但他死前却没有得到任何医疗救助。孩子啊，你可知道我有多么痛恨日本侵略者！

从政府领到的那笔救济款只维持我们全家喝了一个月的菜汤，谁都不知道用完之后我们该怎么办。我们甚至连我丈夫是生是死都不知道。我们千方百计地联系了所有认识的人，打听他的消息。

就在这段时期里，我公公和他弟弟家联系上了。他们也逃难到了重庆，也在到处找我们。在他们的帮助下，我们从涪陵搬到了重庆城外的歌乐山脚下，在那里安顿了下来。渐渐地，从湖北老乡那里，我还听说我母亲和姐妹们也都逃难到了四川。但是由于日军轰炸造成的混乱局面，她们在路上走散了，直到几年之后才互相找到。从我的湖北老乡那里我也听说，日军一占领紧挨近四川的宜昌市，就杀害了很多中国人，包括很多婴儿。那些日本兵甚至把婴儿的尸体挂在刺刀上游行。他们还强奸了很多中国妇女，不论老少。我们能够在日本人到达之前逃离湖北，实在是很幸运了。日本侵略者毁掉了太多的中国家庭，杀害了很多中国同胞。

我们离开涪陵以后，我丈夫不知道他的家人都到哪里去了，到处找我们。我们在歌乐山脚下安顿下来以后，通过很多亲戚朋友的帮助终于和他重新联系上了。他辞掉了在西府的工作，步行了至少两周才回到重庆来和我们团聚。我们之后才知道，他去西府以后确实有往涪陵家里寄过信和钱，但是我们从来没有收到。后来他在歌乐山附近的一家医院找到了工作。

1944年我生下了第三个孩子，是个女儿，这次我丈夫陪伴在我身边。到1945年抗战终于结束了的时候，我们很高兴，我们都还活着。但是抗战结束后，我们家所有从湖北来的亲人却没有一个人回湖北去。一是因为我们没钱举家返乡，政府发的返乡费很少；二是因为我们在那里已经没有什么家可以回了。

杨玉青

工人的太太

1920年生于四川成都

那些伤兵在空袭来临时也是躲在我们小镇边上的树林子里。我儿子一哭，那些伤兵就很愤怒，怕哭声暴露了我们的藏身之地，日本飞机会朝我们丢炸弹。他们穷凶极恶地对我吼道："掐死他，掐死他。他的哭声太大了。"

我出生于一个贫穷的农民家庭。我原姓李，但是我出生几个月后，因为李家太穷，养不起我，就把我送给了一户姓杨的人家。1937年抗战爆发时，我已经和我丈夫结了婚。我丈夫比我大7岁，我们结婚时，他在成都的一家军队配件修理厂当工人。1938年我丈夫被调到重庆附近的合川，在同属于军工的另外一家修配厂工作。我们便把家搬到了那里。

我对抗日战争最深的记忆就是1939年开始的日本人对重庆的大轰炸。我丈夫的军工厂位于合川县的一个小场镇上。此处没有修防空洞。1939年初，当日本人刚刚开始轰炸重庆时，我们都很无知，根本没有跑。我们天真地以为我们是穷人，完全没有任何值钱之物，日本人不会浪费炸弹来炸我们。但是1939年4月24号日本人就轰炸了我们的小镇。

我目睹了日本飞机轰炸后的惨景。炸弹炸毁了全镇半数以上的房子，并将它们烧为灰烬。几百名镇上的乡亲死伤。死伤者比比皆是，镇中心那条狭窄的石板路上血流成河。我们很幸运，我们的房子是在镇边上，所以没有被炸弹的冲击波震倒。但是这次轰炸却使我们胆战心惊。我们也很悲痛地看到这么多邻居、朋友死伤。那次空袭之后，只要空袭警报一响，镇上的人就会朝旁边的树林子里跑，在树下躲炸弹。

起初，我们也和镇上的人一起跑。可1939年当日本飞机狂轰滥炸重庆的时候，我的儿子才八个月大，他怕空袭警报和轰炸机的声音。只要警报一响或者听到轰炸机的声音，他就会大哭，我哄都哄不住。当时合川有好几所军队的医院，每所医院都住满了伤兵。那些伤兵在空袭来临时也是躲在我们小镇边上的树林子里。我儿子一哭，那些伤兵就很愤怒，怕哭声暴露了我们的藏身之地，日本飞机会朝我们丢炸弹。他们穷凶极恶地对我吼道："掐死他，掐死他。他的哭声太大了。"我赶紧把奶头塞进他嘴里，但是他不愿意吃奶，继续大哭。为了避免那些凶狠的伤兵把我儿子掐死，我和丈夫只得带着儿子离开相对安全的树林，躲到附近一片坟场。坟场没有树木遮盖，日本飞机来了，我们就趴在两座坟包之间，把哭泣的儿子藏在身下，提心吊胆地等轰炸完毕。每次空袭，我们都不晓得能不能活着回去。我们这样提心吊胆地躲了至少两年的空袭。

日本人对重庆的大轰炸给我们的生活带来了很大的困难。我们租住的房子在小镇的最边上。轰炸激烈的时期我们差不多每天都有空袭警报，而且只要有空袭，白天就不准烧火做饭。当时，人们认为烧火做饭的烟会把日本轰炸机引来丢炸弹。1939年和

1940年日本飞机天天来轰炸合川。我们天天要跑坟场，常常整天不能吃不能喝。有时晚上都要跑。有好多次我们在外面躲了一天回来，我刚刚要做饭，警报又响了，我们只好饿起肚子又跑。

日本人对重庆的大轰炸搞得我们连喝水都成了大问题。我们的生活用水主要是来自浇灌房子旁边的水田的水。当地农民挖了一条水沟，从远处的一个大堰塘引水浇灌我们家附近的水田。大轰炸激烈时，白天不能出门打水，我就在天亮之前去打水。后来，日本飞机天天来轰炸，农民不敢出门放水浇灌水田，我们房子旁边的水沟和水田都干枯了，我们便断了水源。之后我不得不设法走很长的路，到另外一个村子去挑水回来。日本飞机天天来轰炸，外出找水很不安全，有时我根本不可能出去找水。我们经常没有水做饭或喝。我当时还在为孩子喂奶。我常常吃不上饭、喝不够水，我的奶水很快就没有了。我每次给儿子喂奶时，他都拼命地吸奶。当他发现很难吸出奶水来，他就大哭。他哭我也哭，母子哭成一团。没有办法，我只好喂儿子吃我能给他吃的东西。由于跑空袭警报我们常常吃不上饭、喝不上水，儿子的饮食完全没有保证。很快我就发现他的身体越来越瘦。

每天跑空袭警报把我们所有人都搞得筋疲力尽。我记得1939年6月的一天，当空袭警报又响了之后，我丈夫工厂里的一位同事决定不和他的家人一起跑树林子去躲日本飞机了，因为天天跑，他都跑烦了。他家离我们家很近，他决定留在家中等待空袭结束。结果当天下午警报解除后他老婆孩子回家，发现他们的房子被炸弹震垮了。他老婆哭着到我们家来叫我们帮忙找她老公。我丈夫动员了厂里一帮同事在倒塌的房子里挖，最后把他的尸体挖出来了。他老婆孩子看见尸体哭得死去活来，我们也都跟着哭。这家人不是四川人，是从外地来的。我不知道她们后来怎么样了。日本侵略者毁坏了好多中国家庭。

我们在合川住了两年。1941年我丈夫工厂的情况不好，他就另外找了份工作。我们全家跟随他搬到了重庆的小龙坎。到1941年，抗战已经进入了第四个年头，所有的日用必需品都又贵又难买到。当时我们的第二个孩子已经出生，我还怀上了第三个孩子。我丈夫的工资根本无法养活我们全家。我们的新居不缺水，我就把我们租的房子的后院用来种菜、种庄稼。我也在院子里养鸡生蛋和养猪。这样我们就有鸡蛋和肉吃，不用花钱买。节余的蛋和肉还可以卖钱。

抗日战争时期重庆的食品物价飞涨。每次我丈夫一领到工资，我们就马上跑到米店去买我们当月配额的混有很多沙子、老鼠屎的平价米。有时候如果我们去晚了一个小时，米价可能就会高好几倍。平价米虽然质量很差，还经常是发了霉的，但是我们还是感到很幸运。我丈夫的工作让我们每个月能有平价米配额。

1941年有段时间，我卖自己养的鸡生的蛋存了点钱。我背着我丈夫把钱放在我们住家旁边的杂货店里，放印子钱想赚点利息。这家杂货铺是一位熟人开的，除了卖杂货外，他也做放印子钱的生意。我最初把钱放在那位熟人的杂货铺时，那些钱可以买几斗米。我自己有点贪心，想赚钱。哪晓得我的那点儿钱才放了一个星期，就掉值了，最后还不够买一块肥皂。我丈夫后来发现了我做的蠢事，把我大骂了一顿。我不应该贪心，应该早点把钱买成米。抗战时期，物价涨得太快了。

我们搬到小龙坎后，日本人还不时地轰炸重庆，我们也不断地跑防空洞。我那时正怀起第三个孩子，跑防空洞对我来讲很不容易。每次空袭警报响了之后，我就要把老二背在背上然后牵着老大的手快快地朝防空洞跑。我大着肚子跑也跑不快。每次空袭一来，跑到防空洞，我们就没东西吃、也没水喝。有时我们要在防空洞待整整一天，大人小孩都得忍饥受渴。大人还可以忍耐，小孩子就遭罪了。我的第一个孩子是在抗战初期生的。由于几乎天天要跑防空洞，生了老大之后，我吃喝都不够，所以奶水不够。从小大儿子的身体就不好。我们搬到小龙坎后他还是又瘦又小，明显发育不正常。

  1941年夏天的一天，我的大儿子病了。我决定带他去看医生，我知道会花很多钱。当时我想就是倾家荡产，我也要给儿子看病。哪知道我们刚刚才在去看医生的路上，空袭警报就响了。全城人都朝防空洞跑。我也抱着儿子跟着人群朝附近的一个防空洞跑。防空洞人多空气不流通。我儿子进去后就呼吸困难。日本飞机又很快开始投弹轰炸重庆，我不能带他出去。结果我的大儿子就在日本人轰炸重庆的过程中死在我怀里。我抱着儿子的尸体痛哭。都是因为战争，我儿子才从小发育不良、体弱多病。我不知道有多少中国孩子因为抗日战争像我儿子这样死掉，我想数目一定不小。我很痛恨日本侵略者。

赵知难

战时儿童保育会收养的孤儿

1933年生于湖北武汉

我看见眼泪顺着她的脸颊流了下来,但她却虚弱得说不出话来。中心的人叫我不要和她在一起待太久,因为肺结核是传染病。我偏不离开,和母亲躺在同一张席子上睡了一晚上。第二天,我被强行送回了保育院。一周后,母亲去世了,她的尸体被丢在了一个无人知晓的地方。就这样,我成了一个孤儿。

我1933年生于湖北省武汉市。我父亲的老家在江西,是做瓷器生意的。他到武汉来做生意时,和我母亲——一个武汉姑娘,结了婚并定居了下来。1937年战争爆发的时候我只有四岁。1938年在日军侵占武汉之前,我父亲就因为肝癌去世了。

我记得有一天,我和母亲去看了外公外婆回来,看见父亲在一个黄包车里。我跑上去叫他:"爸爸,爸爸。"他却没有反应。车夫告诉我母亲,父亲在回家的路上就过世了。由于我是一个女孩,无权继承家里的财产,在父亲过世后,他在江西的家人就赶到武汉来,收回了我们的瓷器生意和财产,只给了我们很少一点儿钱,作为在日本人到来前逃离武汉的费用,之后就和我们完全断绝了关系。

1938年，当武汉地区的人们听说日军在向武汉开进，而中国军队却无力制止他们时，整个地区都陷入了极度的混乱中。惊慌失措的人们想尽一切办法要逃出去。我们也加入了难民大潮，往四川方向步行跋涉。这趟旅行真是恐怖，数量庞大的难民人潮把主干道全都占满了，逃难队伍行进得十分缓慢，而且时刻充满了凶险。每天，日本人的轰炸机都拿我们当靶子，进行狂轰滥炸。轰炸机一来，人们就变得异常恐慌，开始四散奔逃找地方躲避。好几次都有很多年幼的和体弱的人被推挤摔倒在地上，而被惊乱的人群活活踩死。

我们走了好多天才终于抵达湖北一个紧挨四川的叫沙市的地方。之后，母亲想办法带着我上了一艘去四川忠县的小木船。我们的钱全用光了，母亲只好到处去找事情做来赚钱养活我们。在战乱中，难民对工作的需求远远超过了当地能够提供的工作机会，好多身强力壮的汉子都找不到活儿做，对带着一个小孩子的单身母亲来说就更不可能了。为了生存，我母亲做了当地一个有钱的地主的小老婆。

那个地主的家很大，他住的地方被划分成两个部分，东边是主子和他家人住的，西边是佣人们住的。一到他家，我就和母亲分开了，被送去和佣人们住在一起。每天我都得出去干活儿，去割猪草。每天早上我都背着竹背篓出去，在附近的山上干活儿直到黄昏。回到家，如果篮子是满的，我就能得到一小点儿晚饭吃；但如果篮子没有满，我不仅没晚饭吃，还要被地主的大老婆打。地主的大老婆抽鸦片烟，她总是用鸦片针扎我。我没有鞋子穿，光着脚在山上跑，脚上伤痕累累。由于没有得到任何医疗处理，一只脚上的伤口开始感染，流黄水了。

我好想我母亲，每天都哭。虽然我们住在同一个院子里，却彼此不能见面。终于有一天我母亲背着地主来看我，我的脚感染得很严重，伤口不仅流着黄水还引来了很多苍蝇。我母亲看到我的处境时心疼极了，她这才意识到要救我、要让我们能重新团聚的唯一办法，就是从地主家里逃出去。因为我母亲年轻漂亮，又受过教育，地主很喜欢她。他经常拿钱给她，让她去买衣服和首饰。母亲把所有钱都存起来，为我们的逃跑计划做准备。

我们在忠县待了一年后，有一天母亲装作要到河边去洗衣服，叫我到那里去找她。我到河边之后，我们很快走小路，离开了地主家所在的村子。当时从湖北到重庆的路上尽是难民队伍。我们很快就混进了难民人群。我们就这样一起逃离了忠县，跑到了丰都——一个紧邻重庆的小县城。

在从忠县去丰都的路上，我们遇到了很多做抗战动员的宣传队伍，经常和他们一起走。这些小队在街上表演戏剧，还教人们唱抗日救国的歌曲。我很喜欢这种热烈的气氛，每次都被他们的表演所深深吸引。在路上，我学会了很多抗日歌曲，母亲看见我唱歌这么有天赋，就恳求一个街头表演的戏班子收我当学徒，我们就跟着戏班子朝重庆方向走，这样才比较安全。每天我都在街上表演，又唱歌又翻筋斗，收工后我们就在一起吃饭。不过，大部分街头表演者本身都是难民，这些戏班子也都是大家为了生存临时组建的。后来好几个成员都决定自谋出路了，这个戏班子也就散了。

后来我母亲又安排我跟着一个街头音乐家在街上唱歌，以此来混点饭吃，支撑我们到达重庆。历尽千辛万苦到达重庆后，我们在长江南岸安顿下来。这里还有一家因为战乱从武汉迁到重庆来的叫裕华的纺织厂。[①]在厂门外有一家茶馆,我经常被雇去唱歌。

我母亲联系上了湖北老乡组成的湖北同乡会,在它的帮助下,她在这家纺织厂里找到了工作。那时厂里只雇用单身妇女,她不得不撒谎,隐瞒她的婚史和我。她去上班的时候,就把我寄放在她认识的一个湖北老乡姐妹家里。她的这个同乡的丈夫在兵工厂上班,孩子都在厂里的学校上学。每天我都跟着他们去学校,梦想着自己也能上学。但是很明显我不能,我只能在院子里眼巴巴地看着学校里的孩子玩耍。那时我还很小,也很淘气。我在外面一玩就玩到天黑,那个阿姨常常要出来到处找我。她担心我在她那里会出事,怕负责任,就叫我母亲把我接回去了。

我母亲别无选择,只好把我偷带进了厂里。她的工作是两班倒,如果她上早班,她就请接下一班的朋友给我送饭吃。所有单身女工都住在一间宿舍里,睡上下铺。我母亲睡的是张上铺,我睡在里侧,她就睡在外侧把我挡住,不让监工发现我。她去上班的时候,我就在房间里玩。当监工来查房的时候(他经常来查房),我就躲到床底下,用硬纸箱挡住自己。宿舍里的人都很紧张,因为一旦监工发现了我,她们就都会有麻烦,还有可能会被开除。然而,宿舍里每个人都很同情我们的遭遇,都尽力地帮助我们。每次监工要来了的时候,都会有人提前来通知我。可我那时还是一个淘气的小孩子,完全不明白如果被监工发现了会带来什么样的后果。我母亲很清楚,如果我继续留在厂里,我迟早会被监工发现,那只是一个时间问题。

[①] 裕华纱厂于1938年由汉口迁重庆,1939年7月复工。该厂有资本600万元,工人3185名。见隗瀛涛主编:《近代重庆城市史》,重庆出版社1991年版,第243页。

我母亲在摇纱车间上班,那里的工作条件最苦,灰尘最大。她车间里一个来自武汉的姓赵的女职员是个很善良的人。母亲把我的事告诉了她,她决定帮助我们。她为我们写了一封推荐信,母亲就把我带到了临江门的一个难民儿童保护中心。这个中心不是中国战时儿童保育会之家,而是收容那些还没有被送到战时儿童保育会去的难童的过渡中心。中心的主任是个美国人。

在这里,所有长得好看点儿的女孩都被安排睡在楼上的房间里。副主任是个年轻的中国男人,他在晚上经常到房间里来调戏那些女孩。有一天晚上他又来了,正要去碰一个女孩的身体,那个女孩吓得尖叫起来。这引起了主任的注意,从那以后副主任就没有再来过了。尽管那时我还太小,还不明白性骚扰是什么,但因为住在这里的那些年龄大一点儿的女孩在晚上都非常紧张,我也很害怕天黑以后在这里睡觉了。

在中心里,我们都得干活儿,而且每天只能吃到一顿饭。大一点儿的男孩在码头上当搬运工,女孩就在街上替人擦鞋。我每天都跟着一队小女孩去一家"上海理发店"门前擦鞋。由于我太小,顾客都不愿意让我擦。大一点儿的孩子就决定让我去拉客,并且在她们为鞋子上油以前把鞋子上的尘土清洗干净。她们收到客人付的钱后,就到附近的杂货商店去买吃的,分一点儿给我。每天中心都把附近餐馆吃剩下的残羹冷炙拿回来热一下给我们吃,那就是我们每天唯一的一顿饭。我们每人能分到一碗,伴着一小根有芥末的腌辣萝卜吃。剩下的时间,孩子们都得自己找吃的。对于像我这样的小孩子来说,由于无法赚到钱来买食物,我们就合起伙来到附近的商店去偷东西。通常由一个人去引开店员的注意力,其他的人就去偷吃的。

不久,我就在中心染上了伤寒。我生病之后被移到楼梯角的茅草堆上待着。由于没有得到任何治疗，我连续发了40天高烧，差不多快要死了。中心派一个厨师去我母亲的工厂，要她来中心安排我的后事。母亲赶来看见我时嚎啕大哭，说没有了我，她也活不下去了。她背着我走去宽仁医院，跪在医生脚下求他救救我。但是当医生听说她根本没钱付医药费后，就拒绝为我治疗，告诉她我已经没救了。我母亲又背着我去了另外一家医院，但又吃了闭门羹。母亲哭得死去活来，但却仍然找不到一个医生肯为我治疗。最后她把我又背回到中心，就回到厂里去找那位姓赵的职员同乡帮忙去了。

赵女士写了一封信，叫我母亲带着我去南岸青草坝的第五步兵医院。医院的主任看到赵女士的信后，接受我住了院。我不明白为什么赵女士有这么大的能耐。在医院里，我被安置在一间大病房角落里的一张床上。在最初的两个月里，我都只是偶尔清醒一下。两个月后，我的情况好多了。这时我才意识到我住的这间病房里全是伤兵。由于伤痛，他们大多数人的情绪很坏，喜欢咒骂，有时候骂日本人，有时候骂他们的长官和医生。我开始感觉好一些后，我就唱歌给他们听，这些歌是我在从武汉到重庆的途中学会的。我的歌声就是这些伤兵生命中的一道清新空气。我是医院里唯一一个会唱歌的小女孩，渐渐地就成了这里的明星。我一唱歌，士兵们就会停止咒骂，入神地聆听我的歌声。那些能够走动的士兵还来到我的床边，靠近我，把他们从慈善组织里领到的糖果、饼干和其他东西都送给我。医生和护士们对一个唱歌的小女孩竟然能够改变医院的气氛也感到很惊讶。他们对我说："小宝，你一唱歌，病房里就没有咒骂声和喧闹声了，所以你每天都得唱歌。"就这样，医生一来查房、对病人做日常检查，我就开始唱歌。几个月后我出院的时候，有20多个人来送我，包括医生、护士，还有伤兵们。我母亲跪在地上向医生和护士们磕头，感谢他们救了我的命。她总是不厌其烦地告诉我并要我记住，我就是被那些好人从死亡的边缘救回来的。

我从医院回来不久，我母亲就生病了。1939年初，日军开始对重庆进行频繁轰炸，我母亲工厂里的一个新车间就被日军炸毁了。我们每天都要往防空洞跑。这家工厂雇了几千名工人，一旦防空警报响起，大家都忙着找地方躲避，厂门前的那条街就被惊慌失措的人们挤满了。那时我还太小，母亲告诉我，一旦警报响起来就往厂门前的那根路灯杆子跑，把杆子紧紧抱住，免得被人潮挤跑了，然后就在那里等她来接我。我恨透了空袭，也害怕听见警报声，害怕在混乱中往路灯杆子跑。

裕华纱厂有三个防空洞，两个大的是给工人们的，还有一个小的是给管理人员的。管理人员的那个防空洞配备有照明和通风装置，而工人们的则没有。但是在1939年5月3日和4日的轰炸中，有个炸弹刚好落在管理人员的防空洞前爆炸了，经理的太太被炸伤，不久就去世了。

我和母亲每次警报后都要互相寻找对方，所以我们总是最后进防空洞的那几个人。有一次，一个炸弹炸毁了我们防空洞的门，飞溅起来的石头把站在我们旁边的一个男人给砸死了。至今想起来，我都感到后怕。我母亲既要工作，又要跑防空，还要照顾我，这一切终于使她不堪重负。没有别的办法，她于1939年冬天又把我送回到了难民儿童之家。

这次到难民儿童之家后，我很快被送到了中国战时儿童保育会的第十一保育院。这里的主任是个美国人，他妻子每周定期组织周日做礼拜的活动。由于保育院里年纪大些的男孩们拒绝参加礼拜活动，主任的太太就极力动员我们这些女孩，并承诺如果每次去参加礼拜我们每人都能得到三颗糖。我还是一个小孩子，为了得到糖果我就去了。有一天在做完礼拜以后，一个大男孩把我叫住，揪着我的脸说："你喜欢吃糖果，对吧？你知道主任太太叫你做礼拜是一种精神侵略吗？"那时我才只有七岁，我只知道我想吃糖，完全不明白什么是"精神侵略"。而此后每到周日我都要进行激烈的思想斗争。我怕如果我去参加礼拜，会被大男孩打；如果我不去，就得不到糖吃——那可是我唯一能得到糖吃的机会啊。最后，还是糖果赢了，我继续每周参加周日的礼拜活动。

我在第十一保育院的时候，那里只有几个女孩，我是其中唯一"正常"的一个。另外三个女孩中，一个是腿有残疾，一个是聋哑人，还有一个是盲人。我还记得其中两个到保育院来时的情景。一个下雨天，我正在大门口玩，看见一个大男孩和两个女孩一起走了过来。一个被他牵着，另一个被他背在背上。到我们大门后，他就放下这两个女孩，自己走了。这两个女孩儿就是那个聋哑人和那个盲人。我和她们做了好多年朋友，之后我才了解到她们都是从河南逃亡过来的难民姐妹，家里太穷养不活她们，就被亲哥哥送到中国战时儿童保育会来了。

我到十一号保育院后没多久，我母亲就得了肺结核。那是在纺织工人中发病率很高的职业疾病。她一病倒，工厂就把她开除了。她在重庆没有亲人，没有钱治病，也没地方去。她在街上晃荡了一段时间，最后被收进了难民中心。在这个中心有很多很多难民，我母亲只能睡在楼梯下面的一个很小的地方，用一小块竹席子盖着。这里就是得了传染病的人待的地方。

我记得有一天我在保育院的时候，厨师到我们班上来把我叫了出去，告诉我母亲病得很重，她很想见我。我于是跟着这个厨师去了难民中心，去看我母亲。我到那里的时候，看见母亲躺在地板上，已经不能动，也不能说话了。我哭喊着："妈妈，妈妈，我来了，我在这里啊！"她睁开了眼睛，我看见眼泪顺着她的脸颊流了下来，但她却虚弱得说不出话来。中心的人叫我不要和她在一起待太久，因为肺结核是传染病。我偏不离开，和母亲躺在同一张席子上睡了一晚上。第二天，我被强行送回了保育院。一周后，母亲去世了，她的尸体被丢在了一个无人知晓的地方。就这样，我成了一个孤儿。

1939年冬，由于日军对重庆的狂轰滥炸，市中心的保育院所收养的难民儿童都被送去附近郊区的保育院了。我和另外两名女孩被转移到第三儿童保育院，在重庆的合川。有个男人被雇来护送我们三个去合川，我们的旅行和住宿费用也都由他掌管。然而，我们在深夜坐着轮船到达合川后，他却把我们扔在码头边停着的运煤车上，独自一人去住酒店去了。码头边很黑，风很大，又很冷。我们又饿又冷又害怕，三个孩子抱成一团，一直哭到睡着。第二天早上那个男人也没有给我们任何东西吃，强行让我们步行了30里地，走到保育院去。

我们到达儿童保育院的时候，是下午的午休时间。这里很安静，主任在抽水烟。她的名字叫赵君陶，是李鹏总理的母亲。在第三保育院，她被称做"赵妈妈"。抗战时期，中国战时儿童保育会保育院里的孩子们都称女教师和管理员为"妈妈"。

自从我母亲去世以后我就再也没有妈妈了，而她们待我确实就像妈妈一样。赵妈妈看见我们的时候，被我们一身煤灰的样子惊呆了，立刻让人带我们去找这里管生活的陈老师。陈老师给我们洗了澡，换上了干净衣服，还带我们去厨房吃了点东西。厨师为我们炒了蛋炒饭，还做了猪肝汤。那是一顿让我在余生中都永远无法忘怀的饭。我已经很久没有吃到过这么好吃的东西了。我们三个孩子狼吞虎咽地吃完，还把碗都舔干净了，就像刚洗过一样。

后来赵妈妈看见我们，意识到我们严重营养不良，就让陈老师把我们列入特别营养计划里。在这个计划里的孩子，每天都能优先吃到一碗猪肝汤和一滴美国捐赠的鱼肝油，这种待遇可以享受三个月到一年。由于我实在太过瘦小，与年龄极不相称，因此足足享受了一年的特殊待遇。

从1939年到1945年我都待在这个儿童保育院里。在这里我们都有一套系统的受教育计划，接受全日制课程教育，还要轮流参加手工劳动。小一点儿的孩子就和大一点儿的孩子结成对，一帮一，一起做杂务，一起学习。保育院里的每个人都得为这里的持续发展作出自己的贡献。赵妈妈还带着大孩子们去附近的煤矿买做饭用的煤，并把煤背回来。我们自己种植蔬菜，自己料理菜园子，还自己养猪。我们自己用茅草搭建起宿舍和教室，还修建了自己的运动场。在这里的每个人，不分年龄，不分性别，都得为我们自力更生的生活作出自己的贡献。

自打抗日战争爆发以来，我就是在第三保育院才第一次每天能吃上三顿饭。早上我们喝米粥、吃蚕豆，午餐和晚餐都能吃上蒸熟的白米饭，我高兴极了。这里的学生来自中国的各个地方，其中很大一部分都来自湖北。我刚到这里的时候，这里还有一些男孩。渐渐地，这些男孩都被转移到了其他儿童保育院，这里就成了专门收养女孩的地方了。每天晚上我们都要开学习小组会，对一天的活动进行总结和回顾。我们还要做自我检讨和自我批评，学会自我发展。这使我们从很早开始就学会了要自立自强，要对自己的生活负责。

1945年中期，第三儿童保育院和歌乐山上的第一儿童保育院合并了。第一儿童保育院是由中国战时儿童保育会的董事会直接管辖的，也是中国战时儿童保育会的面子工程。不论是国内还是国际人士要来参观中国战时儿童保育会的儿童保育院时，都是选择第一保育院作为参观对象。很多外国人都来参观过，其中包括印度总理。正是由于它特殊的地位，这里的生活比我以前待过的任何一个儿童保育院都要好很多很多。在这里，我们能用上美国产的羊毛毯子、铜器，穿上用罗斯福布料①做成的制服，女孩们还能穿上花布裙子。

　　蒋妈妈（宋美龄）来看了我们很多次。她喜欢到中国战时儿童保育会的保育院来做突袭视察，确保捐给难民儿童的钱财和食物没有被官员、管理员和工作人员贪污挪用。每次她到我们这里来，总是对直②走进我们的卧室和饭厅，去查看儿童们是否得到了应有的食物和衣物。我相信正是由于她的突袭检查，我们才会在这里得到这么好的照顾。

　　1945年的一天，蒋妈妈来到我们这里，和我们一起庆祝她的四十八岁生日。由于她事先并没有通知管理人员说她要来，所以她到了以后，主任和老师们才匆匆忙忙把我们弄到餐厅里集合欢迎她。蒋妈妈带来了一个好几层的大生日蛋糕，放在餐厅中间的一张大餐桌上。我们都排成一队，围绕着那张桌子边走边唱歌。说实在的，当我围着桌子一边走一边唱的时候，我的眼睛就紧盯着那个巨大而美丽的生日蛋糕不放。我从来没有看见过这么漂亮的食物。后来我们每人都分到一块蛋糕。宋美龄在抗日战争期间为难民儿童做了很多很多好事。

---

　　① 罗斯福布是抗战时期美国援助中国的物资，老百姓以美国总统的名字命名称之为罗斯福布。

　　② 对直，重庆方言，意为"直接"。

1945年抗战结束的时候，我已在第一保育院完成了初等教育，进入当地一所中学成为了一名中学生。虽然我们将日本鬼子打败，战争终于结束了，我很兴奋，但就个人而言，我觉得并没有什么大变化。抗战结束以后，很多来自中国其他地方的人都开始从重庆返回老家了。国民政府也分发了钱财帮助他们返家。而我，仍然是一个孤儿，举目无亲，无家可归。

杨先知

战时儿童保育会教师

1920年生于安徽

我记得一年级语文课本的第一课就是教孩子们认几个汉字，其中就有"火"字。教材把这个"火"字放在日军大轰炸的背景下，"火，火，火，日本人的轰炸使四周都燃起了熊熊大火"，课文就是这么开始的。

1937年卢沟桥事变爆发的时候我才17岁，在一所普通学校里念书。这所学校是张自忠先生创办的，他后来成了抗战英雄，在抗击日本侵略者的战斗中牺牲了。

1937年南京沦陷后，我从安徽逃亡到了武汉，因为我姑姑所属的国民党部队驻扎在那里。我1938年初抵达武汉，并加入了中国妇女慰劳自卫抗战将士总会[1]。中国妇女慰劳自卫抗战将士总会把该组织的青年妇女们编成了训练团。下半年日军攻入武汉的时候，我们接到命令要撤退到四川，最终目的地是战时首都重庆。

我们400个受训员组成了一个队伍，从武汉到重庆的大部分

---

[1] 中国妇女慰劳自卫抗战将士总会，简称"妇慰总会"，由宋美龄领导各妇女团体与妇运领袖成立，旨在"适应抗战需要，发动海内外妇女同胞输财尽力，担负救国任务"。——编者注

行程都是步行的。每天日本飞机都要投炸弹，对挤满难民的主干道进行狂轰滥炸。由于我们的队伍很庞大，很容易成为日机轰炸的目标，上级指示我们晚上赶路，白天休息。到重庆去的旅程异常艰辛，所行之路都是泥巴路，一到雨天就变得泥泞，行人很容易滑倒。晴天路干了以后又满是尘土。我们是晚上行军，在没有月光的夜晚，没有任何照明设施。我们就只能靠拉着前面一个人的衣角来确保不会掉队。有时，还会踩到死人的尸体或正在道路上睡觉的难民。我们到达宜昌的时候，日军在白天的轰炸相当猛烈，我们只好躲在长江沿岸的悬崖下面，只有等到夜幕降临我们才能进城。我们到达宜昌时，该地的电力设施都被日机炸毁了，宜昌城简直就像是一座黑暗的鬼城。

我们的旅途虽然很艰苦，但与很多孤身难民相比，境况还是好得多。由于从属于中国妇女慰劳自卫抗战将士总会，我们的队伍不管停留在哪里，都能从当地官方组织那里领到食物补给。而当时对很多孤身难民来说，逃难之中即使有钱也很难买到吃的。这支规模空前的难民队伍为武汉至重庆沿途造成了严重的食物短缺。我们每天只能吃到两顿饭，分量都很少。早上是一碗清粥，很难得才能吃到馒头；晚上才能吃到相对稠一点的米粥和泡菜。我们400个人都是来自各个沦陷地区的女性，大部分人来参加这个培训项目的动机都是为了要打败日本人，夺回并重建被侵略者抢走的家园。当然，我也有个人打算，那就是成为这个培训团的一员我就可以得到一个安身之处，每天有两顿饭吃，有制服穿，还有一个到达大后方重庆的相对安全的通道。

自从我逃离安徽以后，我就和家人失去了联系。我很想念他们，也很担心亲人们的安危。抗日战争爆发后，很多地方的邮政系统都瘫痪了，我根本无法联系上家人。由于不知家里人的安危，我思家心切，一听到有人说我们安徽土话就会哭。这个培训团中的学员都是来自各个沦陷地区的难民女青年，因而建立起一种特殊的友谊，在感情上相互依靠、相互支持。

历经四个月的艰难跋涉，我们终于抵达了重庆，从此我们的生活得到了巨大改善。蒋介石夫人宋美龄亲自负责我们这个项目，几乎每天都要到我们训练中心来。我记得在一次集会上，蒋夫人告诫我们说，道德品质上的进步和学习文化知识同样重要。她告诉我们，一个人如果光有知识而没有良好的道德品质，将对社会造成巨大的危害。

我们这个培训团毕业的学员大多数都被送去了中国战时儿童保育会的保育院工作。我毕业的时候被分派到了重庆江北的第八保育院。蒋夫人在建立中国战时儿童保育院中扮演了重要角色，还为保障孤儿们在抗战时期的生存和安全起到了至关重要的作用。

周恩来的夫人邓颖超在1988年的一次讲话中说，中国战时儿童保育会在抗日战争期间为救助超过三万名难民儿童作出了卓越贡献。在她的这次讲话后我们组织了校友会。现在，去参加每年的校友会集会成了我生活中的一个重要组成部分。

中国战时儿童保育院为难民儿童们提供免费的教育和照顾，为保护我们的下一代起了关键性的作用。抗战期间我曾在第八保育院做过老师兼保姆。在保育院工作的大多数教职员工都是女性。我那时只有18岁，对很多难童来说就像一个大姐姐一样。在保育院，难童们都管主任和其他年纪大一点儿的老师叫"妈妈"，管我叫"老师"。我每天24小时都和这些孩子在一起，同住一个宿舍。作为老师，我有一张框架床，而学生们只能睡在地上的稻草垫子上。

在第八院，我主要负责年幼孩子们的清洁卫生和照看生病的孩子。我和他们同吃同住。早上，我们吃黄豆下米粥；午饭和晚饭吃蒸米饭，有两道素菜。吃肉是很稀罕的事情，如果运气好，每隔两周左右我们每人能吃到几片猪肉。1941年以前，我们还有足够的粥和蒸米饭来填饱肚子，而在1941年以后，我们保育院的粮食供应就无法满足需要了，很多学生都得挨饿。很多小孩子因为营养不良，还患上了夜盲症，必须接受特殊治疗。在保育院我们有一个小诊所，配有一名医生，但是由于缺乏药物，医生连小病都没办法医治。我们的药物主要来自海外的捐赠，特别是通过蒋夫人的努力而得到的美国捐助。

在第八院，为了给保育院增加收入，下午的课程都是劳作课。所有的教职员工和学生都得参加。年长的孩子要么就被送去农场干活，要么就做其他一些需要体力的杂活儿。小一点儿的孩子就组织起来做火柴盒。我一般都和保育院的小孩子们一起干活儿，我们的任务就是给火柴盒贴标签。贴标签用的材料是面粉和水做成的糨糊，有些孩子饿得实在受不了，就把糨糊偷偷地吃掉了。我们还到附近的纺织厂去收集棉纱和布的边角废料，用来做鞋子，或者卖给汽车厂用来做清洁。全体师生都很积极主动地做着自己的工作，我们都很清楚我们是在为自己的生存和中国的抗日战争作贡献。

我们的保育院在嘉陵江边的一座废旧的佛寺里，生活条件十分艰苦，既没有电，也没有自来水，在冬天也没有暖气。冬天天冷，很多孩子的手脚都生了冻疮。每天，年长的孩子和老师都要去河边担水回来供全院师生用。我们的食物供给也是用船运送过来的，船一到岸，大孩子们就和老师们一起把东西从船上卸下来，扛回保育院。保育院里的很多孩子都比自己的实际年龄要成熟很多。离开了家人，经历了严酷的战争，这些孩子们深刻理解到自力更生的重要性。他们在河边清洗自己的衣物，还要保持宿舍和教室的清洁。大孩子和老师还要帮助小孩子洗衣服。夏天，我们都去江里洗澡、游泳。有一个夏天，一个保育院的小孩子不幸在江里淹死了。尽管他不是我们班的孩子，但我还是伤心了很久。

在保育院，学生们建立起一套自我管理体系来解决争执问题和规范纪律。每天早晚，学生们都要开会讨论他们取得的成就以及面临的挑战，开展自我检讨和自我批评。

1938年我刚参加工作的时候，我的工资每月只有20元，是由蒋夫人办公室发放的。到1939年，我的工资就翻了一倍。尽管抗战时期的通货膨胀很厉害，我每月还是能够省下一半的收入支持我在安徽的家人。然而在抗战期间，要送钱回安徽老家是不可能的。通过几个做生意的人的安排，我认识了一个住在贵州的安徽老乡。由于他的家人无法把资助他在贵阳念书的钱从安徽带给他，每个月我就给20元给他，他在安徽的家人再给等额的钱给我的家人。

早上学生们上文化课。我们使用的是一套叫"抗战丛书"的课本。这套书很适合难民儿童，因为他们都是日本侵略的受害者，书里的内容都和他们的亲身经历息息相关。

我记得一年级语文课本的第一课就是教孩子们认几个汉字，其中就有"火"字。教材把这个"火"字放在日军大轰炸的背景下，"火，火，火，日本人的轰炸使四周都燃起了熊熊大火"，课文就是这么开始的。很多难民儿童之前都没有上过学，但他们学习都很勤奋。对于他们中的很多人来说，在中国战时儿童保育院的这段经历都为他们未来的个人前途和发展打下了坚实的基础。中国战时儿童保育院不仅为他们提供了良好的教育和训练，还培养了他们的爱国主义精神和人格品质。他们中的绝大多数都完成了基础教育,升进了中学和高中。当他们搬出保育院,到中学或高中去继续念书时,新生活运动妇女指导委员会还向他们提供了床上用品、衣物以及生活费用。那些考上大学的还能享受到免费教育。1942年至1943年间,政府开展运动,征收十万名青年学生入伍参加缅甸战场作战时,很多中国战时儿童保育院的学生都加入了青年军。

中国战时儿童保育院的老师和员工们也都很勤奋地工作,因为教职员工中的大多数人也都是难民。我们背井离乡,都遭受了日本侵略者带给我们的痛苦,这些经历给了我们动力,使我们要为反抗日本侵略者作出自己的贡献。我也坚信自己在保育院所做的一切都是在为抗日战争出力。

我在第八保育院教了三年书就转到第一保育院去了。第一保育院是蒋夫人的样板工程,经常接待中外人士的参观访问,因此这里的生活也要好很多。在这里,食物不仅充足,而且还很优质。每周我们都能吃上肉,这里的孩子还能吃到来自美国的奶粉和糖果。我们住的是新建的宿舍,还有外国捐助的制服和毛垫子。在夏天,第一院的小女孩儿们还能穿上花裙子。蒋夫人也经常来这里视察,还带来生日蛋糕和孩子们一起开生日派对。

在第八院,因为经费不够,所有的学生和老师都得参加劳动。至少所有的师生都得兼职劳动,来为保育院赚取足够的收入,以保证大家的生存和生活。而在第一院,师生们的注意力主要是放在文化学习上。学生们把大部分时间都用在文化知识的学习上,而劳动则只是要把孩子们培养成全面发展的人而进行的体育教育的一部分。

第一院坐落在歌乐山上,很多中国要人在这里都有战时住所。冯玉祥将军的房子离我们保育院就不远,他和他太太李德全经常晚上散步到我们儿童保育院来。冯太太是中国战时儿童保育会的创始人之一，这里的孩子们很喜欢她，都叫她"冯妈妈"。

从我离开安徽开始，我就很努力地工作，竭尽全力为抗日战争作出自己的贡献。在保育院工作期间，我从来没有谈过恋爱，也没有想过这个问题。我把自己全部的时间和精力都用在保育院的孩子们身上了。在第一保育院我被安排去教一年级，由于这里对文化知识的要求要高得多，我觉得我要做好教师还需要进一步自我提高。于是我决定去上大学。我把想法告诉了院长，她很支持我的决定，条件是我毕业以后必须要回到儿童保育院工作。1944年，我通过了国立女子师范大学的招生考试，被录取了。我之所以会选择一所师范大学念书是因为它不收学费。抗日战争结束之后，所有的儿童保育院也都陆续解散了。

张慎勤

战时儿童保育会教师

1918年生于安徽

当时保育院的老师既育人又教书，贯彻陶行知先生倡导的"教学做合一"思想，还教孩子们热爱劳动、勤俭节约、艰苦奋斗。保育院的孩子都学会了种菜、理发等技能。我们还教他们唱抗战歌曲、演戏，从小培养他们的爱国主义精神。所以后来成长起来的保育生，都成为了国家有用之才。

我于1918年阴历九月出生在安徽巢县西乡山梅村。我的家庭受封建社会重男轻女思想的影响，比我大两岁的哥哥可自幼送到私塾读书，而我却只能在家带妹妹、放牛、割草、摘棉花、摘豆子、做家务事。直到后来，我父亲被他东家王雨庭介绍到冯玉祥将军的部队里，当了文书，他回家时便带回些看图识字的方块字和国语教科书让我学习。以后，他才让我年头年尾农闲时到私塾去认几个字、读点书。虽然如此，我深知机会难得，庆幸我终于有了同哥哥一样读书的权利。所以我虽然读读歇歇，我仍然能认真地学习，用心地背诵课文。有时，我在放牛时在牛背上也还带着书学习。

我开始上学是在1931年9月，我13岁那年。我去江苏清江浦（现在的淮阴）我父亲那里。我父亲把我送到袁江小学四年级就读。由于我在家乡于农闲时上的是私塾，因此我对数学一窍不通。算数课上的小数点和加减乘除对我来讲就像坐飞机一样，把我搞得糊里糊涂。我的数学基础差，一直影响我，我的数学成绩一直都不太好。不过，我求学心切。我那一直务农、只字不识的母亲和我的大哥也一直很关怀与大力支持我上学读书。尽管家父早逝（时年39岁），我仍然于1936年和未婚嫂嫂祖长年一同报考了合肥六女中。可是后来因为七七卢沟桥事变，日军到处轰炸，我们读到初二时学校便搬迁到合肥西部。我们姑嫂二人在家母的劝阻下休学回到了山梅村乡下。

1938年秋，家兄参加了合肥抗战宣传队，先逃到了长沙，投奔了在湖南省政府的张治中先生处工作的三岳父祖岳衡处。三岳父推荐家兄当了省政府的机要文书。家兄有了工作之后，便写信回家，要二叔带我和嫂嫂去长沙，到张治中办的安徽中学——国立八中上学。后来嫂嫂先随其二哥到了长沙。我随二叔和表弟高永才后来当难民（沿路食住不要钱），1939年春逃到长沙。我们到长沙时，我嫂嫂已经有身孕，在等待分娩。由于没有请到奶妈，嫂嫂不能随便走动。家兄便让我一个人报名去了湘西，当时已是最后一批名额。

我到湘西轮城八中初女部后，插班在初二班就读，一直到1943年高中毕业。在湘西读书期间，我们住在学校。学校设在一座文庙里。我们的学习生活费都是公费。学校生活军事化，每个学生都俨如一位军人，要遵守纪律，勤奋学习。我们学校共有初中、高中、师范等11个部，分布在湘西花垣、保靖、秀山、洪江、麻阳等县。抗战期间我们流亡他乡的几千个男女青年，唯一的任务就是读好书，将来好打败日本鬼子建设新中国。

1943年夏，通过会考高中毕业后，我们很多同学们一道结伴由湘西所里（吉首）乘不花钱的运军火的车，到战时首都重庆考大学。大多数同学在重庆举目无亲。我还好，有哥嫂及三叔在重庆。考完试后，幸有嫂嫂三叔相助，将我和余淑清同学（和我是患难之交，50多年来一直有来往）介绍到重庆三圣宫（国民党政治部所在地）四维小学去任教，总算解决了我们的食住问题。其实任教是假，我们真正的目的是能在重庆等待大学录取通知书。录取通知书一到，我们就逃之夭夭了。

我考进了位于江津白沙的国立女子师范学院国文系。女子师范学院又是不花钱的学校。由于我们是难民，没有经济来源，学校还给被录取的流亡学生们每人汇了200元路费。在湘西八中时，我们是军事化编制，穿的都是军装。在我离开八中到重庆考大学时，我需要换便装。为此，我向一位留校的同学借了一丈三尺阴丹士林蓝布，做了两件短袖旗袍。我在国立女师读了一年书后，那位借布给我的同学也快从八中毕业，而我没钱还她的布。为了挣钱还那一丈三尺布，我决定休学一年去工作挣钱。

1944年，在我的小学同学杨先知的介绍下，我去了歌乐山第一保育院当老师。这里的数百名难童均是保育会派妇女干部从战区抢救出来的。这批难童，有的是失去了父母的孤儿，有的是父母在前线阵亡的烈士子女，也有些是无家可归的流浪儿。

孩子们进院时按年龄和学业分班。他们刚进院时满头满身长着虱子，还有的身上生了许多脓包疮。老师保育员们尽心照顾和耐心清洗，使他们恢复健康，成为活泼可爱的孩童。当时院长和老师既是老师又是父母和兄姊，所以孩子们称院长、老师为"妈妈"。如宋美龄原为保育总会的理事长（李德全、邓颖超等为副理事长），所以孩子们称其为"蒋妈妈"。赵小梅、郭秀仪等院长即称为"赵妈妈"和"郭妈妈"。

当时保育院的老师既育人又教书，贯彻陶行知先生倡导的"教学做合一"思想，还教孩子们热爱劳动、勤俭节约、艰苦奋斗。保育院的孩子都学会了种菜、理发等技能。我们还教他们唱抗战歌曲、演戏，从小培养他们的爱国主义精神。所以后来成长起来的保育生，都成为了国家有用之才。这与当年院长、老师的辛勤教育是分不开的。

我在歌乐山一院没待几个月。因为赵小梅院长辞职回江北第八保育院，我便随之去了八院。可是我在八院也只待了几个月，赵院长又辞职离去。我随后便失业了。后来，我在八中的同学姚毓荣帮了我的忙。姚同学当时在歌乐山扶轮小学教书，但她很快要去遂宁。她听说我失业后，便带信叫我去扶轮小学顶替她的位子，教五年级。我在扶轮教到学期结束后，赶快回到白沙女师学院复学。我在八院虽然待得不久，但我的老师职位还是被八院同学在《摇篮》（保育院联谊会刊物）刊物上登出来的。所以后来每次开保育纪念会，我都是作为老师列在前排或台上就座呢！

1945年8月15日，日本无条件投降了，我们和全国人民一样无比高兴与激动。抗战结束后，我很希望能回老家安徽，但女子师范学院抗战结束后没有迁离重庆。我就继续留在了重庆完成了我的学业。

陈国钧

来自有钱有势家庭的女性

1918年生于重庆

抗战年间,重庆有钱有势的太太们聚会,比以往任何时候都要积极。我的常规麻将伙伴是中央银行两个副行长的太太和四川大军阀潘文华的三姨太。有时大通银行行长的太太和我姐姐也来参加。从周一到周五,我们轮流做东,安排麻将和晚餐派对。每周六晚都有舞会,我们整晚整晚地跳,一直跳到双腿不能动弹为止。

我出生在一个有钱有势的家庭,我父亲是重庆第五区的区长,也是重庆红帮①的一个大爷。我很小的时候,我的生母就去世了,没多久,父亲就又娶了一个太太。虽然父亲很爱我,但我和继母却无法和睦相处。为了和继母抢夺整天繁忙的父亲的注意力,我既淘气又叛逆。

每天,我都和继母吵嘴斗气,关系很紧张。为了缓解我和继母之间的紧张关系,父亲把我送进了寄宿学校。抗日战争爆发的时候,我还是个19岁的高中生,在重庆一所叫建文的私立学校上

---

① 帮会组织,又称"洪门""天地会"。在清末的反清革命中扮演了重要角色。——编者注

学。我在建文念一年级的时候，学生主要都是来自重庆地区。而在我念二三年级时，班上同学大多都是来自被日本人占领的北方和中部地区，包括东北的难民。

大部分难民学生为了来重庆都经受了巨大的磨难。其中很多人都在战争中失去了自己的家人和爱人，我很同情他们。这些难民学生中有些是共产党的地下党成员，他们在来重庆之前就已经在上大学了。为了扩张中共地下党在重庆的组织，动员学生支持抗日战争，一些中共地下党员便带着任务回学校重读高中。

我的室友张敏来自东北，是一名中共地下党成员。我很喜欢她，我们建立了很亲密的友谊。因为我父亲是个区长，学校认为我值得信任，就委派我做了学生干部，主要负责学生们的校园生活。学校分配给我的职责之一，就是协助一个副主任监察学生们的可疑活动。如果发现可疑活动，马上向学校当局汇报。学校要查看所有学生的信件往来，查看之后再由我将这些信件送到各个宿舍。他们怀疑有些学生是中共地下党成员，想通过搜查信件发现并抓住他们。

张敏便利用我的特殊地位来掩护她的地下党活动。因为我们是室友，也是好朋友，我也愿意帮助她，而不在乎她属于哪个政治派别。她收到很多用密码写成的信件，这些信都要在水里浸泡之后才能显示出内容。由于当局很信任我，我总能在副主任查看这些信件之前，就把她的信挑出来，不让他们看到。晚上，我们就把这些信件浸泡在水里，然后躲在棉被下用手电筒照着看。我觉得这些事情既冒险又刺激。后来学校当局也开始怀疑张敏了。因为她和我同寝室，他们就让我去监视她。我要上课，没办法老是待在收信室里，抢在副主任之前把她的信件拿走。终于，学校截获了她的几封信。有一天，我隐约听见副主任和警察局的电话，他们提到了张敏。我知道她有危险了。我火速冲回寝室，告诉她，她已经暴露了，得尽快离开学校。她要我帮助她，我答应了。

我们学校坐落在长江南岸，紧邻著名的南温泉度假胜地。度假区有个游泳池，我们学校的学生经常去那里游泳。我想到了一个帮助张敏脱身的计划。那天下午，我邀请了一大群朋友去温泉游泳，其中就有张敏。校长看见张敏和我在一起，就没有阻止我们。我们到达游泳池以后，大多数人都聚集在浅水区嬉戏。我不太会游泳，一般也都待在浅水区。而张敏是个游泳健将。她装作是在教我游泳，把我带到了人很少的深水区。南温泉前面有一个汽车站，张敏早已记下了发车时间表。当下一班车快到时，她装作要去厕所的样子，离开游泳池，去厕所更衣后去了汽车站。汽车到站后，张敏就跳上了汽车离开了学校。

张敏离开后，前来调查这件事的国民党官员把我叫去询问。我坚持说我不知道张敏是中共地下党的人，但国民党官员对我还是很生气。那时，帮助一个中共分子逃跑是个很严重的罪名，由于我父亲的地位，这些国民党调查员都没有对我怎么样。但是我还是被告知，我必须得退学，不能留在学校了。我不是一个共产党员，也不了解共产党，但我却忠于朋友，对家庭不满，对权威不服。我知道我父亲很有势力，不管我做了什么都不会有什么大麻烦。我就是一个娇生惯养的"公主"。

我被学校开除之后，不得不又回到父亲家里。我继母造谣说，我之所以会被学校开除，是因为做了伤风败俗的事情——暗示我很放荡。这在当时的中国社会，对于一个未婚女孩儿来说是个很严重的罪过。父亲觉得我给他丢了脸，也大发雷霆。我在家里痛苦极了，再也不想和继母生活在一起了。有一天我在去购物的途中，于市中心的一条繁华的街道上遇到了张敏。我向她诉说了我心中的苦闷。听我诉说了我在家里所遭受的不幸后，她提出要我和她一起去延安，我答应了。她指示我，下周六去市中心的一家布店去见一个人，此人会告诉我怎样去延安。我兴奋极了，开始着手准备行程。但我却并不知道自从我被学校开除以后，父亲就派人时刻跟踪我。我去延安的计划最终被父亲发现了，他把我锁在一间单人房里，还威胁说如果我再不听话，他就要和我断绝关系。我没有办法，只好屈服了。最后，我父亲安排我在另一所学校完成了高中学业。

在第二所高中里，一个同学为我介绍了个男朋友，名叫王少雄。此人在警察局工作，也是一名中共地下党成员。我们都很喜欢对方，还秘密约会了一段时间。我知道我家里的人绝对不会赞成我们的男女朋友关系，更别提结婚了。我只好背着家人和他秘密交往。如果我们被发现了，我将被装进一个竹笼子，连人带笼子一起被丢进长江里活活淹死。虽然我处处小心，然而，我继母还是察觉到了什么。我高中毕业以后，我的家人，尤其是继母，都强烈反对我继续去念大学。她想把我嫁出去，就到处找人为我介绍对象。我坚决不去和那些男人相亲。继母气急败坏，又把我锁在了屋子里。我打破窗户跑了出去，跑到了我舅舅家里，并告诉他们继母对我不好。舅舅相信了我的话。在他的干涉下，我父亲同意让我继续去念大学，但是结婚的事情还是得由家里说了算。

1939年我成为了重庆朝阳大学的一年级新生。我讨厌自己在经济上对父亲的依赖，但没有钱我又没办法生活。为了独立，我白天上课，晚上就在夜校教书，赚零花钱。

1939年，日本人开始轰炸重庆。[1] 1939年5月3日和4日的大轰炸摧毁了重庆很多建筑物，其中包括四川势力最大的军阀之

---

[1] 此处为受访者记忆有误，日军开始轰炸重庆应为1938年。——编者注

——刘湘的府邸。5月3日，我的干爹——重庆戒烟局的局长，因为办公大楼被日本人的炸弹击中而不幸身亡。大轰炸给重庆造成了巨大的物质损失，也给当地人带来了极大的精神压力。由于日军对重庆频繁的大轰炸，市里很多学校，包括朝阳大学，都关了门，把学生送回家了。日军对重庆的大轰炸迫使人们都到附近的乡下去避难，我的大学生活也就这样被战争破坏掉了。

我姐姐劝我到一个紧邻重庆的、叫木洞的小镇去躲避日军轰炸。为了打发我在这个小地方的无聊时间，她的朋友介绍我去新龙场小学当音乐老师。我会弹钢琴，也喜欢唱歌跳舞，当音乐老师是再合适不过了。我教孩子们唱了很多抗日歌曲，如《团结就是力量》《打回老家去》，以及《台儿庄》等。周末，我们还组织学生们去乡场上动员当地人支持抗战。我带领的队伍总是最受欢迎，因为我们又唱歌，又跳舞，还表演街头戏剧。我喜欢热闹，喜欢兴奋的感觉，凡是热闹的活动我都积极投入。我们还参与新生活运动妇女指导委员会的筹款活动。好多个周末，我们都要去当地不同的乡场上去为抗战筹款。

就在那段时间，我家人为我安排好了婚姻。父母想把我嫁给一位姓刘的先生，他家是当地的染料大王，控制着染料业。最初我对和他见面的事一点儿兴趣都没有，只要是我家人给我找的对象，我都反感。但是，父亲告诉我说，我别无选择。他说，我想去念大学的时候他让步了，让我去了，但是在结婚这个问题上，绝对没有商量的余地，如果我不服从安排，他就和我断绝关系。同时，他们还悄悄地安排刘先生来和我交朋友。有一个周末，我正在新龙场和灵石地区为抗战筹款的时候，刘先生来了，为了讨我的欢心，他捐了一大笔钱给我们的团队。我们的团队还因此受到了表扬。之后，他便经常来帮助我做抗战动员活动。渐渐地，我对他也不再反感了。所以当我父母宣布我们即将订婚,并将在1939年底完婚时,我也没有再反对。

为了防止发生任何意外,继母命令我辞掉了工作,把我软禁在家里。我要出去买东西,继母总是派好几个人跟着我,生怕我会一去不复返。我们订婚时,父母在民生路上的一家大饭店里为我安排了一个盛大的订婚典礼,来炫耀他们的财富和势力。典礼大厅里布满了鲜花篮子,邀请了数百名宾客,宴席极其奢华。后来,我父母又在小什字的另一家饭店里为我举办了盛大的婚礼。婚礼当天,18顶花轿——包括一架新郎坐的红色丝绸轿子和一架新娘坐的鲜花轿子,组成了一条五颜六色的队伍,足足有一里长。两个乐队,一个在队伍前面,一个在队伍后面,演奏着热闹而欢快的曲子。全市数百名要人都出席了我的婚礼:重庆市副市长是证婚人,重庆的商会主席是婚礼的主持。专业摄影师也被雇来为新郎新娘、伴郎伴娘以及穿着金色丝绸裙子的小花童们拍照。婚礼是在饭店的入口大厅里举行的,我和我未婚夫本来是要在浪漫音乐的伴随下,各自握着一支点燃的蜡烛,从一排很长的楼梯上走下来,但是当我们走到一半的时候,我未婚夫手里的蜡烛突然熄灭了。我和我父母都很尴尬,觉得这是个不祥的征兆。没想到后来这个征兆还应验了。我想这就是我丈夫在我们结婚10年后,年仅40岁时就去世了的原因之一吧。

我丈夫家极其富有,他们在抗日战争期间垄断了中国西南地区的染料业。我父母,尤其是我继母,很满意这段婚姻。为了感谢他们,在婚后我丈夫给我继母买了一整套昂贵的黄金钻石首饰,为我父亲买了一座新房子。

刚结婚时,我仍然时不时地出去听听有关抗战的公开演讲,参加一下抗战支持活动。例如,1939年底我去听了周恩来夫人邓颖超做的一次公开演讲。我还积极参加了很多次募捐筹款活动。我和几个富有商人的太太一起筹办了一场京剧表演，来为抗战筹钱募捐。我很喜欢唱戏，还可以为抗战募捐，一举两得。但是渐渐地，我就和这些政治活动脱离开了，因为我丈夫不想我参加任何政治活动，说那样会对他的生意不利。

那么，我婚后，在抗战期间都干了什么呢？我的主要"工作"就是参加聚会和打麻将！抗战年间，重庆有钱有势的太太们聚会，比以往任何时候都要积极。我的常规麻将伙伴是中央银行两个副行长的太太和四川大军阀潘文华的三姨太。有时大通银行行长的太太和我姐姐也来参加。从周一到周五，我们轮流做东，安排麻将和晚餐派对。每周六晚都有舞会，我们整晚整晚地跳，一直跳到双腿不能动弹为止。我很喜欢热闹，尤其是舞会。我们互相竞争，看谁办的聚会和宴席最出色。

总的来说，抗日战争并没有对我们的生活造成多大的影响，我的生活还是那么奢华。而一旦有朋友来找我，要我为支持抗战捐钱时，我也总是慷慨解囊。当然，我们也非常关注抗战，尤其是在日本人轰炸重庆的时候。只要防空警报一响，我们就得把麻将桌搬到一个私人防空洞里去，那个防空洞刚好就在我家后面。

抗战初期我们还以为轰炸只是暂时的，当它在1940年至1941年间变成旷日持久的常规事件后，我丈夫就把我们全家都从重庆迁移到了湖南，在那里我大部分时间都在和我丈夫助手的太太们打麻将。1941年以后，轰炸逐渐消停了，我们才又回到了重庆。

在抗战期间，我有两部私人轿车，家里有几十个佣人。由于我丈夫很有钱，我有车，加上我父亲在红帮的地位，有很多人都想和我交朋友。警察甚至都不敢阻拦我的车，因为我和警察局长的太太是密友。在抗战期间，很多人都缺乏必需的生活日用品，而我们却什么都有。我在重庆的上流社会里很出名,我对朋友和熟人都很大方。我想,任何人很有钱的时候,也都会变得慷慨大度。

正是因为我友好和慷慨的好名声,中共地下党也不时地前来找我帮忙。有好几次,几个中共地下党成员由我的朋友的朋友介绍给我,请求我帮助他们离开重庆。我总是尽我所能地帮助他们,没有问过任何问题。我喜欢做危险的事情,最主要的是,我喜欢帮助我的朋友们,我也想测试一下我在重庆地区的影响力到底有多大。

曾经有一次,在一个朋友的帮助下,我用汽车把何鲁送出了重庆。他是著名的反国民党激进学者,后来成了重庆大学的校长。当时何鲁与国民党政府在闹矛盾,国民党要抓他。我却把他平安地送走了。

1945年抗战结束的时候,我的生活也没有什么大的改变。我丈夫的生意在抗战期间一直不错,在战后也同样兴旺。

李素华

贫困的农家女性

1913年生于重庆

好几次我刚生完孩子就又得搬家。饥饿和焦虑把我和孩子们都折磨得痛苦不堪,最后,六个孩子中只有两个活下来。那时候,我根本不知道什么是节育,女人的身体就是一台生孩子的机器,可悲的是,抗战中我们的孩子大都死于襁褓之中。

我生于重庆江北的一个贫困农家。1929年我16岁的时候,父亲带着我们由乡下来到重庆城里,希望能过上更好的生活。然而,我们家的人都没有受过任何教育,在重庆城我们能做的只是体力劳动。为了生活,所有的体力活我们都做。我父亲用一根竹扁担和一捆绳子做工具,在码头上当搬运工,为商人们搬运从下江运到重庆的重包裹。我和母亲则为别人洗衣服。1929年,一个亲戚安排我和我丈夫结了婚,他是一个木匠,比我大10岁。

抗日战争爆发的时候我已经结婚,并且已经有了一个3岁的孩子。我丈夫没有自己的木工房,都是靠口碑和口头协议来接活儿。情况好时,他手上有几个活儿,但情况不好的时候,他一连好几天都没有活干。

为了养家糊口，我继续为别人洗衣服，还为重庆城里的一些私人商家搬运垃圾。那个时候，重庆没有任何为私人企业提供的公共卫生服务。这些企业只能雇人用竹篮子把垃圾运到城外埋掉。在三四十年代，城外一个叫王家坡的荒山区就成了掩埋垃圾和死尸的地方。搬运垃圾是个很恼人的工作，这些垃圾又沉、又脏、又臭。夏天的时候更是糟糕，可以说是臭气熏天。王家坡是个城外很荒凉的地方，要把垃圾搬运到那里，既辛苦又不安全，很少有女人做这种工作。可我不得不做。我没有文化，没受过任何教育，根本找不到更好的工作。我和我丈夫拼命地工作，我们的收入也只能勉强糊口。如果我不工作，我们就没有足够的钱来满足全家的基本的生活需要了。我们的"房子"是个在贫民窟里用竹竿子和竹席搭建而成的小棚子，勉强可以遮风避雨。我们天天都在为生存和生活而挣扎。

日本人占领了中国中部、北部和南部大片地区后，很多下江人逃难到了重庆，国民政府也搬了过来。随着如此多外地人的涌入，这里的食品和生活必需品的价格比抗战之前涨了很多。以前我和丈夫赚的钱还能够让全家人勉强吃饱肚子，抗战爆发后我们的收入完全无法满足支出了。

为了养活家人，我不得不尽可能地多干活儿。除了帮人洗衣服和搬运垃圾之外，我还要帮人缝补衣物。我丈夫除了做木匠，也到处找活儿干，不管什么工作，只要能找到他都干。我总是早上5点就起床了，然后一直工作到半夜。但即使是这样，我们的收入也无法给我添置一套新衣服。好几年的时间里，我都只有一套衣服穿，上面还布满了补丁。晚上我把这套衣服裤子洗干净晾干，早上起来又穿上。有时候，衣服被雨淋湿了，我还得回家把它放在灶上烘干之后再穿上，才能再出门去。

1939年3月我生下了第二个孩子。日本人开始轰炸重庆后，我们的生活完全被日军的大轰炸打乱了。日本轰炸机第一次来到重庆的时候，我们根本不知道那是什么东西，我们从来没见过飞机，贫民窟里的孩子们还觉得很稀奇。听到天上轰隆隆的声音，我们住区的很多人还跑出去，兴奋地冲上山顶，观看那些飞过来的日本轰炸机。直到日本人开始往城里投掷炸弹，我们才意识到有危险了。第一次大轰炸的时候，我们甚至都不知道要去防空洞躲避。之后，跑防空洞就成了我们日常生活的一部分。

　　我永远无法忘记1939年5月3日和4日日本人对重庆进行的两次大轰炸。日本轰炸机成群结队飞过重庆，投掷的炸弹遍布重庆的各个角落。5月3日，上半城市中心的大部分地方都失火了，大轰炸还延伸到穷人集居的下半城，延伸到了我们这里。

　　5月4日，日本轰炸机又来了，这次，在轰炸机出现以前就响起了防空警报。我丈夫带着我们的第一个孩子，跟着邻居们一起跑进了附近的一个防空洞里。我觉得一个两个月大的孩子根本不适合去那种地方，就带着第二个孩子留在了家里。事实上这是个错误的决定。日本人往城里投放了大量炸弹后，爆炸发出了震耳欲聋的响声和非常刺眼的光芒。地面剧烈地震动，到处都开始失火。我们棚区的房子建得都很差，在爆炸中剧烈摇晃着。我害怕极了，不知道我们的房子到底能不能撑住，于是我把孩子裹在怀里，跑出了房子。我跑到附近的一个小山坡，躲在一块巨大的岩石下面。在那里我目睹了日机轰炸带来的巨大火浪如何把我们的贫民窟吞没了。

　　30年代，重庆下半城大多数房子都是用木头或者竹子框架搭建的，密密麻麻挤在一起，火灾的安全隐患很大。更要命的是，大多数的房子里都没有自来水，日常生活用水都是挑水工用人力，每天从江边把水搬运到各家各户的。一旦失火，根本没有足够的水来灭火。日本人的炸弹在市中心地区引发了熊熊大火，很快火浪就燃遍了各个角落。我们贫民窟里的棚子都是用廉价的易燃材料搭建而成的，日机投弹后，只用了半个小时，我们所在的贫民窟就被大火吞没了。我就这么眼睁睁地看着大火燃烧而无能为力。火势发展得实在是太快、太猛烈了。我抱着婴儿，根本没办法抢救出任何东西。那天，我们和另外至少200个住在贫民窟里的家庭都无家可归了，失去了我们拥有的全部东西。那对我们而言是致命一击。那间竹棚子就是我们所有的财产。如今没了它，我们都不知道何处可以安身。

从1939年5月4日开始，一直到1942年，我们一直都在寻找一个可以长期安身的住处，却不断遭受挫折。1939年5月4日，我们的棚区被大轰炸引发的大火烧光以后，政府对我们没有提供任何救济帮助，我们能够依靠的只有自己。我们试图在原址上重新搭建棚子，但是政府却不同意，他们说用廉价易燃材料搭建起来的棚子在下一轮轰炸发生时很容易再次失火，那样会造成更加惨重的财产损失。

1939年5月的轰炸之后，市政府派出警察，对市内违法搭建的易燃棚子和房子进行强拆。在抗战期间，我们根本没有钱去租房子，更没有钱按照政府发布的最低防火要求来建个住所。于是我们加入了其他上千个贫困家庭，成为了城里的"游击居民"，我们经常在某个地方违法搭建一个竹棚子来居住，直到被警察发现、驱赶为止。之后，我们又在另外一个地方重新搭建一个棚子。就这样，我们不停地跑，不停地换地方，像流民一样诚惶诚恐地过日子。那真是一段痛苦的生活。

抗日战争年间，除了每天都要忍受恐怖的大轰炸，我最害怕的就是晚上找不到地方睡觉。从1939年到1942年，我们都处于半流浪状态，搬了至少50次家。每天空袭结束了，我们从防空洞里出来以后，我都在担忧我们是否又要搬家。在大轰炸中，在市内到处不断搬家的过程中，我怀孕了两次，生下了另外两个孩子。在抗日战争中做孕妇，生活太艰难了。我得尽我所能努力工作，为家人换回食物；此外，无论走到哪里，我都还得就地种菜，经营好我们的菜园子，并从其他人丢弃的垃圾里捡回可以吃的东西。可是随着物价的飞涨，我们还是根本无法吃饱肚子。

我在怀孕期间大部分时候都在挨饿，一旦有了吃的，我都得让我丈夫和孩子们先吃。我的两个婴儿都是在日本大轰炸中降生的。我的所有孩子都是我在家里，仅靠我丈夫的帮助，自己接生下来的。抗战期间，我们甚至连接生婆都请不起。而且我也知道，在大轰炸中我们即使有钱也可能请不到接生婆。

1940年，我们的第三个孩子在日军的狂轰滥炸中降生了。生下他之后，我整整一天都没有吃到东西，因为在空袭期间都不准生火做饭。由于没有摄入适当的水和食物，我没有奶水喂孩子，几天后他就死了。

1941年我又怀孕了，生下了另一个孩子。和上次一样，因为没有奶水喂养，她也死在了襁褓中。妇女在生完孩子以后，要坐月子，要吃很多有营养的食物来恢复身体。而我什么都没有，我从来都没有吃饱过，更别说吃上有营养的东西了。

1939年我生下第二个儿子后，我又另外生了六个孩子，这六个孩子大都是在战争中怀上的。每生完一个孩子，我都只能在家休息一两天，就又得回去继续工作。好几次我刚生完孩子就又得搬家。饥饿和焦虑把我和孩子们都折磨得痛苦不堪，最后，六个孩子中只有两个存活下来。那时候，我根本不知道什么是节育，女人的身体就是一台生孩子的机器，可悲的是，抗战中我们的孩子大都死于襁褓之中。

1942年，重庆有上千所房子在日本人的大轰炸中被摧毁，很多穷人失去了住所。后来，很多没有稳定住所的贫困家庭一起联合起来，最终又在长江沿岸建起了一个紧挨一个的简陋竹棚子，形成了另一个巨大的贫民窟。由于这个贫民窟太过巨大，政府怕强制拆迁会引起住户们的大规模反对，而没有将我们赶走。就这样，我们终于又有了一个固定的家。

我们沿着江边岩石的天然斜坡，用竹竿子和竹席搭建起了自己的家。我们利用岩石河岸做棚子的后墙，用竹子编成的墙围成我们"房子"的另外三个面。江边很潮湿，一年到头水都会从岩石缝渗出来，我们放在屋子里的东西都总是很潮湿。冬天，寒风沿着江岸呼啸着，潮湿的棉被不保暖，我们冷得无法入睡。所以，冬天大多数的夜晚，我都得把孩子们搂在我们怀里，和我们睡在一起，用我的身体来为他们供暖，让他们能够睡觉，而我却只能醒着熬过整夜。直到快天亮时，我才能眯一会儿，而这时我又该起来去工作了。夏天，潮湿和重庆极度的高温天气也使得生活痛苦难耐。在贫民窟里没有任何清洁措施，在这里人与人，人与野狗、野猫、老鼠以及其他包括跳蚤和蟑螂在内的虫子们共居。夏天，潮湿的江岸也是蚊子吸血的好场所。我们房子的竹竿子和竹席间有大量的缝隙，使得蚊子们能够随意进出，把我们的血当做丰盛的大餐尽情享用。

寒冷潮湿的冬天和跳蚤蚊子肆虐的夏天相比，我不知道哪个更难以忍受，一年到头我们都在痛苦中挣扎。我们没有别的选择，只能待在这个贫民窟里直到抗日战争结束。我们本来就是一无所有，而抗日战争更加剧了我们的磨难。

1945年日本投降的时候，我们都很高兴，成千上万的人在街上游行、狂欢。我以为生活在战后会得到改善。但事实并非如此。我们仍旧是穷困潦倒，仍旧那么痛苦地生活着。直到1949年新中国成立之后，我们的生活才发生了实质性的改变，和之前相比改善了很多。

王淑芬

贫困的农家女性

1920年生于四川铜梁①

我绝望极了,完全不明白为什么还要在这个痛苦的世界里活下去。我漫无目的地朝着市中心外的寺庙慢慢走去。这座寺庙建在一个小山坡上,在要到寺庙大门的时候,我实在是走不动了。饥饿占据了我的身体和灵魂,我坐在地上等着死亡的降临——要么被日本人的炸弹炸死,要么被饿死。

我出生在铜梁一个穷苦农民之家。很小的时候,我就帮着父亲在地里干农活儿、做家务。我从来没有念过书,连自己的名字都不会读写。17岁的时候,在家里人的包办下我结了婚。我和丈夫婚前互相都不认识,直到婚礼当天才第一次见面。

就在婚礼前不久,我才听说了抗战爆发的消息。因为这场战争,四川所有身强力壮的单身男人都在征兵的范围之列。我丈夫比我年长9岁,也在名单上。中国人有句古话,好男不当兵。当时在征兵年龄内的人,都在想方设法地躲兵役。他家里的人极力要求我们尽快完婚,这样他就能躲过征兵,或者至少也能推迟一

---

① 今为重庆市铜梁区。——编者注

段时间。所以我们一完婚就从铜梁搬到了重庆城内，躲避征兵。

我丈夫在重庆城找到了拉人力车的工作。刚到重庆的时候我还待在家里，后来我丈夫挣的钱不够家里开销，我去了一家有钱人家当佣人，为他们煮饭、做清洁、洗衣服。1939年5月3日那天，我正在主人家里干活儿，突然听见天上出现了很大的奇怪噪声。出于好奇，我就跑到室外去看到底发生了什么。我看见20多架日本轰炸机向我们飞来。在这之前我从来没有看见过、也没有听说过飞机，直到它们开始投掷炸弹的时候我才明白了它们是在干什么。那是一段很恐怖的经历。重庆城里大多数人都从来没有见过轰炸机，很多人都跑到室外，想看明白到底发生了什么事情。炸弹密密麻麻地从天上落下来的时候，发出了刺耳的巨响，一和地面碰撞，地面就开始地动山摇地剧烈晃动，我以为天都塌下来了。

很多人马上就被炸死了。很多人的身体被炸弹爆得四分五裂，散落得到处都是：有些挂在树上，还有些被炸飞后散落到了房子的窗台上和房顶上。那些没有被立刻炸死的人四散逃跑，我也跟着跑，一块弹片击中了我的左胸。我感觉到一阵剧烈的疼痛，看见鲜血从伤口流了出来。我一边哭一边跑，跑到一条小巷的角落里停了下来，看见左胸上有一块弹片。我把它拔出来，从衣服上撕下一块布把伤口包扎起来。我开始往回家的方向走，路上碰到一个带着急救箱的男人，他帮我取出了剩余的弹片残渣，用酒精帮我清洗了伤口。我没钱看医生，也没钱买药，幸运的是我的伤口肿了将近一周之后，竟奇迹般地好了。但我的左胸上却留下了一个大伤疤。

日本人开始轰炸重庆后，我们的生活就像进了地狱一样了。为了逃避大轰炸，我主人一家都搬出了城，我失业了。每天我们都要忙着往防空洞跑，还要想尽办法找东西吃。大轰炸开始以后，我丈夫就无法找到稳定的工作了。不管什么临时工作，只要能找到我们都做，但有时候我们还是因为没有钱而一整天都吃不上东西。

1939年夏天，在一次空袭中，上千人因为窒息死在了石灰市附近的一个防空洞里。①市政当局让过路的群众去把洞里的尸体拖出来。事发后的第二天，我和朋友路过那里的时候被警察叫住，强行让我们去洞里拖尸体。我们都害怕不愿意去。但是我们的抗议一点用处都没有，附近的所有过路的人都被警察强迫拉过来做这个工作。

我看见防空洞前的空地上到处都摆放着尸体，包括很多小孩子的尸体，他们中有些可能只有几个月大。有些女尸还是穿着和洋娃娃一样漂亮衣服的下江女人。我被这些景象吓呆了，恶心想吐。到了洞里，一看到那些堆积如山的尸体，我马上就晕倒了。我不仅没有拖出来任何一具尸体，反而被其他人给拖了出来。

这件事发生之后，我就很害怕出门了。我们在这里找不到工作，又害怕大轰炸，我丈夫就提议我们回铜梁的乡下老家去。我们没钱乘车，只好步行。走了好几里路到了渡口，才知道所有的渡船都被炸沉了，而且如果没有政府的特别许可，任何人都不能离城。我们没有其他的选择，只能又走回去。由于日军的大轰炸，很多人都想出城到乡下去避难，到处都混乱不堪。由于不断的轰炸和极度的混乱，重庆地区的食物和水变得异常稀罕，只有用金币和银元才能买到，由于我们既无金币也无银元，只好饿着肚子。我们就这样不吃不喝地走了整整一天。

---

① 该句所指事件应该是1941年6月5日发生在十八梯的大轰炸惨案，由于回忆者记忆有误，在此特别指出，为保持回忆原貌，故不做修改，下文同。

三四十年代，很多重庆人都还没有自来水。人们用水都是靠雇佣挑夫从江里挑水到家里。大轰炸之前，五毛钱就能买到两桶水，而大轰炸开始以后，由于每日空袭警报不断，下河挑水也很危险，同样的两桶水的价格就飙升到了两块钱。对我们这种穷人来说，我们已经用不起水了。

我对1939年5月发生的第三次大轰炸记忆犹新。就在轰炸的前一天，我们的水用完了。尽管家里还有一点点米，但没有水我也没办法煮饭。我饿极了，也渴极了，就到隔壁邻居家里去求他们分一碗水给我们。我的邻居高老太太给了我一碗水，我把它倒进铁锅里准备煮米粥吃。就在粥快要煮沸的时候，一个治安警察小队出现在了我家门口。他们对我大喊大叫："你这个笨婆娘，你不知道日本轰炸机来了啊？煮饭的炊烟会把他们引过来啊！"然后他们就气急败坏地抢过我的锅，扔在了我们家屋外的地上。锅被摔成了三块，那点儿珍贵的米汤也洒在了地上，很快被大地吸干了。我震惊气愤极了！整整一天我都没有吃到任何东西，也没喝上一口水，他们却把我救命的米汤倒掉了！我哭喊着诅咒他们："你们觉得我们穷就该死吗？我一整天都没有吃喝东西了，为什么你们要把我的米汤扔了？你们这些混蛋！"他们要打我，我就哭着跑了。那时空袭警报的红灯笼已经挂起来了，意味着日本轰炸机离重庆城已经很近了。经历了1939年5月初的两次轰炸后，重庆开发了一套报警系统：日本轰炸机到达川东时，就会挂一个绿色的灯笼为人们发出警报；一旦轰炸机离重庆很近了，灯笼就会被换成红色的。

我实在是太饿太渴了，还很生气。我绝望极了，完全不明白为什么还要在这个痛苦的世界里活下去。我漫无目的地朝着市中心外的寺庙慢慢走去。这座寺庙建在一个小山坡上，在要到寺庙大门的时候，我实在是走不动了。饥饿占据了我的身体和灵魂，我坐在地上等着死亡的降临——要么被日本人的炸弹炸死，要么被饿死。

在那里我看见了一个有钱的邻居，他是一个商人，几天前才大摆婚宴娶了个三姨太。他把太太们和佣人们都带到了庙里来，仆人们端来一大盆凉面和好几份做好的荤菜，准备在这座寺庙里躲空袭。有传言说这座庙里的两尊菩萨可以保佑人们不受大轰炸的伤害。事实上，这里住着两位50多岁的尼姑，她们称自己是万能的菩萨，这样有钱人就会到那里去寻求庇护，并带去丰盛的酒肉供奉她们。

我决定留在那里。我对自己说，如果菩萨真的能够庇护那些寺庙里的有钱人，那么就一定也能庇护寺庙外面的人。我所坐的这个地方是城里的一个制高点，在这里我能看见所有的空袭警报灯笼悬挂点，还能听到负责防空安全的警察用扩音机放大了的喊话声。我听见日本轰炸机没有来重庆，而是去了四川的另外一个城市南充，不一会儿就看见空袭警报灯笼由红色变成了绿色，于是我决定离开寺庙。由于整整一天半都没有吃喝任何东西，我非常虚弱。我使出最后的一点力气，开始往山下走。我刚刚到山脚下的时候，七架日本轰炸机又盘旋着飞了回来，准备对重庆做突然袭击，因为在地面的人们都以为日机已经离开了重庆，已经放松了警惕。为了保命，我开始四处奔躲，最后躲在了一个崖缝下面。我四处张望，希望能找到一点儿水喝，但是一点儿都没有。

就在这时，一对年轻夫妇向我跑了过来。他们打扮得很时髦，那个男的还拎着一个大包。他们都被炸弹吓坏了，根本无法爬上我所在的这个地方。他们看见我，求我拉他们上去。尽管我已经被饥渴折磨得筋疲力尽了，我还是帮他们爬了上来。他们两人都吓得哭，那个女的一直颤抖着说不出话来，也不能动弹。我告诉那个男的，生死有命，富贵在天。如果老天爷决定我们必须死，我们就必须得死。我还告诉他们，我已经整整一天半没有吃喝任何东西了，我很可能在被炸弹炸到之前就已经饿死、渴死了。

那个男的听了我的话，就从包里拿出一个小西瓜，说可以分给我一部分。我抓起一块尖石头当做刀，用衣服擦了一下，就把西瓜切开了。我实在是太倒霉了！这个西瓜还是生的，瓜瓤和瓜子都是白色的。我把瓜递给他们，他们看见我切瓜的工具如此之脏，瓜又是生的，都不想吃。我就狼吞虎咽地把整个瓜都吃了下去，包括一部分硬西瓜皮。西瓜稳住了我难忍的饥渴，我感觉灵魂又回到了身体里。这个西瓜救了我的命。

空袭停止后，我不知道我丈夫在哪里。他一大早就出去找活儿干去了，也许他也正在找我，我急着想回家。那个女人靠在我身上，央求我留下来和他们待在一起，因为她实在是太害怕了，已经动不了了。我告诉他们，既然他们有钱就应该走回到街上去，雇一辆人力车把他们送回家去。我开始独自往回家的方向走去。就在我上路后不久，另外一队日本轰炸机返回了重庆，又投了很多炸弹，其中一个炸弹把那两个尼姑的寺庙给炸毁了。我看见整个寺庙被淹没在火海里。之后不久，我就听说那两个尼姑菩萨和那个有钱人以及他的太太们都被炸死了。

当我走回到大街上时，整个重庆城都陷入了极度的混乱中，到处都是火焰和浓烟。我到了两路口，这里是重庆城的边界，治安警察叫住了我。我看见了很多滞留在那里的焦虑的人们。我们被告知，大轰炸摧毁了很多电线杆，电线散落得到处都是，要从这里过去非常危险。一群工人被叫来清理马路，修复损坏的电线。我们一直等到半夜，才安全地从这条路上通过了。

我的家离城边界不是很远。当我到了住所的街道时，看见所有的房子都塌了，没有剩下一座完整的。大轰炸把我们所有的东西都摧毁了。我们这个地区住的都是穷人，房子建得都很差，即便炸弹没有直接击中这些街区，它们带来的强烈震动也足以把房子都震垮。我回到家，看见邻居们都忙着从废墟里抢救可以找到的财产物资，我大声地喊着我丈夫的名字。有个邻居看见了我，被吓了一大跳。经历了一整天的磨难之后，我看起来一定像个鬼一样。她告诉我，警察砸锅倒米汤后，有人看见我往寺庙那边跑了。后来寺庙被炸毁了，他们都以为我也被炸死了。她很恐慌地对我说："大嫂子，如果你还活着，我们欢迎你回来。如果你变成鬼了，请千万别来害我们呀！"我哭喊着告诉她我不是鬼，我还活着。她摸了摸我的手，发现我的身体还是暖的才相信了我的话。她告诉我，我丈夫出去找我去了。

我是我父母唯一的孩子。我丈夫的家人请求我父母把我嫁给我丈夫时，曾答应他得像亲生儿子一样侍奉我的父母。当我丈夫听说我去了那座寺庙，而且又看见它被炸毁了，也以为我死了。他跑到那里去找我的尸体，以便向我父母有个交代。在那里白费力气地找了好几个小时后，他回到了我们被炸毁的家，在塌掉的房子前痛哭。我在被炸毁的家门口等他的时候，靠着一根杆子睡着了，突然，我被我丈夫的哭喊声和呼叫我名字的声音惊醒了。我大喊着："我在这里！我没有死！我还活着！"我丈夫被吓坏了，以为听见鬼在说话。等他确定了我确实还活着，而且一点都没有受伤后，我们抱在一起大哭了一场。我告诉他我饿极了，他急忙拿出两个在身上揣了一整天的芝麻饼。我吃掉了一个，还留了一个给他。后来，他又找了一碗凉水给我喝。就在吃完这些东西后，不知道为什么，我突然晕了过去，失去了知觉。听见我丈夫的尖叫，邻居们都赶过来救我，有些帮我掐穴位，有些尝试着用民间偏方把我弄醒。

当我再次醒来的时候，我感到身体上和精神上都彻底崩溃了，一股很强烈的伤感席卷了我全身。我意识到，我差一点儿就死了。我想念我的父母，情绪很激动。我想到如果我死了，他们会伤心死的。抗日战争中的生存、生活实在太艰辛了，我们每天都在挣扎。正因为如此，我们一直到抗日战争结束后才有了孩子。抗战期间我们连自己都养不活，更别说再多养一个人了。

你们这些年轻人完全想象不出我们是怎么过来的。每次轰炸，我都能看到很多很多死人，让人伤心欲绝。每次看见这些死人我都会哭。你们知道这些死人都是怎么处理的吗？他们被人用铁铲子铲进卡车，然后运到南岸的一个巨大的坟坑里埋掉。我亲眼看见，1939年的一次空袭中被炸毁的那个防空洞里，死了好多好多人，那些从尸体上取下来的金戒指、金手镯以及手表，足足装了两大筐。你可以想象一下，单就在那一个事件里就死了多少人。

抗日战争从始至终我都待在重庆，因为日本人的侵略，我们这些穷人受尽了磨难。为什么我们要受这么多苦？就是因为我们没有钱。在抗战年间，纸币完全没用，什么都买不到。从大米到水，再到衣服布料，每样东西都要用真金白银才能买到，而我们什么金银都没有。那时最常用的货币，是刻有袁世凯头像的银元。在抗日战争爆发以前，我们虽然穷，但还能依靠双手勤奋工作，勉强糊口。而在抗战期间，我们找不到任何工作，赚不到银元，也就买不到食物和水。我们天天忍饥挨饿。不仅如此，我们还常常被治安警察欺负，经常被他们用皮带抽打。最初我害怕这些警察就像害怕空袭一样。随着时间的推移，我不再害怕他们了，我常常诅咒他们！一个朋友告诉我，人的生死是由命运决定的，如果你的期限到了,你是跑不掉的;如果你的死期没到,即便是你想死也死不了。知道一个人的命运是被预先注定的以后,我感觉好多了。我们这些穷人也只有让命运来决定我们的未来了。

1941年以后,日本人对重庆大规模的频繁轰炸逐渐减少了。我们开始卖零售的蔬菜和水果。我丈夫到附近乡下去进蔬菜和水果,然后再挑回到重庆来卖,赚点差价。那时的生活很困难。由于抗战带来的严重的通货膨胀,靠卖蔬菜和水果很难维持生计。我得承认,正是抗战带来的这些痛苦,使我和我的丈夫的关系更加亲密了。为了生活下去,我们不得不互相依靠、互相扶持。

我知道抗日战争的结束。当我们战胜了日本的消息公布出来后,整个重庆都沸腾了,很多人上街游行。我一直都很喜欢看热闹,也上街去看游行。除了游行以外,还有人演街头剧。我看见一个街头戏剧里,有几个中国人扮成日本人的样子被绳子绑着,缩在枪口下面。我们很高兴我们能打败日本人。然而抗战的结束并没有为我们的生活带来多大的改变。在抗战期间我们挣扎着活下来,在战后我们继续挣扎着,对于我们这些穷人来说,简直就没有真正意义上的生活可言。

蒋素芬

贫困的农家女性

1931年生于四川江津

> 每年交了租后，剩下的粮食从来都不够吃。我小时候从来没吃过一顿饱饭。我们根本就没有米饭吃，尽是吃杂粮、红薯和菜稀饭。我记得我们还吃过观音土。观音土就是白糁泥，是一种瓷土，吃了可以让人有一段时间不感觉饿，但吃了以后连大便都解不出来。

我出生于偏远贫穷的山区农民家庭。我们家在江津地区，但远离江津城。抗战爆发时，我才6岁。我们家穷，我没有上过学，对什么是抗日战争完全没有概念。我们住在山区里，所以日本人对重庆的大轰炸也没怎么影响到我们。我8岁时母亲就去世了，我从小就要从早到晚干活帮助家庭。我们家没有自己的田地，都是租地主的地种。我的家乡在山区，没有什么水田，只有干田，地很薄，种不出什么庄稼。每年交了租后，剩下的粮食从来都不够吃。我小时候从来没吃过一顿饱饭。我们根本就没有米饭吃，尽是吃杂粮、红薯和菜稀饭。我记得我们还吃过观音土。观音土就是白糁泥，是一种瓷土，吃了可以让人有一段时间不感觉饿，但吃了以后连大便都解不出来。我们家太穷,没有饭吃,实在饿得不得了,就吃些观音土充饥。抗战期间,我们也知道中国和日本在打仗。但是我们没有太关心打仗的事。抗战时期,我们太穷。每天都在为生活挣扎,加上我年纪小,所以,我也不太晓得抗战动员的事情。我14岁时,也就是抗战胜利那年,我父亲也去世了。我们家在抗战胜利以后还是很穷。我后来跟着我叔叔和婶婶过日子。

第二部分
抗战，女性与经济

导　言

　　西方和中国现存中国全民族抗战时期的经济及其对国民党统治地区的影响的研究，主要集中在宏观层面，因为此类研究多以档案资料和统计数据为依据。如，根据抗战时期重庆市政府编印的统计资料，1937年至1942年重庆的基本生活必需品物价疯涨。以大米为例，1937年6月每石大米的售价是13.03元法币，而到1942年6月，每石大米的售价则涨到了531.70元法币，是1937年的43.9倍。1937年6月，重庆每市担猪肉的售价是24元法币，而1942年6月，每市担猪肉的售价涨到了900元法币，是1937年的37.5倍。1937年6月，重庆每匹兰亭阴丹士林布的售价为13.70元法币，而1942年每匹兰亭阴丹士林布的售价为1161.70元法币，是1937年的84.8倍。①

　　除了物价飞涨之外，普通重庆人的实际收入也大幅度下降。中国大陆学者周春与蒋和胜指出，根据抗战时期重庆市各行业人员实际收入统计资料，1937年至1945年间，虽然城镇居民的工资收入一直有所增长，但是同期生活费用价格的增长却比这大得多。他们的研究显示，如果将1936年7月至1937年6月的实际收入指数设为100，到1943年，重庆教职员的实际收入下降了85%，公

---

　　① 重庆市政府编：《重庆市趸售物价指数月报》第1期，1942年，第106—123页。

务员的实际收入下降了91%，产业工人的实际收入下降了58%，一般职工的实际收入下降了26%。[1]这种研究可以帮助我们了解抗战时期的宏观经济，却无法展示抗战经济的微观层面，特别是其对弱势人群日常生活的影响。根据统计数据得出的研究成果固然可以得到一个抽象的概念，知道抗战期间普通民众经受了巨大的经济考验，普通人的生活受到了物资短缺和高通货膨胀的深远影响，但我们却不清楚他们日常生活的基本境况，以及抗战经济对普通人的生活到底有哪些具体影响，以及人们是如何应对这些经济困难的。

  本书妇女的战时故事则提供了丰富而具体的信息。比方说，我采访张慎勤时，她告诉我，1943年她高中毕业准备考大学时，问同学借了一丈三尺阴丹士林蓝布做衣服。为了还这一丈三尺蓝布，她不得不休学一年去战时儿童保育院工作，挣钱来还同学的布。如果我们不知道抗战时期重庆的通货膨胀有多厉害，特别是阴丹士林蓝布的通胀率（1942年阴丹士林蓝布的价格比1937年的价格升涨了84.8倍），我们无法理解，为什么仅仅为一块蓝布，她得休学一年。如果我们不把通货膨胀率和普通老百姓的生活联系起来，我们也无法知道抗战时期的经济困难到底对人民的生活有哪些具体的影响。这些信息不仅涉及重庆地区经济生活的细节，还涉及普通妇女的经济地位，以及她们到底对抗战时期的经济作出了何种程度的贡献，又因战时经济受到了何种程度的影响。这些细节都是难得的宝贵资料。将口述资料与文献数据相结合，我们可以更深入地了解抗战时期重庆的经济和社会情况，以及普通妇女与抗战经济的关系。

---

[1] 周春、蒋和胜编：《中国抗日战争时期物价史》，四川大学出版社1998年版，第194—195页。

书中妇女们的抗战经历告诉我们，正规经济只是抗战时期经济的一个部分。全民族抗战期间，由于国民政府的主要目标是用有限的资源消耗来保存国家，维持国家机器和战争机器的运转，在国民党统治地区，政府并没有制定帮助普通民众应对战争的经济政策及相关措施。在很多情况下，普通民众都只能依靠自己求生。因而非正式经济在维持普通民众的日常生活方面发挥了重要作用。重庆地区的妇女们是非正式经济的生力军。抗战时期，哺育后代、照顾家人仍被视为妇女们的天职，而战时经济又异常困难，所以很多重庆妇女很大程度上都是依靠非正式经济来维持自己和家人的生存。她们发明、参与了很多非正式的经济活动，譬如她们在前庭后院种植粮食蔬菜，从田地和垃圾堆里搜寻食物，自己动手制作手工制品拿到街上售卖，以及买卖水果蔬菜或者熟食来赚取微薄的收入等。这些经济行为看起来很不起眼，也没有被记录在统计资料之中，如果用货币价值计算，他们可能只是中国整个抗战经济中很小的一部分。但是如果没有妇女们的这些发明和参与，她们的家人，即绝大多数的普通人，就无法生存，而重庆，乃至中国，都根本无法挺过八年艰苦的抗战。因此，如果要研究和了解抗战时期中国大后方的经济，就必须把学术注意力放到非正式经济的研究上来，并注意妇女们在其中所扮演的重要角色。

在强调非正式经济的重要性的同时，我们也应该注意，抗战同样也为重庆地区的妇女参与正式经济生活创造了机会。乌淑群的例子就揭示出，自从重庆成为战时首都以后，一些新式的职业也逐渐向女性开放。像乌淑群一样受过一些教育的年轻女孩就可以找到电话接线员这类的新式工作。徐承珍以及其他几位纺织厂女工们的故事则告诉我们，抗战时期，战争带动了军需，所以生产军备、军服的工厂增多，也为重庆地区的妇女们提供了外出工作的机会。

二战时期，在欧洲和美国，男人们纷纷参军上前线打仗，后方的妇女们因而有机会从事许多以前不能从事的工作。欧美妇女参加战时生产，为国家及社会提供服务，也为自己创造了话语权，推动了政治及社会经济环境的发展，使妇女得到进一步解放。尽管西方学者们都承认，欧美妇女参与战时经济生产增强了妇女争取自身权利和解放的机会，但却为这种机会到底有多大、是否在战后依然持久而争论不休。那么，中国在全民族抗战中的状况又是如何呢？妇女们所参与的战时经济活动有没有使她们的地位得到持续提高呢？本书这些妇女的故事告诉我们，这个问题并没有一个简单的答案，因为妇女的抗战经历由于她们各自的社会、经济以及政治背景的不同而大相径庭。我们必须认识到抗战经济与妇女的关系这个问题的复杂性，而不应简单地套用西方学者的思维模式。

本书记录了几位纺织女工的口述史。但她们的口述史还不足以概括出抗战时期重庆工人阶级妇女的基本情况及相关信息。但我希望，本书能启发中外学者们研究抗战时期重庆地区的工人阶级妇女史。抗战时期重庆的女工史无疑是抗战史中一个有意思的课题，如果把对其的研究与关于其他妇女的研究结合起来，我们可以更全面地理解重庆地区的抗战和社会性别对经济产生的影响。

抗战期间，像徐承珍这样的中国妇女和一战、二战期间上百万欧美妇女一样，走出家门，到工厂里去工作。英国一战时期有很多妇女在军需品生产单位工作。对那些英国未婚年轻女性来说，在工厂工作的经历将她们转变成了"现代女孩"。因为脱离了家庭和父母的管束，她们获得了社会自由和人身自由，赚取工资也使她们获得了经济上的独立，有了购买能力，在工厂里学到的专业技术更为她们带来了莫大的爱国感和自豪感。然而，徐承珍的故事告诉我们，抗战期间她虽然也像许多欧洲妇女一样在军需品生产单位工作，却并没有享受到西方妇女享有的解放和独立。对她来说，在工厂里工作只是出于无奈，因为抗战带来的家庭经济困难使她不得不到工厂工作。尽管徐承珍姐妹都有工资，但走出家门、参加工作却并没有给她们带来人身自由和解放。相反，在战火纷飞的日子里，每天出门工作对她们而言是一段异常恐怖的经历，因为她们得每天清晨摸黑走路上班，然后在工厂里做很长时间的活儿。学者们通常认为，走出家门、外出工作可以为传统上只局限于做家务事的妇女们带来人身、社会以及经济自由。而徐承珍的故事迫使我们重新审视"内部"（家庭私领域）和"外部"（公领域）划分的意义。徐承珍姐妹对自己赚的工资也没有任何控制权，这些钱都是由厂里直接支付给她们父亲的，她们连过手的机会都没有。对她们来说，参加战时生产根本没有改变已有的社会性别关系和劳动力划分格局。所以，抗战期间妇女参加生产、外出工作与妇女解放的问题不能一概而言。

而在乌淑群的案例里，由于她在成为电话接线员后，有能力靠自己的工作来赚钱过上独立的生活，她的个人眼界得到了极大拓宽。她觉得自己的工作很有意思，而且能为抗战作贡献。在工作中，她建立了朋友圈子，与同事们的关系也很好，过着一种相对较满意的生活。然而，正是她的经济独立和相对的人身独立使她的未婚夫感受到威胁和不安，很快他就哄骗她放弃了这份工作。显然，妇女们参加抗战生产的确对当时的社会性别关系和劳动力划分格局构成了威胁和影响。在重庆成为战时首都以后，很多像乌淑群这样的女性陆续踏进了生产领域和工作岗位。1943年的重庆市政府职业统计数据告诉我们,在351514位重庆妇女中,72%从事着非农业性的工作。如果加上农业性的工作,那么有79%的妇女在工作。①由于大量妇女参加战时生产工作,1939年到1943年间,重庆掀起了一场关于妇女到底应该待在家里还是走出家门参加工作的激烈论战。当时重庆地区的许多人,不论男女,不管是来自中国共产党、国民党还是第三党派,都积极加入这场大论战中。这场论战不仅为该地区妇女运动的兴起作出了贡献,也对政府施加了压力,要求政府承认和保护妇女们的宪法权利,让女性在政治、经济、教育以及就业方面得到平等的机会。论战迫使国民政府于1942年颁布了一项法令,规定政府部门和机构在其控制地区内不能随便找借口开除女性员工。尽管这项法令颁布之后,在中国,对女性平等就业权利的歧视依然存在,但法令确实是中国妇女有史以来在就业权利方面取得的第一次实质性胜利。②更重要的是,抗战时期关于妇女经济权利的论战和运动,使妇女就业问题成为了战后中国政治论坛上的一个永久性话题,还延伸到了大陆及台湾地区的战后政治舞台上。要研究抗日战争以及社会性别的经济影响,我们必须得跳出"战争给妇女们及中国社会带来了怎样的影响"这一问题及思维方式,也应当考虑妇女们参与抗日战争为抗战和战后中国社会及政治带来了怎样的影响,以及这些影响能否持久。

抗战对重塑重庆地区的经济结构及经济生活也扮演了重要的角色。西方现有研究中国抗战历史的著作,比较注重揭示这场战争给中国整个国民经济所造成的损失。但专门研究重庆历史的大

---

① 重庆市政府秘书处:《重庆市政》第1卷第1期,1944年,第39页。
② 丁卫平:《中国妇女抗战史研究,1937—1945》,吉林人民出版社1999年,第121页。

陆学者却比较注重抗战对重庆经济发展所作出的贡献。不少重庆地方史学术专著都强调，在成为战时首都以后，随着中国主要工业向该地区的迁入，重庆逐渐从主要的地方性商业枢纽转变成了与国际接轨的工商业中心。①然而现存有关抗战时期经济转变的中西方学术著作，还是聚焦在宏观层面，很少提到关于这场经济转变对重庆地区普通老百姓的影响的微观信息。本书记录的战时故事，就为我们提供了相关的微观信息。

譬如，龚雪的故事就告诉我们，并不是所有重庆本地人和他们的生意都从抗战时期的经济转变中获益。龚雪丈夫的裁缝生意就因为大量下江裁缝的涌入以及日军对重庆的大轰炸而破产。但是松溉妇女们的故事却展示出，全民族抗战时期的生产动员，确实重塑了当地一些地区的经济结构。1938年，新生活运动妇女指导委员会在重庆地区的永川县一个叫松溉的小镇上建立了一个纺织实验区，用来动员人们，尤其是妇女，参加战时生产。从1938年到1945年，新生活运动妇女指导委员会在这个实验区内陆续建起了一家纺织工厂、一个农场、一个医疗诊所、一家图书馆、一个消费合作社、一所难民儿童学校、一所女工学校，以及一所为当地居民服务的普通中小学校。其中，纺织工厂就雇了800名工人，大部分都是女性，有500人都是来自松溉社区。在抗战年间的松溉，实验区管理当局实际上取代了当地政府，负责起当地各项事务。②1980年后，改革开放时期的中国经济特区及其对中国经济改革所作出的贡献，吸引了全世界的高度关注，然而几乎没

---

① 周勇主编：《重庆通史》，重庆出版社2002年版；隗瀛涛主编：《近代重庆城市史》，重庆出版社1991年版。

② 新生活妇女指导委员会松溉纺织实验区：《新运妇女生产事业》，重庆，1940年。

有人知道抗战年代里,重庆地区的中国妇女已经开创了经济特区的先锋。松溉案例不仅向我们揭示出,重庆地区的妇女参与了抗战时期的经济转变,并为其作出了卓越贡献;而且还唤醒我们,在对中国抗日战争的研究中必须包括妇女们的经历,这样才能对抗战历史有更加全面的认知。

更重要的是,松溉的案例提示我们,要理解中国大后方的经济,必须要把注意力放到农村地区的经济发展上来。从中部和沿海地区迁移过来的大量工业企业,如军需品工业和纺织工业等,都只是中国大后方战时经济的一部分。农业、农村手工业,以及小工业生产,是抗战经济的重要组成部分,应当得到学术界的重视。国民政府于1938年发布的战时工业发展计划,明确强调了农村工业生产在中国战时经济中的本质地位,并鼓励发展农村工业和农村手工业生产。①在全民族抗战期间,农业和工业、农村和城市之间的划分已经不是那么清楚。抗战中,尤其是重庆地区所遭受的日本大轰炸,迫使成千上万的城市居民和难民,包括来自上海、北京等大城市的人们,都逃到附近周边农村去了,很多中小工业也被迫迁到了乡下去。

大量城市人口流入农村,加上抗战时期经济对农村地区的依赖,使大后方的农村地区受到前所未有的关注。一名抗战时期曾居住在四川的西方学者留意到,抗战期间许多以前生活在城里的政客、学者、学生,以及商人,都搬到了乡下,躲避日军的轰炸,和乡下的农民们生活在一起。这种和农民们的近距离接触,促使这些城里人学着去正确评价农民,关注"农村问题",并为"农村问题"寻找解决办法。在抗战年间,在四川的农业和工业之间、

---

① 浙江省中国国民党史研究组编:《中国国民党历次会议宣言决议案汇编》第2卷,浙江省出版社1985年版,第341页。

农村和城市社会之间,发展出一种重要的新型互依共生的城乡统筹关系。一位外国观察者在1942年时指出,中国大后方的经济大体上就是一个"农村—工业经济"。[1]四川的农村,尤其是重庆地区,不仅仅作为地域空间为中国大后方的战时工业输送物质和人力资源,其自身的农村工业也在抗战中得到了极大的发展,并且从战时经济发展中获益匪浅。松溉就是抗战时期在农村建立工业经济的范例。纺织厂的建立使纺织实验区里的公共教育、医疗保健、文化生活以及镇上的生活条件等都得到了极大改善,当地人尤其是妇女的经济生活状况也都提高了。虽然松溉实验区只是个例,不一定能代表整个重庆地区的情况,也不管宋美龄及松溉纺织实验区的负责人当时的动机如何,当地的普通民众在八年抗战中受益于纺织实验区这一事实足以赢得学者们的注意力。松溉的例子也告诉我们,抗战期间的妇女组织在农村工业和社会发展中扮演了重要的角色,为之作出贡献。

研究重庆地区的抗战史,一定得关注北碚。本书中常隆玉的故事为我们提供了关于抗战时期北碚的个人陈述。虽然北碚是重庆的一个地区,但抗战时期它是民生船运公司的创始人卢作孚的地盘,有相当大的独立性。在抗战年间,一个相对独立的北碚能在国民党统治下的战时首都里生存发展是很能说明问题的。它的存在,向人们揭示出重庆地区政治势力结构的复杂性以及思想信念的多样化。尽管蒋介石的国民政府一直希望利用抗日战争扩张其政府的权势,卢作孚这样的地方势力龙头却可以利用抗战来削弱国民党中央政府的影响力,建立、扩大自己的影响和势力范围。抗战期间,卢作孚提出的诸多理念,如发展工业和科学救国的见

---

[1] David Crockett Graham, "Some Sociological Changes," in *Wartime China as Seen by Westerner*, Chungking: China Publishing, 1942, pp. 24-30.

解，以及他要把中国西部地区发展成为中国现代化的重要纽带的设计，都被证实为极富远见卓识的想法，因为现今中国政府也提出了用科学技术和开发大西部来推动和发展经济改革。常隆玉提到的抗战时期北碚的故事提醒我们，研究中国抗战的历史要把注意力放到重庆地区战时经济、政治、历史的多元性上来。

乌淑群

教师、接线员

1923年生于四川江北①

这份工作给了我一份不错的稳定收入，工作量也比之前教书的工作轻松了不少。大多数同事都是和我年龄相仿的年轻女性，我们不仅在工作中有很多乐趣，而且还在下班以后一起打麻将，一起逛街，一起玩。那真是我生命中的一段快乐时光啊！

我出生在四川省江北县的隆鑫场。原本我们一家都住在乡下，靠种地为生。我父亲吸鸦片把家里的土地、钱财全都吸光了。他死后什么都没有给我们留下，我们在乡下没有办法生存，母亲就带着我们搬到了重庆城里。到重庆后，哥哥在城里的聚兴诚银行找到了做学徒的工作。那是抗战爆发前的事。

到重庆后，我姐姐也嫁了人。我们在城里的穷人集中居住的地方，用竹竿子搭建了一个简陋的棚子，作为我们的家。哥哥还只是一个实习生，挣钱很少，只够维持他一个人的生活。母亲不得不卖菜，还用篮子把做好的发网和鞋子装起来拿到街上去卖。从我记事时起，在印象里，我们的生活就过得很艰辛。即便是这

---

① 今重庆市江北区。——编者注

样，在乡下的时候我还念过几年私塾，还在江北的治平中学①受过两年中学教育。我还记得，读书期间，只要我一从学校回到家，就得帮母亲做鞋底和发网。然后她走街串巷，到处去卖自制的手工小商品。

1937年战争爆发时我14岁了，我们家已经都搬到重庆去了。直到现在，我都对抗日战争时期日军对重庆的大轰炸记忆犹新。日本人的轰炸机一来，防空警报就会拉响，我们就得往附近的避难防空洞跑。离我们家最近的一个防空洞在东水门附近。日军开始轰炸重庆的头两年，通常一天内会有好几次空袭。有时候正当我们走出防空洞、以为空袭已经完了，防空警报又响起来了，我们又得跑回防空洞。

在空袭期间，任何人都不准生火做饭，因为大家都认为炊火和炊烟会把日本人的轰炸机引过来。有钱人可以从商店和餐厅里买到成品带到防空洞去吃。我们穷，买不起商店里的食物。因此，对我们来说，跑防空洞有时意味着一整天都得不到吃喝。重庆人多，防空洞里总是挤满了人。过分的拥挤再加上日本轰炸机发出的震耳欲聋的响声，总是把小孩子们吓得哭闹不停。小孩子们一哭，防空洞里的人就不耐烦，怕小孩的哭声会招引来日本轰炸机，所以防空洞里的人情绪都很紧张。我记得有好几次小孩子一哭，防空洞里恐慌的人们都愤怒地要求母亲们让自己的孩子安静下来。有些母亲没办法，只得用毛巾捂住孩子的嘴，有些孩子就这样活活地闷死了。因为只有这样人们才会允许她们待在防空洞里。这实在是太残忍，太可怕了！我还记得有一次空袭，我家附近的一个防空洞塌了，成百上千的人死在了里面。

最初日本人开始轰炸重庆时，只要警报一响，我们就跟着其

---

① 今江北区字水中学。——编者注

他人一起往防空洞跑。过了一段时间以后，我母亲决定不再跑了，因为我们没有钱买吃的，在防空洞里既没吃的，又没喝的。她说，如果要死，我们就死在一起。在那之后，我们就待在家里，日本轰炸机一来，母亲就用棉被把我们盖起来，还叫我把耳朵塞住，只要听不见声音，就没那么害怕了。

虽然我们从大轰炸中幸存了下来，家里没死人，家人的身体也没受到伤害，但大轰炸却彻底摧毁了我母亲的小生意。大轰炸期间人们每天都在不停地往防空洞跑，根本没人来买我母亲做的发网和鞋子。加上食物和其他日常生存的必需品也很难买到，谁还顾得上买发网和鞋子。在抗战年月里，大米及其他生活必需品都由政府限量配给，很难买到。普通人只能买到平价米，这种米总是掺有大量谷仓里的稗子、沙子、老鼠屎及其他一些杂质，而且还有股强烈的霉味。重庆人都开玩笑说，我们每天吃的是"八宝饭"，里面什么都有。

抗战期间我们的生活实在太艰难了。为了帮助家里，我16岁的时候在沛丰小学找到了一份教师工作。沛丰小学位于嘉陵江对岸的江北，是一所农村学校。虽然我只接受过两年中学教育，但我之前学过好几年国学经典。我们家有八个亲戚都是老师。经亲戚们的推荐，我被沛丰学校聘请了。

在抗战期间教书也是很艰难的职业。有一个说法是，教师都是"可怜虫"，工作时间那么长，却只有那么少一点儿报酬。我每个月的工资原本应该是四斗米，由学校在每学期期末发放给我。但是校长和他一家五口人，强横地把应该分给我们四个老师的米拿去维持他们自己的生活。所以这些米最终分到我们手里的时候，就远远没有当初承诺的四斗那么多，校长至少贪污了一半。我得到的工资连我自己的支出都无法满足。但是，我当时别无选择，就待在那里教了四年书。除了教书我还能做什么？在沛丰小学教了四年书后，我实在受不了校长的剥削欺压，就辞职了。

后来，在亲戚的帮助下，我很幸运地在江北电信局找到一份电话接线员的工作。抗战期间，重庆成了全国的战时首都，这里的电话通信系统得到了极大发展。一些新型职业应运而生，女生也可以报考。因为我受过一些教育，再加上有亲戚的推荐，就和其他几个年轻女性一起被雇为接线员。

我们的工作就是把通过我们局的电话接通，其中大部分都是政府官方的业务。有时候我们还要为江北当地的官方送信，有时政府官方会把给下属的通知用电话传达到电信局，然后由我们把通知送下去。我很喜欢这个工作。这份工作给了我一份不错的稳定收入，工作量也比之前教书的工作轻松了不少。大多数同事都是和我年龄相仿的年轻女性，我们不仅在工作中有很多乐趣，而且还在下班以后一起打麻将，一起逛街，一起玩。那真是我生命中的一段快乐时光啊！但是，这样的幸福没有持续多久，在我快过21岁生日的时候，我的家人们决定我应该出嫁了。

在抗战中，我们家的经济一直处于危机的状况。我母亲一直想我能嫁给一个有能力养家糊口的男人。我满21岁以后，很多人开始为我安排婚事。亲戚、邻居，还有些同事们都想当我的媒人，而我却对自己的婚姻一点儿发言权都没有。

虽然在抗战中我们这些家境不好的年轻女孩儿除了靛染的旗袍外，就再没有漂亮衣服穿了，但我在年轻的时候却长得很漂亮，有好几个年轻男人都很喜欢我。但是我自己却没有选择和想与谁约会或者结婚的自由。最后，有人把一个姓刘的先生介绍给了我。刘先生没有受过多少教育，但却是个在一家银行的邮件收发室里工作的老实人。在三四十年代，银行的工作公认是相对安全稳定的。就在刘先生开始和我见面后,我还收到了另外一个姓王的警官的三封求爱信。王先生住的地方离我母亲家很近,除了直接给我写信外,他还请了一个媒婆到我母亲家里去提亲。那个媒婆曾经三次前往我家,想代表王先生向我母亲提亲。但是不知道为什么,三次我母亲都不在家。其中一次来我们家的路上,她还把自己的夹衣给弄丢了。她认为这是一个不祥的预兆,就觉得这桩婚姻不值得追求了。

我本来并不怎么在乎刘先生,但是他老是来看我,弄得大家都以为他就是我的未婚夫了。在那个时候,一个年轻女人一旦定了亲事就不敢再和其他人见面了。我感到在电话局上班的时候与刘先生一起外出很有压力。我工作得很愉快,从来没有想过要为了结婚而辞掉工作。然而1944年的一个周末,在没有经过我同意的情况下,刘先生比以往提前来到了我的工作地点,他把我的东西都打包起来,告诉我,我母亲已经同意让他把我带回家去了。我根本不想搬回家去,不想丢掉我的工作,但我也不能当着我所有同事的面和他大吵大闹。很显然,他觉得我在工作、能赚到钱、有独立的经济能力,感到很不安。他想断掉我的经济独立,好让我别无选择地成为他的妻子,对他产生依赖。我气坏了,为失去我的工作和自由痛哭不已,但是我却无能为力。所有的亲戚朋友都告诉我,工作对一个未婚年轻女人来说只是暂时的,而找到一个好丈夫才是一辈子的大事,一个女人的最好归宿就是找到一个好丈夫。我想拒绝这桩婚姻,但家里却没有一个人支持我。在巨大的压力下,我很快就和刘先生完婚了。

结婚以后我成了一个家庭主妇,不到一年就当上了妈妈。我每天的生活都是在努力为填饱全家人的肚子、为在抗战中存活下来而忙碌着。尽管到1943年日本对重庆的轰炸已经明显减少,我们也不用老是往防空洞跑了，但是生活还是很艰苦。

在抗战持续的那几年间，重庆地区的所有东西都贵得要死，生活必需品的价格基本上是每小时都在上涨。靠我丈夫那点固定工资，要养活家里越来越多的人口很不容易，我每天都在为下一顿饭发愁。我没有出去参加任何支持抗战的活动。听说蒋夫人和其他人在重庆妇女界筹款，我也没有去参加任何一场集会。我既没钱拿去捐，也没时间参加这些活动。并不是我不恨日本人，也不是我不爱我们的国家。对于我们这些普通人来说，我们得靠自己努力工作，才能在战争中生存下去。

当抗战最终于1945年结束的时候，很多重庆城里的人都走上街头去参加游行。政府也组织人们游行，庆祝中国的胜利，有些人还放了烟花。我们看着人们在我们家门前庆祝狂欢。

我希望随着战争的结束，我们的生活也能变得好一些，但是我的愿望根本没有实现。抗战的结束并没有给我们的生活带来多大变化，我们仍然很穷，仍然在为我们的日常生存而苦苦挣扎着。

徐承珍

小贩的女儿

1923年生于四川涪陵①

我在家门前开了一个小卖摊,零售香烟和火柴等小东西来补贴家用。在抗战年间里,一个穷女人想做点小生意也不容易啊。有时候,国民党政府征的兵痞不付钱就要把我的香烟火柴拿走。有一天,有个士兵又想这么干,我气坏了,咒骂他,追着要他付钱。他把我打了一顿,还把我的小摊子给掀了。

我出生在重庆地区的涪陵。1937年战争爆发的时候,我们全家都已经搬到了川东沿江县城——万县②。我父亲是个街头小贩,卖一些针线麻头和扣子这样的小东西。我母亲是个家庭妇女,前后一共生下了九个孩子,但是只有我和一个妹妹、一个弟弟三个人留了下来,其他的要么病死在了襁褓中,要么就是因为父母太穷养不起送人了。

抗战爆发后,很多人都从下江逃亡到了万县地区,因为万县是个沿江城市,也是四川紧邻湖北的地区。我对战争的最初记忆还是1939年日本人对万县的大轰炸。大轰炸以前,这个地方的大

---

① 现为重庆市涪陵区。——编者注
② 现为重庆市万州区。——编者注

多数人从来没见过飞机。1939年5月3日,当20多架日本轰炸机飞到万县来时,很多人还走出家门去看这些飞机是什么东西、为什么噪声这么大。我弟弟那时才只有9岁,还是当地一所小学的学生。日本轰炸机来了的时候,好多学校里的孩子都跑出教室来看热闹。突然,这些飞机开始往下面丢炸弹了,才有人反应过来到底在发生什么。很多人都在这场突袭里丧生了,其中很多还是学校里读书的孩子。

我弟弟的学校被一个炸弹击中了,整座教学楼都坍塌了,死了很多孩子,有些是被坍塌的教学楼埋住了,有些被炸弹碎片击中而死。我弟弟当时正在外面看飞机,逃过了教学楼坍塌这个劫难。但是,一块弹片还是击中了他的大腿内侧,还伤到了生殖器。学校离我们家很近,我母亲一看见教学楼倒塌,就冲到学校去找我弟弟。我们到达那里的时候,整个学校全乱套了。许多绝望的家长都在发疯似的搜寻自己的孩子,有些人用他们的双手在废墟上挖,想把孩子的尸体拉出来,其他的则不停呼喊着自己孩子的名字。透过浓烟和飞扬的尘土,我们看见到处都是孩子们的尸体,很多受伤的孩子也在哭喊着寻求救助。我弟弟正在院子里忍着剧痛哭喊着,他的伤口足足有几寸长,伤得很深,血流不止。母亲把他的衣服撕成布条,把伤口绑住减缓出血,然后和我一起把他抬到了附近一家诊所去。等我们到达诊所的时候,这里已经挤满了受伤的人,医生只能根据伤员的受伤程度来确定医治顺序。轮到弟弟的时候,医生刚把他放到手术桌上,准备为他缝合伤口,日本轰炸机的第二轮轰炸又来了。我们全都得躲到桌子底下去。由于之前没有任何人收到日军大轰炸的警报,万县的诊所和医院都被如此多的伤员给挤爆了,他们被弄得手足无措,轮到我弟弟时,药品和医疗用品都全用完了,医生只得为我弟弟的伤口打个绷带了事。

第二天，也就是1939年5月4日，万县经历了另一场惨烈的大轰炸，整个城市陷入了瘫痪。因为事先毫无准备，医院的药品和医疗用品短缺，伤员都得不到任何医疗救助。为了逃避轰炸，并为我弟弟治伤，父亲把我们送到了附近的乡下。乡下没有西医，我们只能靠一个中医开的中药来为弟弟疗伤。由于没有消毒措施，也没有抗生素，弟弟的伤口开始感染了，感染还延伸到了小腿。那位中医花了好几个月的时间才把他的感染情况控制住。这个伤让我弟弟成了残疾人，不仅仅是腿残了，而且一生都无法生育孩子。

抗日战争，尤其是日军对重庆的大轰炸，让我父亲的小生意很快就做不下去了。因为差不多每天人们都忙着往防空洞跑，根本没人再理会针线麻头和扣子这样不重要的小东西了。为弟弟治伤花了家里很多钱，我们很快就再也没钱为他支付医药费了。

1939年秋，我弟弟的伤势稳定后，父亲又把我们接回了万县。没了自己的生意，父亲只能到处去找临时工做，母亲则让我去给别人洗衣服、纳鞋底。不久之后，我和13岁的妹妹在一个制造军装被服的工厂里找到了工作。为了躲避日本人的大轰炸，工厂建在万县城市外围，离我们家有好几里远。每天早上我们5点钟左右就要起床，不管天晴下雨都得把午饭打好包，在黑夜里步行好几里路赶去上工。我们都没睡醒，都很害怕在黑暗里长途跋涉，但是一想到家里的经济情况，想到家里需要我们的帮助，特别是弟弟需要得到医疗救治，我们就不得不坚持忍受这些磨难。

我们在厂里的工作是给军装缝扣眼，一般每天都干12到13个小时的活儿。每到完工交班的时候，我们的右手腕都痛得要死，拇指和食指都麻木了，但得到的报酬却少得可怜。我们的工作被认为是没有技术含量的，那些操作缝纫机的人的报酬比我们高得多。我已经记不得那时的报酬到底是多少了，我们的工钱都是直接支付给我父亲的，我们连过个手的机会都没有。我们只知道我们的工作对一家人的生存很重要。

我们下班回家，还要帮助母亲洗衣服，有时候还要帮她纳鞋底。弟弟的伤势恢复后，也和我们一起来到制服厂上班来了。他年纪小，就做些零碎的杂事赚点钱。

抗战让我们的生活变得异常艰难，每一分钱都很珍贵，只要能赚到钱，我们都会努力去做。随着抗战升级，大米和蔬菜这样的生活必需品的价格也在飞速上涨。1941年后，这些价格涨得实在太快，钱更是每天都在贬值。尽管家里每个人都在工作赚钱，但我们的收入还是无法应付支出。我知道母亲常常都不吃饭，把食物省下来留给我们。我们都还在长身体，但却从来没有吃过一顿饱饭。军服工厂里的工作让我们一天到晚都饿得要死，晚上回到家的时候，我发誓我饿得简直可以吞下一只大象！母亲知道我们需要食物，就自己挨饿省下吃的留给我们。

1943年，万县军服厂里的工作没有了，我们又找不到其他工作，父亲决定把全家带到重庆城里去试试运气。父亲的姑姑家已经搬到那里了。我们搬过去以后，她家帮我、我妹妹和我弟弟在一家服装制造厂里找到了工作。我和妹妹的工作最初是往冬天的夹克里填棉料。我们的车间随时都棉絮飞尘，这些飞尘沾在我们的头发和皮肤上。在炎热的夏天，汗水与这些尘屑夹杂在一起，弄得我们的皮肤又痛又痒，难受极了。之后，我们又被调去缝扣眼。我在重庆的这家厂里工作了一年左右，到1943年我就20岁了，到了该嫁人的时候了。父亲的姑姑为我安排了一桩婚事。那个男的比我大7岁，是个搬运工，靠帮人们从江里担水到各家里赚钱谋生。那个时候，重庆城里很多家庭都没有自来水，都是靠挑水夫从江里担水到各家各户来满足用水需求。我父母觉得此人老实，就答应了这桩婚事，一点儿也没有跟我商量。于是，我就在1943年底嫁给了他。

我丈夫是个很强壮、很勤奋的人。为了从江里担水，每一趟他都要上下几百步台阶，然后用明矾把污浊的江水净化干净，再将水送到客户家里。他每送一桶水只能赚两分钱。他挣的钱加上我帮别人洗衣服的钱，勉强可以维持我们的基本生活。

当我们的第一个孩子出生以后，仅靠他挑水挣的钱就无法养活我们一家了。在抗日战争的最后两年里，重庆的物价暴涨，我们的房租也跟着涨。我们租的是间临街房，靠近一个码头，每天都有很多搬运工和苦力经过。有了孩子以后我就不能外出工作了，我在家门前开了一个小卖摊，零售香烟和火柴等小东西来补贴家用。在抗战期间，一个穷女人想做点小生意也不容易啊。有时候，国民党政府征的兵痞不付钱就要把我的香烟火柴拿走。有一天，有个士兵又想这么干，我气坏了，咒骂他，追着要他付钱。他把我打了一顿，还把我的小摊子给掀了。我们只能把伤痛和损失吞进肚里。我们这些穷人要想做生意根本不受保护，而抗战更是加深了我们生活的痛苦。

抗战期间我听说过蒋夫人的筹款活动，还有其他支持抗战的活动，但我却既没钱也没时间去参与这些活动。每天我都在为如何找到足够的食物来养活家人而忙碌着。

1945年得知抗日战争结束的时候，我看见人们在街上游行、放烟花来庆祝胜利。我们也为抗战的结束而高兴，希望能因此而过上好一点儿的生活，但是，战争的结束并没有为我们的生活带来多大变化。战后，重庆的物价还是高涨，我们还是继续在挣扎中度日。

范明珍

木工的女儿

1927年生于重庆

日本人对重庆的大轰炸使得我们没法做小生意。空袭警报一响,大家都得放下手中的活儿,朝防空洞跑。经常一跑警报就是一天,谁都没时间和心情做生意。很多做小生意的人完全挣不到钱。

我是重庆石桥铺人。我父亲是个木工,妈妈摆了个小摊做点小生意。我父母都是文盲,我也从来没读过书。我是家里的老二。本来我上面有个哥哥,但我出生不久他就死了。所以我实际上成了家里的老大。

抗日战争爆发时,我刚好10岁。我虽然人小,但还是晓得抗战的事情。我对抗战最深的记忆就是日本人对重庆的大轰炸。1939年日本人开始大规模轰炸重庆,我们差不多天天都要跑警报。当时的警报是挂灯笼。红灯笼一挂就说明日本飞机已经快到重庆了。红灯笼是挂在山洞石的土石堡的坡坡上。我那时虽然年幼,但还要在家里照顾两个妹妹。每次空袭警报响了,我就一只手把最小的妹妹抱起,另一只手把大妹妹牵起,跑防空洞。通常空袭期间要挂三个灯笼，挂第三个灯笼时，日本飞机已经到了重庆。我最怕的就是空袭。只要一挂灯笼，我就吓得哆嗦，手脚无力。那时我们经常吃不饱，营养不良当然没有力气。我人小要带妹妹，所以跑不快。有时候我们还没跑到防空洞，日本飞机就到了。我只好带着妹妹躲在路边的土沟沟里头。

除了在家照顾妹妹外，我还要做其他的事挣钱来帮助家里。我经常要出去背菜、背柴、背橘柑卖。有时我也到冷水场去买草鞋回重庆来卖。抗战对我们的经济生活有很大的影响。日本人对重庆的大轰炸使得我们没法做小生意。空袭警报一响，大家都得放下手中的活儿，朝防空洞跑。经常一跑警报就是一天，谁都没时间和心情做生意。很多做小生意的人完全挣不到钱。此外，抗战开始后，特别是空袭开始以后，重庆的物价不断高涨，穷人的日子很不好过。我们家基本上是挣一口饭，吃一口饭。今天吃了饭，不知道明天有没有饭吃。抗战对穷人的生活影响很大。

抗战期间重庆的社会治安也不好，经常有军队路过，也有很多散兵游勇。我们做小买卖的，最怕当兵的。他们见啥拿啥，从不给钱。如果你问他们要钱，他们就会打人。只要军队一过路，我们做小本生意的连本钱都会掉完。

因为我们家只有三个女儿，没有男孩，我父母亲在社会上常常受歧视，连钱都借不到。我父亲去问别人借钱，人家不借，说你家连儿子都没有，以后谁来还债？女孩最后都是嫁到别人家去了，不能帮你还债。

我们真是混日子，过一天算一天。抗战期间生活困难，我们经常吃豆渣、苞谷，吃不起米饭。躲空袭警报时更惨，经常是饿起肚子等警报解除。抗战时期我们经常饿肚子。日本人轰炸重庆时我们连喝水都困难。白天躲空袭后，晚上还要出去找水。很多有钱人在重庆附近的乡下租了房子,所以不怕空袭,也不担心没饭吃。我们住地一带的穷人听到空袭警报响了后,就朝李子林跑,因为防空洞离我们很远。每次空袭都是我带起妹妹们跑,我父母亲留在家里看家。日本飞机来之前,我们就背靠石岩坐着。日本飞机开始丢炸弹了,我就和妹妹们跑到土沟沟里,让大妹妹趴在地上,然后让小妹妹扑在大妹妹身上,最后我用我自己的身体盖住两个妹妹。如果空袭是在晚上,我们就躲在我们房子周围的田坎旁边。我们还算很幸运,住的房子没有被炸到,只是瓦片被震掉很多。我父母从来没有自己的房子。我们住的都是租来的房子。离我们住家不远的街区,很多房子都被炸弹的飞片击垮了。有时日本飞机还会丢毒瓦斯。大人们告诉我们汗脚的臭鞋子可以防毒瓦斯,所以我们经常带着臭鞋跑空袭。如果日本人的飞机丢了毒瓦斯,我们就把臭鞋拿来当口罩用。这样我们闻到的只是鞋子的汗臭,而闻不到毒瓦斯。

我父亲做木工,主要是在重庆城望龙门帮人修黄包车,我妈除了帮人缝补衣服之外,还卖点菜酒。我父亲30岁时就得了黄肿病和哮喘,其实就是营养不良和劳累过度引起的。现在这种病不算啥病,但在抗战期间我们连饭都没有,得了病也没钱去看医生,黄肿病在当时是很厉害的病。我父亲后来病得全身肿得发亮。抗战还没结束,我大女儿出世之前他就死了。他死时还不到40岁。

抗战时我在街上看见过宣传动员。但是我自己从来没有参加过。我们成天忙着找生活,别说没有时间参加宣传动员,就连看热闹的机会都没有。我父亲管我们也管得严,不准我们出去看热闹,因为我们穷人住的地区社会治安也很乱。

我每天都有很多工作要做。白天要背着背篓出去买橘柑回来,晚上卖。我们得走几十里路到中梁山的冷水场去买东西。我们常常是一群年纪差不多大的女孩子邀在一起去冷水场。一个女孩是不敢走那么远去赶场的。天不亮就出发，走到场上才天亮。背回橘柑后，晚上我们把门开一个缝，点一盏油灯，在门口搭了一块木板卖橘柑。晚上有些吸鸦片的人和玩麻将打牌的人喜欢来买橘柑吃。我们通常把橘柑剥皮抽筋后，把皮和筋卖给药铺，果实用碗装起来卖，一分钱一碗。

我还没满16岁，父母就把我嫁出去了。我的丈夫在报社印报纸。我的婚姻完全是父母包办的。结婚之前我们连面都没见过。我父母早早把我嫁出去是因为家里太穷，生活实在是没有办法。少一个人，少一张吃饭的嘴。我们家没有男孩，连钱都借不到。结婚时，我自己还是个孩子，什么都不懂。我连结婚穿的衣服都没有，是从亲戚那里借了一件衣服。结婚仪式一完，我就赶快把衣服脱下来还了。我们两家都是穷人，也没摆酒席。我们连吃饭的钱都没有，哪有钱办酒席。

我丈夫比我大几岁。他最开始是在报社做勤杂工。后来才当学徒印报纸。我们结婚后和他父母住在一起。我和他妈接了二十几个人的衣服来洗。我公公在一家银行当勤杂工。抗战期间，我丈夫和公公的单位不发钱，每月只是发点米、一点盐和一斤菜油，就算是一个月的工资。所以我和我婆婆不得不接衣服来洗。我每天把衣服洗好晾起来后，就出去拣煤渣。我每天都背了一个背篓，时时刻刻都在做事。就是这样，我们还吃不饱穿不暖。

我生了大女儿3天后，日本人就投降了。全城的人都跑到街上去庆祝，看放鞭炮。抗战结束后我们的生活也并没有好转。1949年新中国成立后，我的生活才好起来，至少我不用担心没饭吃了。

宾淑贞

女佣人

1919年生于重庆

我以为把钱放在银行就能生钱。哪晓得抗战期间物价飞涨，有时100块钱头天能买十斤米，第二天可能就只能买一斤了。我把几年的工钱全存在银行，希望可以赚点，结果到头来物价飞涨，我几年的工钱最后只能买一碗小面。

我出生于一个农民家庭，父母亲都是农民。我8岁时，父亲就去世了。当时，我母亲正怀着我的小妹妹。小妹妹出世之前，我已经有一个姐姐和一个弟弟。父亲死后，我母亲无法养活三个孩子。没多久我的弟弟就活活饿死了，小妹妹生下来没多久也夭折了。母亲没办法养我们，我13岁时就被送给别人家当了童养媳。后来我母亲没法养活自己，也只得改嫁给我父亲的弟弟。我父亲的弟弟没钱娶老婆，两个穷人就走到了一起。

我当童养媳的那家人对我很不好。我每天不仅吃不饱饭，还要干很多活儿。我差不多天天挨打受骂。我婆婆不仅不让我吃饱，还每天要我上山打柴。如果婆婆认为我柴打得不够，我就要挨打。这就是为什么15岁那年，我便从婆婆家逃走去了重庆。到重庆后我一直在有钱人家里当佣人。

1937年抗战爆发时，我19岁，在重庆做佣人。我在当时四川银行行长家里做佣人。我从老板家人的谈话中听到了抗战爆发的事。我在行长家时，行长每天都和朋友一起打麻将。我记得日本人第一次轰炸重庆时，行长正在家里打麻将。我们突然听到天上轰隆隆的响声，但都不知道发生了什么事，还跑出去看热闹。后来看到日本飞机丢炸弹才晓得仗打到重庆了。

从日本人第一次轰炸重庆之后，我们每天都要看空袭警报，这样行长和他的家人好跑防空洞。当时重庆的空袭警报是挂灯笼。第一道警报是说日本飞机出发了。第二道警报是说日本飞机在路上，快要到重庆了。如果第三道灯笼挂起来了，就是日本飞机在投弹了，人们也不可以再跑防空洞了。所有防空洞门都会关闭。所以我们每天要注意空袭警报，好让老板在第三次警报之前去防空洞。等空袭警报解除后，我们才能回去吃饭，而行长和他的家人又继续打麻将。有时我们半夜三更还要跑防空洞。我记得有一次，半夜空袭警报突然响了，我从梦中惊醒，然后糊里糊涂地往外跑。我实在是太困了，起床后只知道要往外跑，却不知道在往哪里跑。我以为我是在朝防空洞跑，但实际上我是在朝河边跑，而且跑进了河边的一个大垃圾场里。垃圾场又滑又臭，我费了很大力气才逃了出来。我对抗日战争最多的记忆就是跑空袭警报。有好几年我们差不多天天跑。有一次我跑到四川银行的防空洞，门口的守卫不让我进去，后来我告诉他们我是行长家的佣人，他们才让我进去了。

在四川银行行长家当佣人之后，我换过很多老板。我给一位姓袁的医生当过佣人。在袁医生家时，空袭警报响了，我们就跑十八梯的防空洞。我个子长得高，很多时候在防空洞里我站不起来。我经常都是等别人进去之后我才进去,进去后我就坐下。好多次差点进不去,因为人太多。我要挤进去,在里面的人就会喊"没有地方了,太挤了"。有一次我差不多又是最后一个挤进防空洞。我挨墙坐下。半个钟头后空袭警报解除了,大家开始朝防空洞外移动。我在最外层,警报一解除我就出来了。在我身后的人急着想出来,就开始推推搡搡,结果造成恐慌,很多在防空洞里层的人被踩死踩伤。死者留下的珠宝首饰都装了几大箩。政府用大卡车装起死人运到河边,埋在河边的大坑里面。河水一涨,尸体都被冲走了。之后,我还在开大商店的王先生家、开餐馆的下江人处和财政局局长家里当过佣人。

1941年,我在财政局局长家当佣人时,局长的老婆把我嫁给了一个在财政局当警察的人。结婚之前我们都不认识,婚姻是局长太太包办的,她安排我们见过一面。我们见面后彼此觉得还可以。后来我未婚夫就找了几个朋友,大家一起吃了顿饭就算是结婚了。那时候不兴耍朋友。我们都是穷人,也没钱办酒席。

我结婚那年23岁。婚后我做起了卖菜的生意。我每天天不亮就去重庆附近的乡下买菜,然后背回重庆城里来卖,赚点辛苦钱。婚后一年,我生了第一个孩子,但是孩子生下来7天就病死了。我们也没钱带孩子去看医生。更不幸的是孩子死后不久,我丈夫也病死了。我们不知道他得的是什么病,因为我们根本没钱让他去看医生。我只知道他死的时候全身都干枯了。直到现在,我都不知道他得的是什么病。

穷人的日子本来就不好过。抗战时期穷人的生活更是难上加难。我在银行行长家当佣人时,老板管我吃住,此外每个月有50块钱的工资。但是我的工作十分繁重。抗战时期大部分重庆人都是靠从河里挑水吃。我每天要来回几次走很长的路下河去挑水。

回来的路上要爬几百步石梯坎。此外，我每天还要打扫清洁、洗衣服、买菜做饭。我每天天不亮就起床，半夜三更才能睡觉。抗战期间我一直都有老板帮，就是因为我勤快老实。

在行长家帮工的时候，我把所有的工钱都存起来放在银行里，想以后可以买间房子或是一块地。我没读过书没有文化。我只看到行长经常一箱一箱地提钱回家，我以为把钱放在银行就能生钱。哪晓得抗战期间物价飞涨，有时100块钱头天能买十斤米，第二天可能就只能买一斤米了。我把几年的工钱全部存在银行，希望可以赚点，结果到头来物价飞涨，我几年的工钱最后只能买一碗小面。也怪我自己贪心想赚钱。我有个亲戚就比我聪明。他也在重庆帮人，但是他拿到工钱就买米。几年下来，他买了300斤米。我做了几年苦工只挣了一碗小面钱。

抗战期间我在很多有钱人家里帮过工，见过各种各样的人。我亲眼看见，抗战期间，如果你是有钱人，那么你的生活变化不大，战争对你的影响也不大；但如果你是穷人，你会受很多苦，遭很多难。最主要是看你有钱没钱。抗战期间重庆什么人都有，鸦片烟鬼到处都是。很多年轻女人抽鸦片烟。街上的妓女也多，满街都是，也时不时看得见妓女死在街头。我在一家妓院打过工。妓院老板曾经想劝说我去当妓女。他说当妓女你可以不用工作那么辛苦，还可以多赚钱。我不愿意当妓女，很快离开了那家妓院。

抗战期间我可以说是吃尽了苦头。我的第一个孩子和丈夫死后，我开始给有钱人家当奶妈，前后在不同的老板家当了6年的奶妈。我的第一个老板很凶恶，对人刻薄。第二个老板要好得多。我在第二个老板家当奶妈时，我的主人把我介绍给了我的第二个丈夫。我的第二个丈夫在重庆一家眼镜店卖眼镜。他之前也结过婚，老婆死了。我们认识时，他和他的老母亲及8岁的儿子住在一起。他也是个穷人，和我差不多。我们结婚时只有一间租来的又黑又脏的房间。我从来都没有自己的房子，都是租房住。结婚时，我们只是买了点竹子篱笆，把房间隔修了一下，就算安家了。

我和第二个丈夫结婚后，除了当奶妈，还继续卖菜。抗战期间重庆的道路大部分都不是水泥路。天一下雨，路上全是齐膝深的烂泥巴，行走十分困难，又湿又滑。下雨天出去卖菜，我的裤管都会沾满稀泥，又湿又重。抗战期间我只有一套破衣服，衣服裤子被雨水泥水打湿了也没有替换的。我通常就是让自己的体温把衣服烘干，然后把泥巴搓掉，等天晴了才洗衣服。衣服洗了后，我就把湿衣服穿在身上，到太阳下走路，让太阳把衣服烤干。现在的人简直无法想象我们在抗战时期吃了多少苦。

抗战最后一年，我在一个上海来的下江人老板开的牛肉餐馆帮工。我没有觉得下江人老板和重庆本地人老板有多少区别。下江人、重庆人老板都有凶和不凶的。我在下江人老板的牛肉馆帮工时工作很辛苦。我每天早晚要走好几次，把一大背篓几十斤重的牛肉背到三楼的储藏室。我每天都背得筋疲力尽。

抗战期间，我是晓得有抗战动员活动的。从我主人家楼上的窗户，我看见过妇女募捐的活动。很多妇女在街上游行，并由四个人牵着一条布单子的四个角，边走边喊口号，叫人捐钱支持抗战。有些街上看热闹的人就把钱丢进布单子里。我自己是穷人，没有时间，也没有钱，所以没有参加过那些活动。

抗战胜利时的情形我记得很清楚。当抗战胜利的消息传来重庆后，差不多全城的人都跑到街上去庆祝去了。很多人放鞭炮，大家跳啊叫啊，庆祝抗战胜利。抗战胜利对我们穷人的生活并没有多大影响。我们还是受苦受累，还是要给有钱人帮工。

龚 雪

裁缝的太太

1913年生于重庆

如果他的裁缝店还能像战前那样效益稳定,我们省吃俭用也还有能力逐步把钱还清。但是,重庆成为战时首都之后,很多下江人逃难到了重庆,很多下江裁缝也来了。下江裁缝为顾客做的服装要时尚新颖得多,本地裁缝店很难和下江人竞争。本地裁缝店的生意大减,我丈夫的生意也受到了很大的打击。

1937年卢沟桥事变爆发的时候,我24岁,已经结婚,是个家庭妇女,和丈夫一起住在重庆。抗战前,我丈夫是个裁缝,有自己的店铺。他的手艺不错,为顾客订制各种中装、西装。作为一个家庭妇女,我的生活很单调,就是整天忙着做饭、洗衣服、带孩子。西安事变和卢沟桥事变我都听说了,但都没有怎么关注过。我当时只不过是一个整天忙着操持家务的家庭妇女,所以很少关心政治。

但是全民族抗战爆发没多久,我们的生活就开始受到战争的影响了。尤其是国民政府1938年初将战时首都搬到重庆来以后,很多政府的企业也跟着搬了过来。在国民政府的各项运行机制完全重新建起来以前，它将一些与抗战相关的业务分包给重庆本地人做。我丈夫的兄弟是个地方小官员，在他的帮助下，我丈夫拿到了一个为抗战将士制作军装的政府合同。抗战初期军装的需求量很大，我们得到的订单也非常大。我丈夫原来的店铺无法承接如此大规模的订单，他就傻乎乎地去找亲戚朋友借钱，扩建了一家缝纫厂，完成这批政府订单。此外，他还雇了他的侄子来管理裁缝店。

然而，他想发战争财的梦并没有持续多久。很快，很多外地商人和工商企业陆续成功地迁移到重庆，国民政府开办了自己的军需工厂为军队生产制服，并于1939年终止了与我丈夫签订的合同。这样，我丈夫的生意蒙受了巨大的损失，他为扩张业务而投资的那些钱就无法收回了。但是他还得归还从别人那里借来的钱债。本来，如果他的裁缝店还能像战前那样效益稳定，我们省吃俭用也还有能力逐步把钱还清。但是，重庆成为战时首都之后，很多下江人逃难到了重庆，很多下江裁缝也来了。下江裁缝为顾客做的服装要时尚新颖得多，本地裁缝店很难和下江人竞争。本地裁缝店的生意大减，我丈夫的生意也受到了很大的打击。

除此之外，1939年5月日本人还开始了对重庆大规模的狂轰滥炸，全城的人几乎每天都得往防空洞跑。在日本人频繁的空袭下，人们根本没有心思考虑给家人置办新衣服。我丈夫的裁缝店基本上是惨淡经营，无生意可做。这样，我们不仅没有收入，还欠了很多的债。我们面临着严重的财务危机。

我永远也不会忘记日本人对重庆无止境的大轰炸。我记得当日本轰炸机第一次来到重庆的时候，我们好多人都还不清楚危险即将降临。很多人，特别是小孩子，还兴奋地跑出去，看成群结队的日本轰炸机。突然，飞机开始往地面丢炸弹，人们才惊恐万分地从街上撤回来。没一会儿,空袭警报就拉响了,我们开始找地方躲空袭。我把孩子们抱起来,一起跑到附近的一个防空洞去。那里已经挤满了惊恐的人们。防空洞仅靠几盏微弱的煤油灯照明,里面很黑,加上又挤满了人,空气糟糕透了。没有光线,又没有新鲜空气,人待在里面难受得要死。孩子们哭着想要出去,他们的母亲费尽力气要让他们安静下来,其他人咒骂着这些哭闹不停的孩子,要求孩子的母亲们快点让他们安静下来。整个状况混乱不堪。

从1939年开始,日本人对重庆进行了长达3年的轰炸①。除了冬天有雾的时候,跑防空洞已经成了我们每天的例行公事。为了避免被日本人当成轰炸目标,地方政府要求我们把所有白色房子和建筑物都刷成深色。

在空袭期间,所有人都不准生火做饭,人们深信炊烟会为日本轰炸机提供信号,把他们引过来。全城流传谣言,说城里有日本间谍,专门给日本轰炸机提供信号,为他们确定轰炸的目标。还有人说看见长江南岸山上有信号灯在闪。就连晚上我们也不敢生火做饭,生怕炊烟会将日本人引来,或被误当作日本间谍。

跑空袭警报的日子真是不好过。一旦跑到防空洞去躲避,我们通常就大半天得不到吃喝。在三四十年代里,重庆的普通人都没有冰箱。我们也不知道空袭什么时候会发生,所以根本没有办法准备吃喝应对这种状况。我们成天都处于惊恐状态。那种没完没了的恐惧和担心对我们来说实在是太艰难了,尤其是孩子们。有钱人可以买到成品食物带到防空洞里去吃,但我们家正在经历财务危机,没有钱买食品带到防空洞。所以很多时候只好忍饥挨饿了。

---

① 日军飞机对重庆的第一次大轰炸是在1938年2月18日,长达五年半之久。

在抗日战争中，重庆的空袭避难所都是地道或地洞。由于带着三个孩子，我们总是比大多数人晚半步抵达防空洞。1939年的一个夏天的早晨，我们一听到空袭警报就像往常一样往防空洞跑。等我们到那里的时候，洞里已经挤满了人，我们差一点儿就被关在门外没挤进去。那天日本人丢的炸弹离我们的防空洞很近，不仅造成了大地的剧烈震动，连洞里的灯都被震碎了，防空洞里顿时漆黑一片。洞里紧张的人们，尤其是那些在中间的人，开始互相推挤，有些还试图往大门的方向移动。没一会儿，黑暗中的人们就开始猛推猛挤了，孩子们开始嚎哭，女人们也尖叫起来。这样的推挤一开始就没有人再能让它停下来。惊慌失措的人们只是盲目地往大门有光亮的方向挤，其间很多人都跌倒在地上，而后面的人群就踩在他们身上继续往前挤推、移动。黑暗的地道变成了一个大规模的人挤人的暴力骚动。幸运的是我们就在门口，骚动开始后没一会儿我们被挤了出去。好多人，尤其是女人、孩子和老人，都被推倒在地，被活活踩死了。我和我的孩子们也被这个惨状给吓坏了。

日本人在1939年5月3日和4日对重庆的大轰炸，使这座城市遭受了严重的损失。炸弹爆炸引起的大火烧掉了半个市中心区。我丈夫的裁缝店也在这场大火中被彻底烧毁掉了。我们失去了最后的希望，连维持生计的办法都没了。到1939年，日本人频繁的大轰炸和成千上万下江人的到来使重庆人的生活变得异常艰难。生活必需品的价格飞涨，我们不但失去了收入来源，而且还欠很多人一大笔钱。得知我丈夫的店铺没了后，债主们都想在第一时间来我家瓜分我们剩下的财产。每天都有债主到我们家来要钱，我丈夫卖掉我的首饰还了几个债主。首饰卖光了，没有拿到钱的债主还是跑到我家来要钱，我丈夫没办法只好离开这座城市躲到其他地方去了，只剩下我和孩子留在家里应付那些债主。每天他们都要到我们家来要钱，我只能求他们可怜可怜我们。当他们最终意识到我丈夫已经不在家里的时候，就开始搬我们家的东西，包括家具、衣服在内，有什么拿什么。曾经一度我只剩下一套衣服，连一双能在雨天穿的鞋都没有，下雨的时候门都出不了。我虽然受过几年教育，但除了当家庭主妇之外没有任何其他技能。为了养活孩子和自己，我卖掉了家里所有可以卖的东西。到最后，东西卖完了，我就带着孩子们一起回到了我丈夫乡下的老家。

我丈夫离开重庆城后到很多地方去躲过，大多数时候都是在他的亲戚朋友那里。由于他们大多数人也都经历着财务困难，他不能在某一家人那里待得太久。我们回到乡下以后，全家人才最终团聚在一起。但我们却无法维持生计。直到我丈夫的兄弟把家搬回乡下，躲避日本人的轰炸时，他们才收留了我们。我就在他们家里当佣人，帮他们看孩子、做饭、洗衣服。但是没过多久，羞愧、内疚和绝望就把我丈夫的身体和精神拖垮了，之后他就在抗日战争中因病去世了。

我因为要忙着应付生活中的种种问题，没有参与抗战支持活动，但这并不意味着我不知道或不关心抗日战争。我很清楚这场战争的状况，恨透了日本侵略者。在抗日战争期间，到处都在广泛开展全民抗战的宣传活动，就连在乡下，学生们也经常参加抗战宣传活动。我的孩子也跟着学校出去，到处做抗战宣传。我还很爱听他们唱抗战歌曲、听他们喊在学校学的抗战口号。放学后，男孩子们总要在院子里玩游戏，装成在打日本鬼子的样子。

我丈夫去世之后，我得很卖力地干活儿来养活我的孩子和我自己。我给有钱人家当佣人，给他们洗衣服，根本没有时间和机会去参加任何与支持抗战有关的活动。这场战争不仅把我们的生活彻底搞乱了,还让我丈夫丢了性命。我恨死了日本侵略者,恨死了战争。

曾永清

被抛弃的家庭主妇

1916年生于四川成都

一个被抛弃的女人带着孩子经历抗战实在是太艰难了。我靠着给别人干活儿来维持生计，同时也试图寻找为何自己生活不幸的答案。我学着观察眼前发生的事情，想弄明白为什么人活在世上要遭受磨难。我为不幸的婚姻、为日常生活吃尽了苦头，最后皈依了佛门。

我1916年在成都出生，我父亲原来是开当铺的。我是家中唯一的孩子。在我11岁那年，我父母都去世了，我叔叔和他老婆收留了我。我父母去世时，我家里还有些财产。原本我父亲的财产是留给我作嫁妆的，但我父亲死后，我叔叔不仅掌管了我父亲的全部财产，还把我父亲留给我的东西全给卖了，并把钱全花掉了。到我要结婚的时候，我才发现我父母留给我的钱一分钱都没有剩下，全被我叔叔给挥霍完了。

我18岁的时候结了婚。我的婚姻是父母包办的。在我只有4岁的时候，我母亲就给我和一个远房亲戚的儿子定了娃娃亲。我丈夫也是来自成都地区的，他14岁的时候就来到重庆帮一个开饭店的叔叔打工。在20世纪30年代,很多饭店都是赌徒、娼妓、歹徒和吸毒者们的聚集所。我丈夫当时年纪轻,一和这些人接触,就染上了很多坏习气。后来我才知道他在十四五岁的时候就开始嫖妓了。我们都满18岁的时候,家族里的长辈就要求我们结婚,以尊重双方父母安排的这桩婚姻。我叔叔和婶婶也不想我再和他们住在一起了,而让我嫁人就正好能摆脱我,少一个人,少一张嘴吃饭。但我丈夫却一点儿都不想娶我,因为他在重庆已经和好几个女人搅在一起了。再加上虽然我们从小订婚,但我们之间从无往来,更谈不上感情。然而那个时候,家里的长辈对晚辈还是有很大影响力的,他们都坚持要我们结婚。特别是因为我的父母已经过世,家族的长辈们认为完成这桩婚事是对我父母的遗嘱的尊重。他在重庆的那些有钱的亲戚甚至威胁他说,如果他不服从他们的意愿,就会被逐出家门,还会丢掉他在饭店的工作,这才逼迫他娶了我。可是长辈们不知道,强迫的婚姻哪里能长久。

　　在旧社会,女孩儿一旦结了婚就得搬到丈夫家里住。我跟我丈夫搬到重庆后,却发现他仍然和很多女人缠在一起,对我完全不理不问。我们完婚后不久,我就怀孕了,9个月后生下一个女儿,之后我就几乎再没见过我丈夫的影子。尽管我们的婚姻延续了很多年,直到1951年才离婚,但我们在一起过夫妻生活的时间还不到一年。虽然我们都住在重庆,但他的时间都是和那些女人在一起混过的,我们连面都很少见。我一个人根本没有能力负担家里的开支、养女儿,只好搬去和他父母住在一起。和他们住在一起并不是无偿的,我得自己赚钱吃饭,还得伺候他们。我织布纺丝,还为别人做衣服,我做的一切都在公公的控制之下。他和人谈定之后就把钱收了,然后把活拿回来给我做,完全不和我商量。我从来没有见到过我赚到的钱。每个月,他只给我和我女儿

30斤大米，我连买盐的钱都没有。为了能活下去，只要能赚到钱养活我女儿和我自己，我什么活儿都干。我帮商人们把大米从江边的码头搬到市里的店铺去。每搬40斤大米，我只能得到4分钱，就为了这4分钱，我得爬几百步石台阶，走上好几里路。我还在街上卖米糕。抗战期间，生活中需要的所有物资都很匮乏，只要一听到有店铺在卖米糕，我就会去排上好几个小时的队，买来后再卖出去，赚几分钱。那个时候，一个女人带个孩子实在是太难了。

我记得在抗日战争期间重庆因为大米还爆发过暴乱，但具体是在哪一年我忘了。战争使几乎所有的东西都出现了短缺，政府配给的平价米就成了穷苦百姓的生命线。不幸的是，这种廉价米却总是很难在商店里买到，一旦听说某个地方正在出售政府配给的平价米，人们就会狂奔过去尽一切可能地购买。有一次，冲到米店去的人实在太多了，人们互相推挤，争先恐后想要挤到前面去。在这个过程中，有些人被挤倒在地，给活活踩死。有几次运米的船一到重庆，人们就发疯似的冲到江边去，从船上抢大米。人们都生活在绝望中，要想尽办法求生存。

在抗日战争年月里，我们住在一个叫鸡冠石的非常贫穷的地区，那里连一个防空洞都没有。一旦日军开始轰炸，我们就只能跑到附近废弃的煤矿洞里躲避空袭。那确实是一段恐怖的经历，矿洞里面积了至少一尺深的黑脏水。大轰炸的时候，我们都只能站在这冰冷恶臭的脏水里，往往还得不到吃喝。好多次都是在我们刚要上桌吃饭的时候，空袭警报响了，我们就得往防空洞跑。一旦空袭警报响起来，任何人都得丢掉手里正在做的事情，往可以躲避的地方跑。还有好多次，我们整整一天都吃不到东西，也喝不到水。日本轰炸机飞到重庆来除了投放炸弹外，还用机关枪扫射地面上的平民。子弹像暴雨一般倾泻下来，炸弹像轰雷一样落下来。好多人都死在了日本人的枪口之下。

我记得在1939年5月3日和4日的轰炸中，重庆市中心的一家大饭店被彻底炸毁了。事实上，整个市中心都被日本人给炸毁了。为了应对如此规模的狂轰滥炸，重庆人只得自己挖防空洞。整场抗日战争下来，整座重庆城都被挖空了。我曾经数了一下，至少有40个这样的防空洞。它们在地下把整个城市的各个部分都连接了起来，你从一个洞口进去，就能从城市另一边的另一个洞口走出来。日本人的轰炸非常精确，我都怀疑有奸细住在城里专门为日本人通风报信。有一次，当人们刚刚跑进一个很大的防空洞，日本人的炸弹就正好落到了那个洞口，把整个洞子都炸塌了。成千上万的人被埋在了里面，死得好惨。好多人把自己胸口的皮都抓掉了，就为了能吸到最后一口气。后来从这些死人身上搜下来的金戒指、手镯、脚镯等足足装了好几大竹筐。政府派出好多辆卡车来运送这些尸体，但我不知道这些尸体最后运到哪里去了。我亲眼看见过那个垮塌的防空洞，也亲眼看见过洞里惨不忍睹的尸体，直到很多年以后，每当我想起那些人、那些场面，我还是会觉得毛骨悚然。

日本人开始轰炸重庆后，很多住在下半城的人都以为跑到长江里去会比较安全，因为江岸很开阔，而且离日本人的主要轰炸目标——上半城的繁华中心也很远。但他们却不知道日本人连江上的船只都要炸，尤其是那些装着燃料的船。有一次，日本人把一艘装满煤油的船给炸了，整个江面都成了一片火海。很多逃到江里去的人，都被活活烧死了，其中很多人还带着装有值钱东西的箱子。直到20世纪50年代，还有胆儿大的人潜到江底下，搜寻当时遗留下来的那些值钱东西。日本人轰炸重庆的时候，像我们这样的穷人根本没地方去。无论走到哪里，我们看到的都是恐怖的死亡和灾难性的毁灭。

1939年9月，我在一个法官家里当佣人的时候，目睹了重庆抗日战争史上最为惨烈的一场大火。那个法官的家在上半城的一个高点上，从那里我能很清楚地看见下半城发生的情况。我看见日本人投下的炸弹把下半城一个贫民区给点着了，那里的房屋大多数都是用像竹竿子这样廉价易燃的材料搭建起来的，因此火势蔓延得很快，不一会儿，整个下半城都被大火吞没了。成千上万的穷苦百姓疯狂地四散逃命，消防员们也在奋力救火。但是，这样的大火一旦燃起来，连消防员也无能为力，因为在重庆的贫民窟里根本没有自来水。我亲眼看见，在很短的时间里，整个下半城就被烧成了灰。我不知道下半城那些失去房屋和住处的穷人后来是怎么过的。这场战争毁掉了太多人的生活和生命。

在抗日战争里，日本人的大轰炸还给我们这些在重庆的穷人带来了严重的用水问题。我们住的地方，大多数都没有自来水，都是有专门的挑水夫从江里把水担来，卖给城里的居民使用。我们要用水也得花钱从那些挑水夫那里买。日本人开始大轰炸后，待在防空洞外面都是一件很危险的事情，更别说想从江里去担水了。有钱人还能出高价买到水，而对我们这些穷人来说，水就成了一种异常珍稀的商品，能喝上一口干净水都成了一种奢侈。直到重庆被共产党解放以后我们才用上了自来水。而在抗日战争时期，我们把每一滴能接到的雨水都存起来，反复用，直到用得不能再用为止。

一个被抛弃的女人带着孩子经历抗战实在是太艰难了。我靠着给别人干活儿来维持生计，同时也试图寻找为何自己生活不幸的答案。我学着观察眼前发生的事情，想弄明白为什么人活在世上要遭受磨难。我为不幸的婚姻、为日常生活吃尽了苦头，最后皈依了佛门。佛学信仰帮助我度过了人生中最艰难的岁月。

我知道抗战动员活动。在抗日战争的时候我还很年轻，很好奇，喜欢唱歌，还参加了一些抗战歌曲演唱活动。那些活动都是有组织的，但是具体谁组织的我已经不记得了。除此之外我就再没有参加过其他任何抗战支持活动了。要我怎么去做那些事情呢？我根本没有时间啊！我得不停地工作，赚钱养活我女儿和我自己。我还记得抗日战争结束时的情景。当消息传到重庆来时，许许多多的人都到街上去放烟花庆祝。然而战争的结束并没有给我们的生活带来多大的影响。由于实在无法再继续忍受这桩痛苦的婚姻，抗日战争结束后我带着女儿回到了成都，靠给人当佣人为生。

常隆玉

民生公司员工

1912年生于四川江安

在民生工作的那段经历使我精力充沛，能力也得到很大的提高，我很喜欢这份工作。我能够学有所用，运用自己的知识为公司、为中国的抗战事业作出自己的贡献，我也终于明白了为什么学习经济学可以拯救中国。我在民生公司工作了三年，这三年也是我一生中最美好的一段时光。

我出生在四川江安一个富裕的家庭里。我父亲考中过科举，但1895年甲午中日战争，中国败给日本后，因为清政府在保护中国不受帝国主义列强侵略方面的无所作为，他产生了莫大的挫败感。他意识到，若要救国，必行革命。后来他加入了同盟会，希望救国救民。同盟会是一个革命组织，是孙中山先生为了推翻清政府建立起来的第一个中国革命政党。①

由于他的反清立场，中举后他拒绝谋求任何政府公职，而是将毕生的才能和精力都用在了创办新式教育上。他在我的家乡江安创建了一所新式学校。他坚信现代化的教育才是拯救中国的关

---

① 同盟会于1905年在孙中山、宋教仁领导下成立于日本东京。

键。他把自然科学、数学、地理学以及世界历史都加入学校的课程安排，还让学生使用新式教材。他还从上海买来风琴、世界地图以及一些科学实验器材，供学校教学之用。由于我父亲积极通过学校提倡和传播反清反帝思想，这所学校很快就成为了传播新思想的中心，也成了激进的改革者和革命家的活动总部。也就是因为这样，在1911年武昌起义之前，我母亲怀着我的时候，我父亲就被清政府给杀害了。

  在我出生之前，我父母已有了两个儿子和一个女儿，他们都比我大很多。我父亲去世之前，他就把两个哥哥分别送到北京和上海去念书了，其中一个哥哥毕业于北京大学地理学院。由于哥哥们都接受先进的新式教育，思想很开放，他们希望我也能得到良好的教育。我在父亲创办的那所学校里念完了小学。在我14岁那年，哥哥们就把我送到了江安县，进了江安师范学校念书。1929年我从师范学校毕业后，在当地一所小学教了一年书。之后，我二哥建议我走出四川，继续深造，因为那时候好的学校都不在四川，而在中国的其他地方。于是我就去了北京。我在那里念了高中，之后进了北京朝阳大学①，攻读经济学专业。哥哥们劝我说，经济学有助于把中国从帝国主义列强的殖民统治下解救出来。尽管我还不能完全理解经济学怎么能够救中国，但我深爱并敬仰我的哥哥们，从来没有对他们的智慧产生过怀疑，于是我成了经济学院的一名学生。在20世纪30年代，中国大学里很少有女学生，我们经济学院也只有两三个女学生。我能够上大学，是很幸运的事。

---

  ① 朝阳大学，创立于1912年，为民国时期著名法科大学，其法学教育与东吴大学并称"南东吴北朝阳"，为国民政府司法机构输送了大批人才。1950年朝阳大学并入中国人民大学。——编者注

1937年7月7日卢沟桥事变爆发的时候，我还在朝阳大学念大四。尽管早在1931年九一八事变爆发后，我们就已经知道了日本人在中国搞侵略活动，但当1937年7月日本发动全面侵华战争的时候，我们还是感到很震惊，都对日本侵略者感到很愤怒。我和很多同学一样，最初的反应也是想加入中国军队，到前线去打日本鬼子。但我知道，女孩子很难进入作战部队，参军的唯一办法就是去当前线医护人员。于是我立刻参加了北京协和医院举办的护士夜校培训班。在我学完培训班的课程之前，日军就已经打进了北京。为了避免让师生们成为日军俘虏，学校决定关闭所有学院，解散学生，让学生自行回家。校方还叫我们把书和学生证件全部烧掉，因为万一我们被日本军抓住，学生身份会引起麻烦。所以我们都把学生证件烧毁了。

由于北京附近找不到可以投奔的安全地方，我和几个四川同学都决定回家乡去。1937年7月底，战争已经中断了中国北部几乎所有可以送我们回家的交通线路。原来我们还天真地以为可以骑自行车回四川，但很快我们就意识到那完全不现实。1937年8月，一听说北京到天津的铁路恢复运营，我和一个同学就冲到火车站去，想买火车票离开北京。当我们到火车站的时候，那里简直混乱极了，根本没有人买票、卖票。成百上千的人，不论男女都拼命往火车上挤。我们也加入了浩大的队伍，挤上了火车。车上实在太挤了，我们全都被挤成了罐头肉，一个紧挨着一个地站着，连弯一下膝盖的余地都没有。就这样，背着一个小包，手里拿着几套换洗衣服，我们离开了北京。

当我们到达天津火车站的时候，看见出口两边各站着一排日本武装士兵，一面日本国旗正在迎风飘扬。我又气又怕，屏住呼吸、加快脚步走出了火车站，一直到再也看不见那些日本士兵和那面太阳旗为止。我同学的家在外国租界里，还算相对安全。我在她家和她家人一起生活了20天。在她一家的帮助下，我买到了一张外国轮船的船票，路线是从天津到上海再到重庆。上船的整个过程也是异常混乱，人们都争先恐后往船上挤，又是推又是攘，好多人都被推进了水里。有些有钱人还贿赂船员，用吊货物的网把他们吊上船去。我的朋友们把我推进拥挤的人群中间，我就跟着人群挤上了船。

一上船，我就遇到了好几个在北京念书的四川老乡同学，还有很多想要逃出战区的难民。尽管我们中好多人都晕船，但还是觉得能够在当时离开北方真是太幸运了。但我们高兴得太早了，我们的船根本没有抵达上海。航行到一半的时候，我们得知上海也成了战区，我们的船只能被迫在山东青岛靠岸。在青岛我一个人都不认识，非常焦急，为怎样能回四川发愁。所幸船上和我一起的那几个四川学生中，有一个人在青岛有亲戚。他的亲戚热情地接纳了我们。就这样我们在青岛困了好几个月，直到1937年底上海战事结束，我们才最终搭上了另外一艘外国轮船，于1938年初回到了重庆。

回重庆的旅程极其凶险。日军对中国中部和北部的大举进攻，迫使许多人都往南方逃难。船每次停靠都没有人下船，却有很多人上船。我们到重庆前，船上的每一寸空间都被新来的旅客给挤满了，甲板上、饭厅的桌子和地上全都是人。最初我们还有自己的舱位，每个人都有一张床。随着旅行的推进，越来越多的人上船，我们的空间也就越来越少。刚开始的时候我们还可以两人睡一张床，之后一张床上要坐四五个人，其他人则坐在床与床之间的地板上。比起甲板上的那些人，我们的境况已经好多了，我们至少还有舱位，在室内。很多后来上船的人挤在室外，他们不得不忍受天气变化，经受风吹雨打。船经过武汉时，大批难民蜂拥而上，船上停止了食物供应。人太多，船员已经无法给如此多的超载旅客提供饮食了。我们只得在每次靠岸的时候自己出去找吃的。只要船一靠岸，成百上千的乘客就冲下船去，见到食物就买，岸上的物价也跟着疯涨，那些穷人和身体比较弱的人根本没办法得到食物。即便是我们有钱，又年轻力壮，每到一个停靠点都轮流冲下船去买吃的，但有时候我们还是买不到吃的，大部分时间都只能挨饿。通过陆路和水路涌向四川的难民实在是太多了，当地人根本无法为如此大量突如其来的人流提供足够的食物供给。

我能平安返回重庆可把我母亲给乐坏了，哥哥们也在我之前平安回到了家。我还有一年大学学业没有完成，于是决定到成都的四川大学去，继续把后续课程念完。由于抗日战争的原因，四川大学接收所有难民学生入学。30年代，只有一条柴油汽车线路往返于成渝之间。从重庆到成都有一天一夜的路程，只是半夜的时候在内江停靠一下，我就坐着那路车去了成都。到四川大学以后，我遇到了很多老朋友，有些是江安的老乡，有些是北京朝阳大学的同学。在川大我和几个来自江安的女孩子住在一起。

在川大的时候，我还遇到了我的表哥兼密友常华之。和我一样，华之在"七七"事变以前也在北京朝阳大学读书，他还是一名中共地下党员。我们还在北京的时候，周末和假期都经常在一起过，他还不时地找我帮他送信。卢沟桥事变爆发前几个月，他惹上了麻烦，大概是他的地下党身份被发现了，被关了起来。由于我是在北京唯一和他有往来的亲人，我还去监狱里看望过他，给他送过吃的和干净衣服。他曾经试图发展我参加中共地下党组织，但我告诉他我很害怕那些国民党特务，之后他就再也没有对我提出过这种要求了。当我们在川大的校园里重逢的时候，他告诉我，在国民政府当局因为战争爆发而撤离北京之后，他出狱了，然后回到了四川。和我一样，他也想在川大完成自己的大学学业。我在学校的时候，华之是一名积极的学生领袖，负责抗战宣传，我也参加了很多由他组织的活动。我知道川大其实也有一个活跃的中共地下组织。

1939年我大学毕业，通过一个朋友的关系在营山县高六中找到了一份教书工作。在三四十年代的中国社会，社会关系对一个人的生存有很大的影响。去营山教书时，我一个人都不认识。对于一个单身女人来说，这种背井离乡又无亲无靠的生活实在是太难了。一年后我就辞掉了工作，回到了重庆，回到了我的家和社会关系所在地。

我二哥常隆庆[1]，是著名的地理学家。自从船运实业家卢作孚先生将西部科学院建起来[2]，他就一直想聘请我哥哥去领导该研究院地理方面的工作。卢先生的民生船运公司在抗战之前就成功打败了外国船运公司想称霸长江上游航运业的企图，控制了长江上游的船运业务。当全面抗战爆发的时候，卢先生动用自己的所有资源，帮助中国中部和北部的工业企业顺利实现了迁往四川的历史性大撤退。卢先生还是一个社会活跃分子和有远见的爱国者，他坚信实业和科技发展以及社会文明可以拯救中国。1938年初我二哥一回到重庆，卢先生就马上聘请他去主持中国西部科学院的地理工作。

卢先生的势力主要集中在重庆西北部一个叫北碚的镇上。卢

---

[1] 常隆庆，中国著名地质学家，考察发现了攀枝花丰富的矿产资源，被誉为"攀枝花之父"。——编者注

[2] 中国西部科学院由中国近代著名实业家卢作孚于1930年建立于重庆北碚。——编者注

家控制着那个地区，而国民政府对那里的影响却很小。卢作孚的开明思想，使北碚在抗日战争期间被建设成一个极其吸引人的地方，得到了无数从战区逃亡到重庆来的进步知识分子的青睐。在中国西部科学院，我二哥领导并参与了很多个重要项目，这些项目都是卢作孚发展中国西部地区宏伟蓝图的一部分。其中一个项目是研究长江的支流，另一个是开发四川西南部一个紧邻云南的叫攀枝花的地方。攀枝花有丰富的自然资源，包括木材、石灰、铁矿石、煤矿等。我哥哥领导的小组做了大量的调查工作，还出版了一系列有关该地区的国有资源的论文和书籍，并提出了一些有关该地区开发的前瞻性建议。尽管如此，随后爆发的抗战和内战，使得该地区一直未被开发出来。在80年代到90年代，这里才开发成了中国重要的钢铁工业中心。抗战时期中国西部科学院的研究和考察为攀枝花后来的发展奠定了重要的基础。

1941年我从营山回到重庆以后，也被民生船运公司雇用了。民生公司雇了很多年轻人，不论男女，都毕业于中国的一流大学，如北大、清华，还有些是从国外留学回来的。我在民生公司的统计局做财务分析师。在40年代，很多中国企业都不会考虑聘用女性职员，民生公司看中了我的教育文凭，并不介意我是女的，就雇了我。卢先生崇尚以才用人，决心在公司里建立以才德为基础而用人的企业文化，并希望将其作为样本供其他中国企业学习借鉴。我开始在民生公司上班后，由于日军的狂轰滥炸，我所在的民生统计局被迫从重庆的市中心迁往了北碚。民生公司的文化氛围很有活力。公司根据规章制度进行很好的组织和管理。与当时在重庆的其他大多数中国公司相比，民生公司很少有失职的情况发生。所有的新员工，不论是清洁工还是专家，都要集中起来参加培训，学习公司的各项规章制度。我们被灌输的思想是，个人的利益是和公司的利益联系在一起的,而公司利益又是和中国社会的繁荣富强联系在一起的。每个周一的上午我们都要集中起来讨论近期的战事,以及我们本周的工作计划。卢作孚先生会做一个演讲,激励我们为支持抗日战争而勤奋工作,作出自己的贡献。我们还高唱抗战歌曲,卢先生也和我们一起唱。我们对卢先生崇拜到了极点,以至于我们都坚信卢先生的信念,即实业和科技可以拯救中国,我们的工作也一定会为中国战胜日本作出贡献。这种信念使我觉得能与这么多优秀的大学毕业生一起工作实在是太好了,而且我也坚信我们正在为祖国的抗战以及未来作贡献。在民生工作的那段经历使我精力充沛,能力也得到很大的提高,我很喜欢这份工作。我能够学有所用,运用自己的知识为公司、为中国的抗战事业作出自己的贡献,我也终于明白了为什么学习经济学可以拯救中国。

我在民生公司工作了三年,这三年也是我一生中最美好的一段时光。除了民生以外,在抗日战争期间很多教育文化机构也迁移到了北碚,我的母校北京朝阳大学最终也搬到了北碚,我也得以和以前的一些老师、朋友重逢。卢先生还在北碚创办了一所兼善中学,聘请了一个江安人担任校长。这所学校开设的都是非常自由、现代的课程,教师中还有好几位是中共地下党员。卢先生还在北碚创办了中国西部博物馆[①],修建了一个现代化的大礼堂,他还邀请了很多中国名人到北碚来做公开讲演或讲座。我记得我曾参加过一个陶行知关于他在海外的经历的讲座。在卢作孚礼堂里开展有形形色色、各种各样的与抗战动员有关的娱乐活动,如话剧、音乐会等。由于抗战时期很多著名演员都逃难到了重庆,

---

① 1943年,由十余家全国性学术机构联合组建,李乐元任馆长,后改为重庆自然博物馆。——编者注

我有机会欣赏到中国最杰出的戏剧表演和音乐演出。卢作孚利用他在经济和政治上的势力，将北碚建设成了大后方一个相对现代化、独立并富有文化元素的地方，实在是太神奇了！

1943年我结婚了。我丈夫的家族很有钱，是做五金生意的。由于我们的父母都是好朋友，我们也已经认识多年。这桩婚姻是由我哥哥为我安排的。我的未婚夫毕业于北京大学，但是他本人的脾气却不怎么好。在40年代，大家（包括那些受过良好教育、思想相对开明的人）普遍认为女人最好的出路就是找个可以在金钱上有依靠的丈夫。加上我丈夫又受过很好的教育，我哥哥认为他和我很匹配。出于这样的美好愿望，我二哥极力劝说我和我未婚夫结婚。结婚后我也从来没有想到过要辞掉工作，直到我的第一个孩子出生前几个星期才请了产假。我原以为生完孩子后几个月，就又可以回去上班了，但是在第一个孩子出生几个月后，我又怀孕了，而且害喜害得很厉害。就这样我不得不一直待在家里休息，直到1950年前都没有再回去工作了。

我婆家也不喜欢我外出工作，劝我辞掉工作。婚后我随丈夫搬进了他家里。尽管有一大堆仆人料理家务，但由于我是大儿媳妇，公公婆婆还是希望我能尽到一些职责，譬如帮着管家之类的事。我婆家很富有，不希望别人觉得他们的儿媳妇还要自己赚钱。为了维护家族的"脸面"，我只能待在家里。我未婚的大部分时间过的都是现代女性的生活，也总是认为可以一直保持这样的独立生活。但我却不知道，一旦辞掉了工作，我的社会活动和关系也就跟着被切断了，我感到无比的失落和苦闷。我想脱离丈夫家的大家庭，去建立自己的家。但我丈夫是长子，他的父母坚决反对我们分家独立生活。

成为家庭主妇以后，我投入很多时间参与抗战动员活动。卢作孚先生对支持抗战的投入，使得参与抗战动员活动成了北碚的时尚。我婆家的社交圈子对支持抗战动员活动都很积极热心，甚至还捐了一大笔钱为重庆的空防办公署买了一架飞机。我也代表婆家参加了很多抗战动员的募捐活动，还通过提供住处及资助财物帮助了很多难民解决困难。在抗日战争期间，我们也经历了很多次日军对北碚的轰炸。但与大多数重庆人遭受的痛苦相比，我们所受的苦难要小得多。由于我婆家很富有，即便是在抗战时期我们也能过上比较好的物质生活。

　　1945年8月15日抗日战争结束的时候，北碚变成了一个巨大的狂欢广场。我们白天在大街上欢呼、跳舞、游行。晚上，焰火把整个天空都照亮了。我们希望能有一个好一点的未来，但那个好一点的未来却根本没有到来。相反，抗战结束之后不久内战又爆发了。在战后北碚仍然是一个相对稳定的地方。

叶清碧

工厂女工

1930年生于四川涪陵

我们是两班倒,每个班组都得工作12个小时。每天早上铃声一响就得起床,洗完脸就排成两排队伍,到食堂吃饭。有个监工跟着我们,只要我们醒着就一直监视我们的一举一动。在食堂里,每张桌子坐8个人吃饭,互相不能交谈,谁要是违背了规定就会被罚不准吃饭。

我1930年生于四川省涪陵县,父母都是农民。我14岁那年父亲去世了,母亲成了寡妇,她没有受过任何教育,也没有什么技能,根本没办法养活我们。父亲家里有个叔叔在重庆做生意,母亲就带着妹妹和我到重庆去找工作。我们步行到重庆,在叔叔那里过了一夜,第二天我就和妹妹一起到裕华纺织厂去找工作去了。等我们到达那里的时候,已经有好几百个年轻的农村女孩儿排成一排,等着面试了。他们对应征者的身高有个最低要求,而我和妹妹从小营养不良,都是又矮又小。我踮起脚尖才勉强达到要求,被录取了,我妹妹却没有达到要求,只能回家去了。

在抗日战争期间,纺织厂都只雇用未婚妇女,我们大多数都是童工，都得接受为期三个月的无薪培训。之后，我被分配到了细纱车间工作。1943年到1944年间，日军还是会不时地轰炸重庆，日本轰炸机一来我们就得往防空洞跑。整个重庆都是警报声和惊慌失措的人们。那段经历实在是太吓人了。

裕华纱厂里的工作条件很恶劣，我们每天都要工作12个小时。工厂车间采用军事化管理，要求工人们在一起住、一起吃、一起工作。我们的班次是从早上6点一直工作到晚上6点，我们称之为"六进六出"。我们是两班倒，每个班组都得工作12个小时。每天早上铃声一响就得起床，洗完脸就排成两排队伍，到食堂吃饭。有个监工跟着我们，只要我们醒着就一直监视我们的一举一动。在食堂里，每张桌子坐8个人吃饭，互相不能交谈，谁要是违背了规定就会被罚不准吃饭。好在我们每天至少都能吃到三顿饭，到上夜班的时候还有米粥作为加餐。但厂里的食物却很糟糕，都是些长虫的蚕豆、烂白菜和发霉的大米。但是我们也只有吃这些，因为我们别无选择，有饭吃已经不错了。

很多工人都是十几岁的小姑娘。由于我们每天早上很早就要起来，我总是感觉很困。我很喜欢空袭警报，因为警报一响我们就要往防空洞跑，然后就能在那里睡觉了。有时我们跑到附近的农田地里去躲空袭警报，还能偷到农民种的番茄。大多数时候我们都是跑到附近的一个防空洞去。有一天在防空洞里躲警报的时候，我和我一个最好朋友都靠着墙坐在地上睡着了。我们一定是太累了，以至于解除警报以后我们都还没有醒。其余的同事都回去开工后，工头发现我们不在，就派了一个保安带着枪来找我们。我突然被他的枪杆弄醒，一睁开眼睛就看见他满脸愤怒地盯着我们。他朝我们吼着："你们这些懒骨头，快回去工作！"我被吓得腿都软了，不断打战。当我们回去的时候，活儿都堆起来了，我们只得一直加班到把活儿干完为止。

我在裕华纺织厂里工作了一年半左右，在这期间我们基本上都是被关在厂里的，除了休息日之外都不准出来。我们每上十天班可以有一天休息时间，在休息日，如果得到生活监工的书面允许就能出厂去。由于我是从农村来的，根本没有钱，所以大部分时间我都待在厂里，包括休息日也是一样。

由于早上上班很早，我们都总是感到又累又困。在操作机器的时候打瞌睡是很危险的。厂里的生活很艰苦，但工人们都很善良友好，尽量互相照顾。我们在车间后面找到一个可以睡觉的角落，就轮流到那里去睡觉。看见监工或检查经理来了，我们就通知每个人回到工作岗位上去。一旦被发现上班时睡觉，是会被开除的。但我们相互之间配合得很好，从来没有人被捉到过。

我在裕华纱厂期间，尽管每天能吃到三顿饭，在宿舍还有一张床，但却从来没有得到过一分钱的工资。工厂说我赚的钱还不够付我的食宿费。厂里的生活条件很恶劣，8个女人住在一间寝室里，到处都是臭虫。在抗日战争年代，重庆的臭虫很厉害，每天晚上都有几百只臭虫出来咬我们，没人可以在晚上真正能睡一个好觉。如果天气还可以，我们就把席子、被子抱到院子里去，铺在地上睡觉。外面虽然没有臭虫，但地上又冷又潮，在那里睡觉把我的身体都拖垮了，我患上了严重的风湿性关节炎。

1945年初，我病得实在太厉害，都不能再工作了。我向厂里请假，想回家去调养一下。但厂里的管理人员不但拒绝了我的请假要求，还告诉我说我干的活儿还不够支付我的食宿费，如果我想走，必须得先把钱付清。最后，我只有向亲戚借钱来还清债务才得以离开。我在家里待了6个月，我母亲找了很多草药来为我治病。1945年8月15日日本投降后，我又回到了重庆，又进了这个厂里工作。抗战结束后,我们在厂里的生活得到了一点点改善,以前每天要工作12个小时,抗战胜利后只用工作10个小时了。

  我从来没参加过与抗战动员有关的活动。我猜想在工厂里工作应该也是支持抗战的一部分吧。我们被关在工厂里,根本不知道外面发生了什么,加上工作时间又长,每天下班后根本就没有精力再去做其他事情了。我也不记得在我们厂里有没有做过任何抗战宣传活动。

杨坤慧

工厂女工

1924年生于重庆巴县

> 厂里招工的人还把每个去应聘的女孩子的手翻来覆去地看、摸。手上有老茧的女孩很多都被录取了,手上没有老茧的一个都没录取。长期做事的人的手才会长老茧,不做事的人手上不会有老茧。裕华纱厂只招能吃苦耐劳、能做事的女孩子。

我1924年出生于重庆巴县的一个农民家庭。我父母生了6个孩子,我是老大。我家很穷。从我记事起,父母就没法挣够钱让我们吃饱饭。15岁那年,有人告诉我重庆的裕华纱厂在招年轻女工,我马上赶去应聘,拿到一份工作。我记得招工时厂里要检查身体,还要查视力。除此之外,厂里招工的人还把每个去应聘的女孩子的手翻来覆去地看、摸。手上有老茧的女孩很多都被录取了,手上没有老茧的一个都没录取。长期做事的人的手才会长老茧,不做事的人手上不会有老茧。裕华纱厂只招能吃苦耐劳、能做事的女孩子。我1939年进裕华厂时,很多工人都是从乡下来的,都是只有十几岁的女童工。抗战时期裕华不雇结婚的女工。

在裕华纱厂工作时,我是知道抗战的。我进裕华的头几年,日本人的飞机差不多天天来轰炸重庆。我们常常要跑防空洞。我们通常是朝涂山的老君洞跑，到了老君洞，我们就躲在岩石底下。

裕华的新工人有3个月的培训期。这3个月期间，我们得天天上班、学技术，但是领不到工资。如果我们顺利地通过了培训期，下一步就是3个月的试用期。只有通过了试用期之后，我们才能被分配到车间去，正式当班工作、拿工钱。那些没有通过培训期或试用期的女孩子还得回去培训和试用。这就是说她们还得为厂里免费工作6个月。我是一次就通过了培训和试用期。但是和我同时间进厂的女孩子很多都要培训两次，有的甚至三次。

我进车间以后上的是12小时制的班，工作量很大，工作也非常辛苦。每天上完12小时的班后，我都觉得筋疲力尽。下班后尽管我很饿，可是我太累了，有时就连饭都不吃，饿着肚子倒床睡了。有时我的好朋友看见这种情况，会偷偷地给我带点儿吃的回寝室。但是这样做非常危险。如果被工头发现了，我们两人都会被厂方开除掉。

抗战时期在裕华厂上班我们每天可以吃三顿饭，但是饭菜的质量很差。我们天天吃的是同样的东西——长了虫的胡豆、烂莲花白和霉米稀饭。尽管如此，在工厂里有三顿饭吃的日子，还是比在乡下家里没有三顿饭吃的日子好得多。在乡下家里，如果我们每天能喝到一点点清汤寡水的菜稀饭，已经很不错了，有时我们连菜稀饭都喝不上。所以尽管裕华纱厂的工作很辛苦，我还是留在了厂里工作。由于我年纪小，工作又累，在裕华时我常常想回家，想我的父母。但是回家不仅不能挣工钱，反而还要花路费。所以抗战期间我只回过家几次。每次回家看见父母和兄弟姐妹，我都要哭，而且不想再回工厂，但当我看到家里那么穷，我又只有擦干眼泪回工厂去做工。我虽然挣钱不多，但还是可以多多少少地帮助家庭。

在裕华纱厂，女工都是8个人住一间寝室。工厂的制度是军事化的。每间寝室都要选一个室长。工作生活都是集体行动。此外厂方还雇有专职职员看管监视我们。幸运的是分管我们宿舍的那位职员是个善良的女人，对我们还算是不错。厂方每周都要派人来检查各个宿舍的清洁卫生，还要对每间寝室的整洁状况打分。

虽然抗战期间我们都尽力把寝室弄得整齐干净，但是我们还是没办法防止臭虫的袭击。抗战时期重庆的臭虫是出了名的。一到晚上成群结队的臭虫就出来袭击我们，让我们无法睡安稳觉。尽管每天下班后我都累得要死，但是只要我一上床，臭虫就来了。每天晚上就是睡睡醒醒，睡一会儿就要起来打臭虫。我身上全是被臭虫咬的包，奇痒无比。一抓破后就容易感染，流黄水。伤好之后会结疤。抗战那几年我在裕华工作时，我全身都是被臭虫咬后结的疤。我们工作本来就很辛苦，加上睡不好觉，我一天到晚都觉得累。有人告诉我核桃树叶可以驱臭虫。有一次回家时我就特意带了些核桃树叶回厂里的宿舍。我把核桃树叶放在床单下面，还真有几天我的床上没有臭虫，我可以睡好觉了。可能是臭虫不喜欢核桃树叶的气味。几天之后，核桃树叶的气味淡了，臭虫又爬回了床上。工厂附近没有核桃树，我又不能常常回家，所以只能和臭虫共存。

抗战期间厂里的制度很严格。我们要连续工作10天才能有一天休息。工作期间我们不能出厂。但是休假日是可以出厂的。厂方规定，休假日出厂要事先得到生活管理处头头的批准。我很少在休假日出厂去玩。大部分的休假日我都是用来洗衣服、补衣服和做鞋。

有一次休假日我需要出厂，我到生活管理处办公室请处长给我开出门条子。我进门后,处长教训我,说我进门没有给他行礼,对他不礼貌。如果我想要他写条子,我应该先敬礼。我是乡下孩子,不懂城里人的规矩。从此以后,我就怕去处长的办公室。有一次,我的表兄碰巧在我休假日来看我,我没有去生活处长的办公室拿条子,就和我的表兄出去了。处长发现之后,大发雷霆并说要往上面汇报要开除我。我吓坏了,天天跑去给他磕头道歉。我本来就是个害羞的人,这件事情发生之后,我很长时间不敢出厂门。

1943年,我得了皮肤病,背上长了一个大包。可能是臭虫叮咬和车间的灰尘引起的。刚开始时只是很痒。后来红肿,慢慢地包的中间生了一个洞,开始流黄水,又痒又痛。因为包长在我的背上,晚上我没办法平睡,白天穿上衣服也很不舒服。我们宿舍的管理员知道以后,带我去看了一次医生,但是医生开的药没有什么作用。厂方随后就把我送回了家。我在家待了6个月,我妈找了一个草药医生用草药为我治病,慢慢把我的病医好了。

我在家里那6个月没有工钱。家里经常吃了上顿没下顿,我们常常饿肚子。所以尽管我背上长了一个大包,我还要每天到附近的山上去找野山菇。采到山菇之后,我就把它们拿到场上去卖。但是光靠采野山菇是不能养活我自己的。我父母实在没有办法养我,我的病好了以后就不得不回重庆了。我走的那天,我的二弟来送我。我们边走边谈,边谈边哭。我们不明白为什么我们辛勤地劳动工作却连饭都吃不饱,为什么我们的命这么苦。

回重庆后,我到裕华纱厂去要求复工。但是人事处的人说我是自愿离厂的,不能随便复工。我后来找到管我们宿舍的高女士求她帮我向厂方说情。高女士把我带到经理的办公室并告诉他,我是个工作认真又听话的人,经理才同意我复工。此后我一直在裕华工作到退休。抗战结束后，裕华的工作条件有所改善。我们不再上12小时制的班，而是上10小时制的班了。1949年解放后，我们每天只工作8小时。

抗战期间我是知道抗战动员的。日本人的飞机轰炸重庆时，曾经把我们的宿舍炸坏过一次。我们大家都怕空袭。但是我没有参加过有组织性的抗战活动。我每天都在工厂里忙着做工作。在厂里我们和外界的联系很少。我也不太记得厂里是否组织过抗战动员活动。

第二部分　抗战，女性与经济

梁易秀

工厂女工

1923年生于重庆

我母亲每天晚上都要到场上去捡小贩们丢掉的东西。我们把所有可以吃的东西挑出来吃，人不能吃的就拿去喂猪。我记得有时我们4个小孩每人吃半条黄瓜就是一顿饭。我们经常饿着肚子，穿的衣服也都是亲戚朋友不要的旧衣服。

我的父亲是个搬运工，靠帮别人搬运东西谋生。我们家一共有4个孩子，两男两女。我是我们家的老大，老二也是个女孩子。我们家有两块小薄地，我们种了些菜和粮食。我很小的时候父亲就去世了，我母亲一个人没法养活4个孩子。旧社会像我妈那样的穷苦女人，没有文化，没有技能，是没有办法养家糊口的。我们那两块薄地种的粮食和菜根本就不够我们吃。我母亲每天晚上都要到场上去捡小贩们丢掉的东西。我们把所有可以吃的东西挑出来吃，人不能吃的就拿去喂猪。我记得有时我们4个小孩每人吃半条黄瓜就是一顿饭。我们经常饿着肚子，穿的衣服也都是亲戚朋友不要的旧衣服。

我六七岁大的时候，妈妈就把我和我妹妹送出去给别人家当丫头。她自己也在有钱人家里帮工当佣人。白天，我们母女三人都出去在别人家做工。黄昏时，我妈回家做饭做家务，我和妹妹还要到附近的山上去打柴、采野山菇，好在赶场天拿到场上去卖。我们过的是饥寒交迫的生活。

我和我妹妹从来没上过学。我父亲在世时认为女孩子读书没用，不让我们读书。我的两个弟弟倒是上过几天学。

抗日战争爆发后我们附近有些工厂开始招女工，我去应招应中了，进了一家军服厂当了工人。后来我转到一家火柴厂工作，做火柴盒。这家火柴厂的老板是个下江人。抗战时把工厂从湖北迁到四川来的。我们做的是计件工，做得多，工钱就多。厂里不要求和限制每天每个工人要上多少个小时的班，反正是多做多拿钱。抗战时期，重庆的火柴大部分是手工做的，只有火柴棍是机器压的。厂里招的工人大部分都是没结婚的年轻女孩子，付给我们的工钱很低。这家火柴厂没有工人宿舍，我们都是住在父母家里。抗战时期，我们住地就有7个女孩子在这家火柴厂上班。每天早上，我们7个女孩子一起走路去上班，下午又一起走路回家。虽然做火柴盒的工作很枯燥，工钱也少，但是我挣的每一分钱都很重要，都可以帮助我的家庭。在工厂里工作比在别人家当佣人强。当佣人我从来没拿到过工钱，老板只给我吃点剩菜剩饭而已。

抗战后期，经别人介绍，我结了婚。我丈夫就住在同一个街区，但是结婚前，我们从来没有往来过。那时候，没结婚的女孩不能和男人交往。我在这家火柴厂一直工作到抗战结束。抗战结束后，火柴厂的老板把厂迁回了湖北，我就进了裕华纱厂。

抗战期间我是知道抗战动员和宣传的。我也学了些抗战的歌曲，譬如说《松花江上》。我现在都还会唱《松花江上》。抗战时我是个年轻女孩，喜欢热闹。我喜欢看抗战宣传队的街头剧，听他们唱歌。我自己没有参加过有组织性的抗战活动。我们穷人要做工挣钱吃饭，没有时间去参加那些活动。

高忠贤

松溉实验区女工

1923年生于重庆松溉

多数情况下，商店都没有大米的存货；一旦有货了，米价每小时都在疯涨，买米的人排成长队。我们从厂里得到的那些大米可是帮了大忙，那些大米成了我们家在抗战年间的主要食物来源。我们才能每天都吃上加了蔬菜和杂粮谷物的米粥。

我出生在松溉，父亲是个木匠，母亲是个大门不出的家庭妇女。我是家里最小的孩子，也是唯一的女儿。从小我就得帮着母亲做家务事，还帮着家里织布。我10岁那年，父母都去世了，我就跟着已经结婚的哥哥和他老婆过活。在哥哥家里，我除了继续织布外，还从一个火柴厂接些做火柴盒的零活儿，赚些小钱补贴家用。松溉的家产布匹很出名，几乎每家每户都要织布。在镇上还有一个布匹集市，每5天开一次市。每到开市的日子，人们都把自家织的布带到市场上来卖，还有很多外地的商人，尤其是贵州商人，专门到松溉来买我们手工纺的布匹。

我16岁那年，哥哥和嫂子给我安排了亲事，我嫁进了一个织布世家。婚后，我也成了他们家的织工。1938年蒋夫人在松溉建立了战时纺织业实验区，并开始为织厂招聘织工。那个招聘对松溉来说简直是个大事。工厂公布了招聘程序和条件，还为应聘者们做体检。由于很多当地人本身就是技术熟练的织匠，工厂在很短时间内就招聘到了一大帮员工。

1937年抗战爆发后，很多难民从日军占领地区逃亡到了松溉。在蒋夫人的纺织厂开业之前，松溉是一个小镇，根本就没有大规模的工业企业。突如其来的大量外来人口的涌入，把这里的日常用品价格抬得好高，使大多数人的生活都变得十分艰难。纺织实验区工厂的开办，为很多当地人和难民们提供了急需的就业机会，救了好多人的命。实验区的建立也为松溉带来了繁荣。在抗战时期，松溉镇比永川县城更有活力、更加繁忙。松溉临江，抗战期间好几个新码头修建在长江边上，每天都有很多货船在松溉进进出出。随着大量下江人的到来，前所未有的旗袍、裙子以及新式发型都被引入到松溉的当地社会中来了。

纺织实验区工厂里的女主管都是下江妇女，她们都穿着旗袍，梳着漂亮的短发。下江人的到来还丰富了松溉的饮食文化，使其多样化。下江人带来了上海菜和湖北菜，本地人也开始吃上海口味和湖北口味的饮食。实验区的建立还为改善松溉的环境、清洁卫生以及区容区貌发挥了重要作用，把松溉变成了一个更富吸引力的小镇。实验区当局还想方设法美化松溉，在公共场所栽种绿色灌木丛和五彩花卉。蒋夫人很喜欢花，也命令实验区当局广为栽种。一辆辆大卡车满载着树苗和花苗，从外地运往松溉，我们工厂的所有开阔空间地带都装扮成了花的海洋。

通过招聘测试，我和我丈夫都被工厂雇了。我丈夫在生产花布的车间工作，而我起初是在摇纱车间，后来调到了毛巾生产车间。工厂采用的是军事化组织形式，我们都要佩戴专门的徽章才能进厂。厂里虽然没有给我们发放制服,但有一条白色的棉布围裙。每个车间也都设有监工,她们大多数都是下江妇女,对我们也挺和善。我们每天早上在排队进入车间开工以前,都要举行朝会和升旗仪式。在朝会上,实验区主任潘先生经常都要对我们讲话,告诉我们现在的抗战发展形势,并向我们灌输抗战"新生活运动"思想。

纺织工厂为我们每个人都规定了一个最低生产指标,多产多得。我丈夫的指标是每天织10匹花布;我在摇纱车间的时候,指标是每天要将20斤棉纱摇到梭子上去。我们每天工作8个小时,每个星期工作6天,那些经理和监工也都一样。早上我们从8点钟干到12点,下午从2点干到6点。我和丈夫通常在中午用来吃饭和午休的那2个小时都不休息,而是回到各自的车间去加班加点地干活儿,这样我们就能挣到更多的钱。厂里付给我们的现金很少,每月只有两三块钱,但每月都要发大米。我们有两个选择:要么一日三餐都在厂里的食堂里吃,要么就把我们的大米带回家去吃。我和丈夫都选择把米带回家去与家人分享。抗战年间,通货膨胀相当严重,即使有钱也很难买到大米。多数情况下,商店都没有大米的存货;一旦有货了,米价每小时都在疯涨,买米的人排成长队。我们从厂里得到的那些大米可是帮了大忙,那些大米成了我们家在抗战期间的主要食物来源。我们才能每天都吃上加了蔬菜和杂粮谷物的米粥。

纺织厂里有将近800名员工,其中有300名是外地人,500名是本地人,大多数员工都是女性。男性大多从事机械和弹花车间的工作。机械车间的工人多来自重庆城。纺织厂为家不在松溉的员工提供宿舍。我们本就是来自松溉的,所以都住在自己家里,上班的时候才去厂里。抗日战争期间,松溉没有电,所有的织布机都是用脚踏驱动的，厂里使用的织布机都是当时性能最强的脚踏驱动机器。厂里请了重庆城的技师来松溉，帮助我们把以前的老式织布机改装成了新式的。工人们要用脚踩踏一个踏板带动机器的转轮旋转，用手来调整纱线梭子。这些新机器极大地提高了产量。之前这里的那些老机器只能生产宽一尺二寸左右的窄布，而使用了这些新机器后就能生产出宽两尺四寸的布了，生产率提高了一倍。

实验区还建有一个农场、一个医疗诊所、一所针对女性职工的学校，以及一所针对难民儿童的学校。所有职工都能在诊所里享受到免费医疗，这在实验区以外是闻所未闻的。工厂还有图书馆，不仅对本厂职工开放，也对当地居民开放。松溉之前从来没有公共图书馆，这实在算得上是个新鲜事。当地一个姓张的妇女被聘为图书馆管理员。针对女职工的那所学校在晚上开有识字课程，教妇女们读书写字。我只去听过几次课，因为我已经结婚了，还有家人需要我照顾。下班回家后，我得忙着做家务，没有很多时间去女工学校听课。偶尔我也会参加厂里在周末开办的抗战动员活动。在这些活动中，我们列队游行，高喊"打倒日本鬼子"这样的口号。我还参与过唱抗战歌曲的活动，但现在已经记不起来当时唱什么了。尽管工厂和当地学校组织了很多抗战动员活动，如举着火把庆祝"国庆"节的游行，但我并不像那些未婚年轻妇女参加得那么多，因为我已经结婚了，又是个文盲，还得照顾家人，负责家务杂活。直到1949年以后，政府开展扫盲运动，我才比较有系统地学会了读书认字。

婚后我们和公婆住在一起。1941年我生下了第一个孩子，厂里准了我一个月产假。宝宝刚满月我就回去上班了，孩子由婆婆精心照顾着。我公公婆婆都是很善良的人,对我都很好,允许我在厂里工作。虽然我挣的钱都是交给他们的,但只要我要用钱,我婆婆都会同意我使用。我很幸运,没有像我们镇上其他那些媳妇那样受那么多苦。我和婆婆之间的关系一直都很好。

尽管松溉没有被日本人炸过,但好多年来我们都担惊受怕,担心会被炸到。那些去泸州的日本轰炸机都会经过松溉,只要它们一飞过来,我们就得往外跑,找地方躲空袭。那段经历实在是很吓人。只要防空警报一响,所有人都得放下自己手里的事情找地方躲避。为了不被日本人当成轰炸目标,当地人都用炉灰把各自的房子刷成深色。松溉只有几个防空洞,装不下所有人。大多数时候,我们都只能跑到附近的森林里去躲着。有了第一个孩子以后,我都是抱着孩子一起跑。每次跑空袭警报,我都胆战心惊。这样的日子持续了好几年。

抗战期间发生在松溉的最有影响力的事情就是蒋夫人的来访。1939年她到松溉来参观视察实验区和我们的工厂。她是坐飞机来的,和一队太太们一起参观,视察了我们的工厂。她们都穿着清一色的白色旗袍领裙子,戴着大白帽子。我不知道到底哪个才是蒋夫人,直到有人指着她告诉我,那7个女人中最后那个就是她。蒋夫人早上8点左右抵达松溉,直到晚上7点才离开。除了参观工厂和实验区里的其他设施以外,她还在我们工厂外面的空地上发表了公开演讲。我和其他同事都参加了这个集会,还有很多当地人也都收到了邀请。她向我们宣传了实验区对于抗日战争的重要性。

我们都很感激蒋夫人在松溉建立了实验区,为我们提供了就业机会,使我们能够应对抗战的艰苦生活。1945年日本投降的时候,松溉举行了一场盛大的庆祝活动。人们自发来到镇中心放烟花，又是唱歌又是跳舞，从白天一直狂欢到晚上。我带着孩子们去观看了庆祝活动。

然而抗日战争的结束并没有使我们的生活得到多大的改善，对于松溉的很多人来说，抗战的结束事实上还使我们的生活变得更糟糕了。因为抗战结束后，这个实验区被撤销了，下江来的管理人员和工人全都陆续离开了松溉。工厂最后也转交给了当地政府。可是工厂一到地方官员的手里，他们就视其为中饱私囊的肥肉。不到几年，那些腐败的当地官员们就把工厂给搬空了。他们把能卖的东西都卖掉了，钱都进了他们的腰包，工厂也被他们搞垮了。我们这些本地工人在抗战结束后全部都失了业。

游清雨

松溉实验区女工

1927年生于重庆松溉

织布时，织布工要用脚用力踩踏板，带动机器轮子转动，手要控制织布梭。由于军用帆布很厚，织这种布的机器与其他机器相比也大一些、重一些。因为我个子小，操作帆布机非常困难，但是我自己要求踩帆布机，因为这样我每月可以多挣些米帮助我的家庭。

我出生在松溉一个很贫穷的家庭。我的父母都是文盲。我父亲是个挑夫，帮别人把东西从河边的码头挑到指定的地方去。我妈妈帮别人织布。松溉的人很多都织布。有些人是自己织布卖，有些人是帮人织布。我们家没有本钱，买不起原料，我妈只能帮人织布。因为我父母的工作都不稳定，有时有活儿干，有时没有。有活儿干时，我们才有饭吃。我们家是整个松溉镇最穷的人家之一。我们一家六口人，两个大人，四个孩子，挤在一间租来的房间。家里什么家具都没有，只有两床破被子和几件煮饭、吃饭的破旧餐具。从我记事时起，我们家就穷得吃不起米饭，我们只能吃菜和一般人都不喜欢吃的杂粮，像高粱、荞麦、稗子等。我5

岁起就开始帮我妈，为她的织布机倒线倒印。那时候，穷人的孩子都是很早就开始做事。

1937年抗战爆发时，我刚好10岁。我是从镇上大人们的摆谈中知道抗战爆发的。1938年，蒋夫人在松溉搞了一个纺织实验区，在松溉开了一家纺织厂，建了一个农场，还建了一所妇女学校，目的是吸引本地妇女参加抗战生产建设。很多松溉的妇女在纺织厂工作。1939年，我刚好虚岁13岁。我父母觉得我应该出去挣钱帮助家里，就叫我去纺织厂申请工作。

我记得我去报名时，纺织厂门口已经站满了前去报名的人，排了一条长队。负责招工的是潘太太，她是松溉实验区主任的老婆，同时又是实验区幼儿院的院长。潘太太看见我时，问我多大啦。我从小就吃不饱，营养不良，长得又瘦又矮，看起来比实际年龄还小。我怕潘太太看我个子小不收我进厂工作，我就哭着求她，并告诉她如果我拿不到一份工作，我会饿死。潘太太很同情我就把我收下了。之后，潘太太还专门到我家来看我。当她看见我们家里家徒四壁，仅有的财产就那两床破被子时，她很同情我，并提出要帮助我。她告诉我父母她可以通过新生活妇女指导委员会把我送到重庆去免费上学读书，我不用进纺织厂去做工作。我高兴极了。我从小就没有进过一天学校，总是羡慕那些可以上学的孩子。可是我的父母坚决不同意我去重庆上学读书。他们要我去工作，挣钱帮助家庭。我父母也觉得女孩子迟早要嫁人，读书没有用。我伤心极了，但是没有办法改变我父母的决定。我很不情愿地进纺织厂当了工人。我可能是实验区纺织厂年龄和个子最小的工人。

我进厂后最初的工作是倒印，就是把棉纱绕到梭子上。由于倒印的工作不需要什么技术，所以我的工资也很低。抗战时期生活必需品匮乏，米是精贵物品。纺织厂发工资不是发钱而是发米。如果我不在厂头吃饭的话，我每月的工钱是五升米。如果我在厂头吃饭，那么我只能拿到两升米。为了帮助我的家庭，我决定不在厂头吃饭，这样我可以和家人共享我每个月发的米。每个月我领到米后，我就把它背回家交给我的妈妈。抗战期间，我们全家主要就是靠我每月领的那点儿米为主要粮食。我妈把米同菜、杂粮混起煮稀饭，这样可以吃得久一些。

进厂几个月后，我发现在织布车间工作的工钱要高些，我就请求厂里把我调到了织布车间。当时纺织厂有好几个织布车间。我请求调到了军用帆布车间。抗战时期松溉没有电，纺织厂所有的机器都是手工操作的。织布时，织布工要用脚用力踩踏板，带动机器轮子转动，手要控制织布梭。由于军用帆布很厚，织这种布的机器与其他机器相比也大一些、重一些。因为我个子小，操作帆布机非常困难，但是我自己要求踩帆布机，因为这样我每月可以多挣些米帮助我的家庭。

我在帆布车间工作时，蒋夫人曾来松溉看实验区，参观了我们的车间。蒋夫人是和7位女士①一起来的。她们都穿的是样式差不多的白旗袍，戴着漂亮的白草帽。蒋夫人来的前一天，我们车间的工头就告诉了我们蒋夫人会来，还警告我们如果蒋夫人来车间，不准盯着看，不准随便与来客说话。蒋夫人还真来参观了我们车间。蒋夫人来时，我们车间共有17位年轻女工在车间工作。蒋夫人在我的机器面前停了下来和我说话。我既紧张又害怕，根本不敢看她。我也完全没听懂她说了些什么。蒋夫人只在我们车间停留了几分钟就走了。我们则继续做自己的工作。后来我听说

---

① 前文叙述蒋夫人是七位女士中的最后一位，与此处不一致。由于每个人的记忆有差别，甚至不准确，为尊重叙述人，故保持叙述内容原貌。

蒋夫人是坐水上飞机来的。她在松溉待了一天就回重庆了。

我只在帆布车间工作了几个月。那里的工作对我来说太困难。我人小，气力不够，我在那里才工作了几个月就开始吐血。我妈知道后就请求厂里把我调回了我原先的倒印的工作——把棉纱绕在梭子上。

抗战期间在松溉实验区纺织厂，我们每天只工作8小时。1949年以前，工厂很少是8小时工作制的。我们能有8小时工作制主要原因是松溉是个实验区。此外，我们实验区还有农场、农场工人学校、医疗所。纺织厂的工人看病不要钱。

实验区的管理人员都是外地来的。实验区负责人潘先生，他的妻子潘太太及其他管理人员都是下江人。潘先生、潘太太人都很善良，对我们穷苦人很好。解放后我才知道潘先生、潘太太都是中共的地下党员。因为我来自松溉最贫穷的家庭之一，加上我又是厂里最小的工人，潘先生和潘太太都很关心我，特别是我的教育。我妈不准我到重庆去读书，潘先生和潘太太就鼓励我参加松溉的女工学校。很多女工都进过女工学校学习基础文化。我也上过女工学校，但我不是读书的料。我除了上班之外，还要帮家里做事，天天都很累。我记不住在女工学校学的东西。在学校里学了一些字，但是很快就忘了。所以我至今还是个文盲。

实验区纺织厂实行军事化编制。我们都是按军事化规则分成小组。每10个人组成一个小组，每天早上我们按小组排队列进厂上班。我是一个小组的组长，管10个人。潘太太有意要培养我的领导能力。每天早上我们要在厂房前面举行升国旗仪式。我的责任是动员我们小组的成员，参加每天的升旗仪式及厂里的其他活动。升旗仪式时我们要唱歌。我就是在抗战期间学会了唱国歌[1]

---

[1] 此处"国歌"指"中华民国国歌"《三民主义歌》。——编者注

的。我们也庆祝"五一"国际劳动节和10月10日的"国庆"①节。每到那些节日,厂里都会组织我们唱歌跳舞。我参加过厂里组织的很多活动。我当时年轻喜欢热闹。松溉是个临江小镇,长江沿着松溉弯了几个弯。每年夏天一到,下午下班后,潘太太就会把女工们组织成两队然后喊着口号踏着步伐,把我们带到一个河湾去洗澡。实验区建立以前,松溉的妇女是不准大白天下河洗澡的。只有男人可以在河里洗澡。而潘太太带我们下河洗澡,本地人不好也不敢批评,慢慢地就把它当成了我们例行公事接受了。

抗战期间虽然松溉没有直接遭受日本人的轰炸,但我们知道日本飞机对重庆和泸州的大轰炸。抗战期间我们都不准穿白衣服和在头上包白帕子。在头上包白帕子是松溉长期以来的风俗习惯,本地人抗战以前男男女女都在头上包一块白帕子。但日本人开始轰炸重庆以后,本地人都不敢包了。当时的说法是白头帕会吸引日本飞机的注意力,会来松溉丢炸弹。飞去炸泸州的日本人轰炸机要途经松溉。所以每次日本飞机来松溉之前,厂里就会组织工人撤离厂房,躲到附近的松树林子里去。好几次,我都看见日本轰炸机在松溉上空盘旋后飞走了。听人说,日本人是计划要炸我们纺织厂的,只是不知什么原因没有实施。

我从1940年初进厂后,一直工作到抗战结束。1944年我18岁时我父母要我结婚。我真不想结婚。我看到我妈结婚后过的是什么日子,我也看到我父母结婚生子后根本就养不活我们。我们家有4个孩子,我是老大,有一个弟弟和两个妹妹。我小时候从来没吃过一顿饱饭。由于饥饿,我和弟弟不得不从别人家的地里偷东西吃,因此落下了个偷东西的坏名声。我们肚子饿啊,没办法

---

① 国民政府将10月10日武昌起义,辛亥革命爆发,定为"国庆"节。——编者注

啊。我告诉我妈我不愿意结婚。我想如果我在厂里长期工作上班,我老了做不动了,厂里会管我。我妈坚决不听我的意见。她拿出一只大麻布口袋并告诉我,如果我不听话,就把我装在麻布袋里,丢进长江去淹死。我知道我妈的脾气,她是做得出这样的事来的。我们小时候犯点儿小错误,我妈都会把我们朝死里打。我怕她,只得同意了她的要求。但我心里还是不愿意,总是想找机会解脱。

  我妈为我找的男人比我大4岁,也在纺织厂工作,是弹棉花的。虽然我们在同一个厂上班,但我们相互并不认识。一次他邀我和他一起去重庆耍,在路上他占了我的便宜,强迫我和他结了婚。我在实验区纺织厂工作了7年,一直到厂关闭。

赵桂芳

松溉实验区女工

1928年生于重庆松溉

每到赶场天，布贩子会从四川各地还有云南、贵州来松溉，买我们的土布。我很小就开始帮父母亲织布，帮他们把棉纱绕到梭子上。松溉大部分的小孩子都是从小就帮家里织布，松溉的孩子都是围着织布机长大的。

我是松溉人，父母亲都是织布的。我们家有一台老式的织布机可以织土布。19世纪和20世纪初，松溉的土布是出了名的。每到赶场天，布贩子会从四川各地还有云南、贵州来松溉，买我们的土布。我很小就开始帮父母亲织布，帮他们把棉纱绕到梭子上。松溉大部分的小孩子都是从小就帮家里织布，松溉的孩子都是围着织布机长大的。

1942年我满了14岁，一位亲戚就建议我妈，把我送到实验区的纺织厂去做工作。她说，反正我喜欢织布，到纺织厂去工作正合我的胃口。抗战期间物价高，我们家生活很困难，如果我到实验区的纺织厂工作，可以挣钱帮助家庭。在我进纺织厂之前，很多松溉妇女已经在厂里做工。我妈和我姨妈都已经是纺织厂的工人。

我是在蒋夫人来松溉之后才进厂的。进厂后,我被分到生产纱布的车间。我们车间有几十部织布机和几十位女工。纱布车间的工作和帆布车间相比要轻松得多。因为纱布比较轻薄,织布时,工人不需要用力蹬踏板转动织布机。抗战时期松溉没有电,所有的织布机都是人力脚踏的。织布时,我们用脚踏带动机器,用手动梭子织布。我1942年进厂,一直工作到抗战结束。我先在纱布车间工作了一段时间,后来又在发料科工作。

抗战时期,实验区纺织厂实行军事化管理,要求每个员工都参加早上的升旗仪式。每天早上我们在厂房门口集合举行升国旗仪式,然后,大家唱着歌列队去各自的车间、单位上班工作。实验区纺织厂实行8小时工作制,我们早上8点钟上班到12点,中间有两个小时的午饭休息时间。下午2点又上班,工作到6点下班。每个车间都有3个女监工,都是外地来的下江人,我们喊她们"先生"。我车间3个女监工都是善良的人,对我们都很好。实验区主任潘先生是个很好的人,对我们工人是真心的关心和照顾。抗战期间,潘先生帮助过厂里很多工人解决各种各样的工作和生活问题。

抗战期间,我们有两种工资选择:一种是在厂里吃饭,然后领少量的米;另一种是不在厂里吃饭,每个月可以领五升米。当时,厂里监工每月的薪水够买高级细布做两件衣服,而我们一般工人每月的工资只够买粗布做一件衣服。我刚进厂时,在厂头吃饭。厂里的餐厅提供三顿饭,都是管吃饱。通常是米饭加一道蔬菜。10个人一桌,大家坐在一起,共吃一盆当地出产的时令蔬菜。最常吃的是南瓜和冬瓜,因为这些菜可以放很久,不容易坏。说实话,厂里的菜一点儿都不好吃,油很少,只是盐放得多。我之所以愿意在厂里吃饭是因为饭可以随便吃。抗战时期物资匮乏，物价高涨，很多人连饭都没得吃。我们可以随便吃米饭，很不容易。

1943年松溉举行过盛大的实验区成立五周年庆祝活动。宋美龄没有来，但是宋美龄派了新生活妇女指导委员会的一个姓张的和一个姓戴的主任到松溉，参加我们的庆祝活动。庆祝活动的场面很大，很热闹。除了搭台的音乐表演和舞蹈表演，纺织厂还搞了一个盛大的宴会。纺织厂所有的员工都被请去参加庆祝会和宴会。宴会上有九道菜，道道都鲜美可口，那顿饭可能是我有生以来吃过的最好吃的饭菜。

新生活妇指委的张主任、戴主任到我们车间来参观过。她们看到了我。我当时又瘦又小，看上去比实际年龄还小。她们问我年纪多大。当听说我才15岁时，她们说我太年轻，个子也太小，不应该操作纺织机。随后，她们把潘主任叫来，叫他为我换个轻松点的工作。这样，我就被派到发料科去工作了。在发料科，我每天的工作是称每天要发到各个车间的棉纱。在织布车间，要是你布织得多，你每月的工资就多；要是你织不够定额，你会被开除掉。但是在发料科，每个人都只拿固定的工资。每月的工资就是两斗米，比我在织布车间的工资少些。

抗战期间一般的重庆人只能买政府提供的平价米。那种米混有很多老鼠屎和沙石。而我们从实验区纺织厂领到的米通常都是不长霉的好米。实验区的建立给松溉的老百姓带来了很多好处，比如纺织厂的工作机会让我们在抗战时期少受了很多罪。纺织厂有自己的诊所，是位姓黄的医生给工人免费看病。实验区也建了消费者合作社，参加了合作社的人可以享受商品折扣和在店里赊账的权利。每年的新年那一天，合作社的成员还可以分到两丈白布或者黑布。

日本人开始轰炸泸州以后，日本轰炸机一定要经过松溉。为了避免日机轰炸松溉，我们把所有的房子都漆成了黑色。只要日本飞机快飞临松溉，就有人会敲响铜钟向大家发出警报，所有人都会放下手中的活儿跑去躲空袭。通常松溉的人都是躲在附近的树林子里。整个抗战期间松溉一次也没被轰炸到。

抗战期间，纺织厂的文化生活还是很丰富。厂里经常组织年轻女工唱歌跳舞。我们不仅在厂里庆祝"国庆"节、新年及其他重要的节日和假日，也走出厂房到镇上去庆祝。我记得有一年，我们举行过火把游行庆祝"国庆"。还有一年为庆祝新年，纺织厂举行过盛大的庆祝活动。纺织厂为了那次庆祝活动，专门用一部发电机发了几小时的电。松溉的老百姓从来没看过电灯，所以那次活动吸引了很多老百姓前来观看。实验区的潘主任还给前来参加庆祝活动的人发了糖果和点心。平时，潘主任也带我们青年女工到松溉镇上去唱歌跳舞，做抗日宣传。纺织厂建了一所女工学校，学校的老师都是下江人。她们教我们唱了很多抗战歌曲，比如《松花江上》《磨刀杀敌》等。我参加了纺织厂的舞蹈队，多次在厂里厂外演出。我也参加过女工学校的夜校，学习识字和写字。参加夜校的学生基本上都是没结婚的年轻姑娘，结了婚的女工下班后都要快快赶回家，做家务事，很少参加夜校的活动。

实验区主任潘先生是个好人，他常常给我们讲有关抗战的事宜。比如说在早上的升旗活动上，潘主任就时常讲解抗战进程。我记得有一次升旗仪式上，潘主任给我们讲日本人攻打了贵州，他非常激动，还在我们面前哭了起来。

1945年日本人投降时，松溉的人也很激动，很多人跑到街上去放鞭炮庆祝。日本人投降那天我没有出去庆祝,而是在厂里上班。抗战结束后,纺织厂被交给了地方政府。很快那些贪官污吏就把厂拆了卖掉。以后,我就留在了家里帮我父母亲织土布。

第二部分 抗战,女性与经济

第三部分
抗战,女性与政治

导　言

从 20 世纪 80 年代初期开始，研究中国抗战史的西方学者们已经开始关注抗战对中国现代化国家建设的影响。他们的研究也逐渐从注重蒋介石的个人独裁统治和国共两党的对立和抗衡，演变成了注重现代国家政权的建立，以及众多不同观点的政治派系，参与现代国家建设和角逐政治权利的斗争。虽然如此，西方现有关于中国抗战时期政治的著作，大都还局限于主要讲述男性的政治角色，也就是政府和政治党派在抗战中扮演的角色，而很少涉及妇女在抗战时期政治生活中的作用。在中国大陆，有关妇女参与抗战政治的学术著作也不多见。但是我们都知道，中国妇女自辛亥革命以来就一直不断地为自身和民族的解放而努力奋斗。香港大学研究中国妇女的女学者李木兰，在她 2007 年出版的关于中国妇女选举权运动的研究中指出，在抗战年间，女性积极分子有意识地参与政治，并成为了重庆地区国民政治中的有力竞争者。因为抗战之前的 30 年中，中国妇女为争取选举权的运动为抗战时期妇女的参政搭建了政治舞台。①

李木兰的研究旨在探讨中国妇女争取选举权的历史，所以她的著作主要揭示出了少数精英妇女领袖们在抗战时期的政治参与

---

① Louise Edwards, *Gender, Politics, and Democracy: Women's Sufrage in China*. California: Stanford University Press, 2007.

和表现。而本书记录的这些妇女的故事则主要是展示重庆地区的普通妇女,特别是草根阶级的妇女们,如何在抗战时期,自觉地将政治觉悟转变成实际的政治行动,把抗战动员与政治参与结合起来,积极参与抗战时期的抗日救国政治活动。

1937年"七七"事变之后,中国的全民族抗日战争需要所有中国人的支持。为了得到人们的支持,也为了赢得国际社会的同情,国民政府发动了大规模的全民抗战动员运动。整个抗战动员工作不仅把中国的精英们推向了公众领域,使他们参与政治竞争,普通群众也被卷入了抗战政治运动之中。这样,包括传统上一直处于边缘地带的团体,如普通妇女这样的政治团体,也成为了抗战政治舞台的生力军。妇女团体参与政治,使重庆地区的政治参与度极大地高涨,也使抗战时期的重庆政治的气氛更具有包容性和参与性。任再一、白和容、朱淑勤、罗自荣以及陈国钧的口述材料都向我们证明,妇女们参与抗战时期政治不仅积极、真实,而且她们的参与度也还远远超出了城市中心里各个政治党派和精英妇女领袖们。抗战时期的政治动员活动很多都是学校里的学生和包括妇女组织在内的其他民间社团开展的。学生和妇女团体组织抗战宣传队活跃于重庆周围的乡场上,使抗战动员活动触及上百万重庆周边农村地区的普通妇女群众。

一位抗战时期住在四川的外国学者,注意到年轻女学生们为动员城区周边农村人民支持抗战所作出的贡献,曾这样评论道:抗战期间,"数以万计的妇女和儿童平生第一次得到了学习读书、写字的机会,很难估计这个数字到底有多大。这些机会都是由一些(学生)团体或较大的组织派出的一些热情洋溢的年轻女性提供的。她们向这些偏远农村的普通群众解释造成抗战的原因以及新中国的建设问题。这样,女青年们用她们的智慧支持了全国的抗战救国，中国的抗战救国力量也得以增强"①。本书中那些在抗战时期还是学生的受访者们，都回忆了她们每周到附近乡下，动员农民支持抗战的活动以及这些活动所吸引的大批观众。这些抗战动员活动不仅向人们灌输了爱国主义和抗日民族主义思想，还让人们理解到政治参与的重要性。李木兰正确地指出，抗战"为妇女积极分子们提供了爱国的大背景，使她们能在这个背景之下联合起来"，并使她们能够积极参与抗战时期中国的政治，并在国民参政会及促使中国建立起真正宪政的运动中扮演了积极的角色。本书中这些普通重庆妇女们的口述材料表现出，在重庆地区，草根阶级特别是草根妇女的抗战动员活动，不仅与精英阶级为实现宪法改革和中国政治民主化所领导的战时政治运动具有同等重要的意义，而且还是精英政治运动的基础。

  本书口述历史也展示出，抗战时期重庆地区草根阶级的政治动员活动在很大程度上是以大众文化的形式表现出来的。香港学者洪长泰在他1994年有关抗战文化的研究中就提出过大众文化在抗战中的重要性。②大众文化作为政治动员的媒介，在中国已经有很长的历史了。1911年辛亥革命时期，大众文化就在重庆地区传播反帝反清思想中扮演了重要角色。譬如，"保路运动"期间重庆地区的民间故事，甚至谣言，都成为革命运动中推波助澜的工具。③抗战年间，大众文化以街头戏剧、歌咏，以及墙报（由于缺乏纸张而办在墙上的报刊）的形式，在重庆地区的抗战动员和妇

---

① Lily K. Haass, "Chinese Women's Organizations," in *Wartime China as Seen by Westerners*, Chungking: China Publishing, 1942, p.84.

② Chang-tai Hung, *War and Popular Culture: Resistance in Modern China, 1937-1945*, Berkeley: University of California Press, 1994.

③ Danke Li, "Popular Culture in the Making of Anti-Imperialist and Nationalist Sentiment in Sichuan," *Modern China*, 30.4, (2004): 470-505.

女争取自身解放方面,扮演了重要角色。歌咏和街头剧在抗战中成为了动员群众的流行媒介,通过这些媒介宣传抗战,像任再一、白和容和罗自荣这些受过教育的年轻女性,都过上了充满生机与活力的生活,同时她们也发觉和意识到了她们自身和国家的关系。在这个过程中,妇女们还为抗战时期大众政治文化的建立、塑造与传播作出了贡献。抗战时期重庆的报纸,纷纷肯定了普通民间的年轻积极分子们所表演的街头戏剧、宣传演讲以及演唱受欢迎的程度。例如,1937年12月13日重庆的一家报纸就报道说,近日来,由20多名男女青年学生表演的与抗战动员相关的街头戏剧和演唱,吸引了600名观众驻足观看,其中大部分都是来自重庆贫民窟黄沙溪①的苦力和洗衣女。之后,这队原班人马每个周末都会到附近的乡镇和村子里去演出。②

本部分的主人公,几乎所有受过教育的年轻妇女,都为她们能够作为学生投身到抗战宣传活动中感到无比的自豪。她们参加演唱和戏剧小组,加入大众演讲团,还从事募资以及支持难民的救济项目。她们都为为国家作出的贡献而感到骄傲,同时也相信正是这些抗战动员活动促进了她们的个性成长。整个抗战动员活动也为女学生们提供了更多的社交机会,让她们在公共范围内和国家政治上扮演了积极的角色。与那些参加了"五四"运动的先辈们一样,当她们外出表演街头戏剧、唱歌或发表公开演讲,动员人们支持抗战的时候,她们和男同学们一起作为平等的参与者,肩并肩地工作着。这些经历使她们看到了社会性别关系里的新亮点,唤醒了她们的政治意识和社会性别意识,帮助她们建立起政

---

① 黄沙溪,位于重庆城渝中区与九龙坡区的交界处,在民国时期为运输木材重要码头,居住人口较多且杂。

② 《新蜀报》,1937年12月13日。

治与社会性别的觉悟，从而促使她们以实际行动来寻找国家及其自身的自由和解放。

本部分这些革命妇女的故事向我们展现出，一个女性是否能够积极地维护其社会性别特征，是否能在抗战中为社会性别代表重新定义，其所受的教育程度并不是决定性因素。真正将革命妇女与其他妇女——如乌淑群那样受过教育但并未积极参与抗战活动的妇女——区别开来的，是她们的政治实践精神和行动。也就是说，她们真正理性地意识到要为自己的权利而斗争，要为自身和国家的自由解放而斗争，更要为实现自己的目标而采取行动。在抗战动员活动中的政治参与就成为了她们实现上述目标的手段和方法。

对抗战动员的大众文化活动的参与，使年轻女性们能够挣脱精英圈子的局限。由于青年学生们常常把街头剧、抗战歌咏队带到乡下，抗战宣传也自然地把女学生们与附近农村地区的农民和普通群众亲密联系在了一起。在这个过程中，受过教育的年轻女性，不仅强调要重新找回妇女在抗战时期应得的政治权利，还为认可大众文化是政治动员活动中富有生机的媒介以及妇女在其中所扮演的极其重要的角色作出了贡献。自抗战以来，大众文化作为政治动员的手段，已经成为战后中国大陆以及台湾地区政治生活的有机组成部分。抗战结束之后，中国妇女继续在大陆及台湾地区的大众文化和政治运动中扮演着重要的角色。

本部分的口述史也为我们研究抗战时期的共产党史提供了宝贵的资料。一些西方学者，如帕特里夏·斯特拉纳汗在她1998年关于1927年至1937年间上海的中共地下党活动的研究中，以及何稼书在他2004年关于抗战时期中国兵工厂及工人的研究中，都正确地对现存中国共产党史的西方学术研究提出了批评。[1]西方现存关于中国共产党历史的学术研究焦点，还主要集中在中国共产党在中国农村地区公开开展的革命运动上。上述两位学者都提出，中国共产党在国统城市地区所开展的地下活动，也应该引起学术界的注意。本书中妇女们的故事向我们打开了一扇新窗户，让我们看到一些在国统区的战时首都重庆地区的中共地下活动。她们的叙述向我们揭示出，在全民族抗日战争和第二次国共合作及统一战线的爱国背景之下，中国共产党不仅仅致力于抗战动员活动，也积极地建立和扩大了自己的组织网络和运作范围，并将其地下组织穿透到重庆地区的几乎所有社会领域。中共地下党组织之所以能够在抗战年间幸存下来并得以发展，原因之一就是当时多种政治势力并存的时局。为了联合全中国各派政治力量团结抗日，国民政府至少在表面上让各路党派生存。青帮、红帮、四川军阀、国民党、中国共产党以及许多第三党派都活跃在战时首都重庆的政治舞台上，使国民党中央政府很难控制该地区的政治活动，这就为中共的地下活动提供了机会和方便。

　　本部分年轻革命女性的故事为我们提供了较为详细的、有关中共地下党组织怎样在抗战时期吸收新成员的信息。本部分也为我们提供了中共地下党与新运妇指会这样的战时妇女组织的合作的信息，及其如何通过输送普通成员救济当地社会底层人民来赢取民心等情况。之前西方和国内有关中共历史的研究和著作，大多都集中在中国共产党赢得中国农村地区广大农民的支持而做出

---

[1] Patricia Stranahan, *Underground: The Shanghai Communist Party and the Politics of Suroioal*, 1927-1937, Lanhan, Md.: Rowman and Littlefield, 1998. Joshua H. Howard, *Workers at War: Labor in China's Arsenals*, 1937-1953, California: Stanford University Press, 2004.

的努力，或用国民党自身的失败来解释中共为何能在1949年击败国民党，取得控制全国的领导权。本部分中几位年轻革命女性的故事揭示了，抗战时期，中共在重庆地区的政治运动做了很多的民心工程。任再一和白和容都回忆道，抗战期间，中共地下党有组织地把地下党员和倾向中共的青年学生送到重庆周边的农村，进行抗战宣传和扶贫活动以争取民心，同时也为日后可能发生的武装起义做准备工作。这些民心工程为日后国统区人民在1945年后的内战中保持中立，并逐渐左倾起了重要的作用。这种努力，对中国共产党在抗战之后的国共内战中战胜国民党也起了很大的作用。

本部分的口述故事也让我们了解到，为什么重庆地区有些年轻女性会在抗战期间加入中国共产党，并参与共产党领导的政治活动。多年来中外学术界对此问题一直没有清楚解释。本部分妇女的故事揭示出，青年女学生参加共产党的原因是多种多样的。书中这几位年轻女性在抗战时期都只有十几岁。她们都多多少少地目睹了和经历了社会性别带来的不平等。她们都对冲破男性统治下的家庭和社会束缚有极大的渴望。抗战宣传动员工作，使她们有机会投身于抗战时期的政治活动之中，为她们提供了社会和政治大背景，使她们能够探索个人自由解放，并把个人的解放与国家及民族的自由解放联系在一起。然而，她们为什么会加入中国共产党而非其他政党，决定性因素在于她们与吸收她们入党的中共成员之间的私人关系。拿任再一的案例来说，是她学校的老师注意、关心她，并向她灌输了爱国主义思想；在白和容的例子里，她是受她的朋友兼恋人杜先生的影响而参加中共地下党的活动的。在抗战期间，重庆地区的中共地下组织是在现存的中国社会关系网中运作的。地下党是通过朋友、同学、老乡及其他社会关系来吸纳新成员并开展工作。为党工作也是为亲人、朋友工作。对任再一和白和容来说，中国共产党还象征着中国抗战时期的民族主义思想感情。由于那些介绍她们入党的中共成员都热情地投身于抗战奋斗中，任再一和白和容相信只要加入了中国共产党，就等于是参加进了中国全民族抗日战争之中。在国统区，抗战动员正是中国共产党用以进行组织扩大和政治力量发展的一个重要途径。

王素的故事则向我们展示出，在抗战期间，并非所有参加革命的妇女都能够享有自己的个性与自由。她的经历告诉我们，抗战年代，在中共地下组织中工作的那些女共产党员都必须服从党组织的安排和纪律。抗战时期党组织不仅命令她和一个男人生活在一起，假扮夫妻，保护地下党组织，而且最后还指示她去和一个人结婚。尽管王素对于自己作为女人和共产党员的多重身份具有清醒的认识，但是党组织却并不允许她拥有这些多重身份，而要求她做一名忠诚的共产党员，个人愿望要服从组织安排。当个人权利和组织利益发生矛盾时，个人永远要服从组织。

抗战时期的全民总动员，还为众多中国共产党和国民党以外的中间政治组织，打开了参与进重庆地区的抗战动员和中国的战时政治的大门。罗自荣是救国会①——一个中间政治组织的成员。她的叙述向我们揭示出抗战时期重庆知识分子界的很多信息，包括抗战中普通女权主义者们如何在"党内党外"开展工作。罗自荣和其他妇女们对抗战的回忆都展示出，在抗战期间，众多的思

---

① 重庆救国会是于1936年6月成立的青年抗日救国组织，成立人为几个和共产党失去联系的前党员及进步青年，主要活动于1936年6月至1938年，在国民政府及中共八路军办事处迁渝后停止了活动。有关重庆救国会情况，见中共重庆市委党史工作委员会编：《重庆救国会》，重庆出版社1985年版。

想主义、思维观点以及政治组织都在重庆地区竞相争取年轻人的支持。抗战动员,毫无疑问为妇女组织和第三党派这样传统意义上的边缘政治团体,步入政治舞台并在中国抗战时期的政治中拥有话语权提供了机会。抗战动员包容了相对的政治多元化。像救国会和妇女组织这样的中间政治组织在抗战动员中,与重庆地区的两大主要政党——国民党和中国共产党所扮演的角色相比,具有同等重要的地位。根据罗自荣的叙述,早在中国共产党和国民党到来重庆之前,重庆地区就已经有了强烈的抗战思潮,并有了像救国会这样的组织领导的抗战运动了。

  本部分记录的口述史也为我们提供了多面认识中国共产党的信息。过去,由于信息的匮乏,很多人错误地认为中国共产党的革命都是在铁的纪律下组织起来的,其运动都是由那些铁面无私、没有人性和感情的党组织成员们组织开展的。而本部分中揭示的温先生、饶小姐和罗自荣之间的三角恋爱,以及罗自荣与其他中共地下党成员和激进知识分子之间的关系,则将这些误解都驱散了。相反,她的叙述向我们揭示出,那些中国共产党的地下成员都是富有感情和人性的。

  我需要在此指出,抗战时期,许多重庆妇女参与了抗战政治活动。她们中有共产党员、国民党员,也有中间政党的成员。本书记录的战时儿童保育会的老师杨先知是青年妇女训练团的成员,这个团体是由宋美龄领导,中国妇女慰劳自卫抗战将士总会组织的。她和400名青年妇女从武汉步行到重庆后,在战时儿童保育院工作。但是本书记录的几位革命女性多半是中共党员,这是因为我采访的对象多是在中国大陆。这不等于其他党派的妇女就不爱国或没有参加抗战政治活动。

  我还需要指出,本书中很多普通妇女,特别是穷苦妇女在采访中都说她们没有参加过妇女团体组织的抗战宣传活动和动员工作。因为穷人忙于生计、养家糊口，没有时间和精力外出参加抗战活动。虽然根据采访结果来看，参加抗战宣传动员的妇女多数是受过教育的知识女性，但我们不应该认为穷苦妇女没有革命积极性，或远离政治。中国台湾"中央"研究院的连玲玲副研究员在评论本书时指出，抗战期间，工厂女工们虽然没有怎么参加有组织的支持抗战的政治活动，但我们对政治的理解，不应当只限于抗战动员工作。连玲玲指出，抗战期间，重庆的纺织女工曾组织过十次罢工运动。裕华纱厂的女工们就曾于1942年4月和1945年1月两次罢工。工人们对日常政治的关心高于对国家政治的关心。[1]学者们应当对抗战期间重庆女工的罢工运动及她们对待日常政治的态度加以关注。

---

[1] 连玲玲：Danke Li, *Echoes of Chongqing: Women in Wartime China*, Urbana: University of Illinois Press,《中央研究院近代史研究所集刊》第73期，2011年，第195—199页。

任再一

为新运妇指会工作的女共产党员

1920年生于四川永川①

在"正常"情况下,一群女孩子走上街头去唱歌演讲,会引来众人非议。然而,在我们为拯救国家的抗战支持活动做宣传的时候,没有任何人敢出来指责我们。我们充满活力,热情洋溢,满怀爱国热情,想实实在在地为抗日战争作出自己的贡献。我们都是十多岁的未婚少女,没有丈夫和孩子的羁绊,对投身于抗战动员活动有可能遇到的麻烦,没有丝毫畏惧。

我家原本在永川县。1923年左右,当地军阀之间的争斗使家乡的局势混乱不堪,父母就带着我搬到了重庆城里。我父亲是个懒人,根本不顾家。我母亲没有受过教育,靠帮人洗衣服和为富人家当家佣来赚钱维持生计。我7岁那年,母亲成了一个名妓的保姆。这个名妓在重庆干了很多年,在我妈当了她的保姆之后决定离开重庆回老家丰都去。她把我们也一起带了回去。她虽然是个风尘女子,但却是个心地善良的好人。她父母亲去世后,被她叔叔卖到了妓院。她很同情我们,尤其是我的遭遇,就是在她的

---

① 现重庆市永川区。——编者注

资助下我才能上得起学。作为交换，我得为她做家务，尤其是绣花。我6岁的时候就学会了绣花，而且绣得很好。如果不是遇到了这位善良的女人，我母亲绝对不可能有钱供我念书。跟女主人住在一起，当她的半个家佣，看见她遭受的这些羞辱，使我在小小年纪就明白作为一个女人，我想要过一种独立自主、有尊严的生活。虽然我并不知道要怎么样才能实现这个目标，但却雄心勃勃，想用自己的行动和能力过上好一点儿的生活。

1937年全民族抗战爆发的时候，我正在丰都一个叫四川女子中学的私立学校念初三。卢沟桥事变爆发之前，我就在学校里从一些激进的老师那里了解到日本人对中国，尤其是对东北的侵略行径。之后我才知道学校里有两个老师是中共地下党员。全民族抗战爆发之前，在这几位思想进步的老师们的鼓励下，我和几个同学一起组织了读书小组，阅读有关"德先生和赛先生"（五四运动时期对民主和科学的称呼）的书籍。那些老师可能是想影响我们，并最终把我们吸收进他们的组织里去。但最初，我们根本没想过要加入共产党地下组织，仅仅是被他们介绍的那些新思想给吸引住了。我们利用午饭后的休息时间组织讨论，分享彼此的读书心得。渐渐地，我们的活动吸引了越来越多的同学参加。有时候，参加活动的学生至少要占用四张桌子，每张桌子可以坐10个人。

得知卢沟桥事变爆发及接下来的全民族抗战时，我们都对日本侵略者和他们的侵略行径感到极度愤怒，激发起了强烈的爱国主义情感。我们甚至开始谈论要参军上前线，加入抵抗日本的大军，与日本人作战。然而，老师们却劝告我们应该投身于本地的抗日政治宣传活动中，动员当地人一起来支持中国的抗日战争。和我们打交道的有些老师是救国会的成员，现在我才知道救国会的组织者中有些就是共产党员。虽然那时候我们还是年轻学生，既没有强烈的政治意识，也没有想要加入某个政党的倾向，但我们却非常爱国，对日本侵略者恨得咬牙切齿。只要是反抗日本侵略的活动我们都支持参加。于是，我就和读书小组里的一些朋友一起加入了救国会的活动。

我们自发组成几个小组，实施抗战宣传工作。我们在学校里办墙报，动员同乡、同学们参与抗战斗争。周末，我们还走出学校，到当地附近的小区里去做宣传。星期天，我们从学校里拿出粉笔，到附近乡镇上去，在墙上和路边的岩石上书写支持中国抗日战争的口号。最普遍的口号有"打倒日本侵略者"和"将抗战进行到底"。我们还有一个演讲团队在附近的乡场上巡回演讲。一到某个乡场，我们就会从当地人那里借来凳子，由几个人站上去唱歌，吸引大家围观，然后就地发表支持抗战的演说，我们的观众大多数都是裹着白色头帕的赤脚农民。有一次我们甚至还到了丰都县城去动员群众。没有任何人给我们明确的指导，教我们应该写什么、说什么。我们写的演讲稿、办的墙报都是以报纸上读到的抗战消息和老师们传达的信息为基础。我们还有个话剧队，周末在附近乡镇的集市上演出。我们演像《放下你的鞭子》这样的流行剧目，还演街头戏剧。这些演出总是能吸引大批观众，尤其是那些没有受过教育的农民。

为抗战做宣传，给了我们表现自己、公开为国家出力的机会。在"正常"情况下，一群女孩子走上街头去唱歌演讲，会引来众人非议。然而，在我们为拯救国家的抗战支持活动做宣传的时候，没有任何人敢出来指责我们。我们充满活力，热情洋溢，满怀爱国热情，想实实在在地为抗日战争作出自己的贡献。我们都是十多岁的未婚少女，没有丈夫和孩子的羁绊，对投身于抗战动员活动有可能遇到的麻烦，没有丝毫畏惧。

参与抗战宣传活动还提高了我们的社会性别意识，使我们更加清楚地意识到自己的女性身份，认识到参与支持抗战不仅为我们提供了一条公开参加活动和改变自己命运的途径，还为我们提供了一个讨论妇女问题的平台。于是我们决定办一份妇女杂志。为此，我们走访了很多当地知名上层绅士的太太们，向她们陈述了我们的想法，告诉她们，办这份妇女杂志是为了做当地妇女的抗战动员工作，还会为丰都赢来积极进步的好名声。后来我们最终说服了一个太太，让她首先拿出钱来，其余的太太们就都觉得有义务跟随这股浪潮，也纷纷捐钱给我们了。一拿到钱，我们学校那两个地下党老师就帮我们联系了《新华日报》的印刷室，安排印刷出版。《新华日报》是中共报纸，在以国共第二次合作为基础的抗日民族统一战线达成后，被允许在重庆出版发行。1938年9月8日我们的杂志《丰都妇女》的第一期出版了。我们充满热情地在卷首语里陈述了发行杂志的目的："我们希望这份杂志能够帮助丰都的妇女同胞们检验她们的生活，了解当地社会以及中国和世界的关系，搞明白我们拥有哪些机会，又肩负着哪些责任义务。我们希望能通过发行这份杂志揭露出生活中的阴暗面，研究清楚冲出这种黑暗的途径，支持抗战，并展现出中国妇女最强大的力量。"由于资金不够，首刊我们只能印制30份。也许因为我们在首刊文章中使用的语言太过激进，杂志的赞助者们很不满意，决定不再提供资助。就这样，我们杂志的首刊就成了末刊。后来我在一些学者的研究中了解到，我们的杂志是重庆地区抗战时期唯一一份县级妇女出版物。虽然发行了第一期后就失败了，但对我来说这是一个令人兴奋的学习经历，增强了我的实践主义信念。

1938年我从四川女子中学毕业了。在我们的毕业典礼仪式上，学校的董事会主席、一个在丰都地区有钱有势的地主，冠冕堂皇地叫我们继续接受教育。他吹嘘说，如果我们这些毕业生中有谁在继续深造时，在经济上有困难的话，他愿意提供帮助。他做这个演讲的时候，根本不是真的想要在经济上帮助谁。他深知，在中国社会里，女孩子们读完中学以后就不会再继续念下去了。他认为没有人会跟他在一个女子学校的毕业典礼上说的话较真。那时，我在生活上正面临窘境。我想继续念书，实现当老师的目标，那样我就能够自立了。但是我却没有任何经济资源支持这个想法。抗战爆发后，那个多年来资助我上学的善心女人自己也陷入了经济困难，无法继续帮我上学了。

那两个中共地下党员老师听说了学校董事会主席的吹嘘后，就鼓励我和另一个同学利用他的说辞去向他要钱。他们帮助我们给那个主席写了一封信，提醒他，他在毕业典礼上许下承诺要帮助穷困学生继续深造；如今我们愿意接受他的帮助，继续学业。我们不仅把这封信寄给了校董会主席，还在校园里将它张贴出来，公布于众，这样校董会主席就不好赖账。尽管校董会主席很是吃了一惊，但为了挽回脸面，还是极不情愿地给了我们每人20块银元。

这件事情使我和那两位中共地下党员老师的关系更亲密了。渐渐地，他们吸收我加入了地下党组织。我之所以会决定加入中国共产党，有两个很重要的因素：第一，我了解到中国共产党的目标是要创建社会的公平、公正，帮助像我一样的穷人过上更好的生活。想到我的家庭背景，看着母亲在生活中苦苦挣扎，我觉得中共的这些目标很合我的心意。第二，我被告知而且坚信，中共才是真正领导中国人民抗击日本侵略者而努力奋斗的力量。在四川女子中学里的那两个党员老师的所作所为证实了上述说法都是真的。就这样，暑假里，我参加了当地中共地下党支部秘密组织的一个共产主义和革命的简短讲座，正式加入了中共地下党组织。

我和我朋友决定去萃文中学。我们用那20个银元支付了萃文学校的学费，就入校了。那是一所抗战时期从安徽迁到重庆来的私立学校，设有初中和高中。当地的中共组织要求我们上学时尽力扩大党组织的影响，并对那里的学生进行抗战动员。萃文的教职员工大多数都是下江人，学生则一半是四川人，一半是下江人。

一到萃文中学，我们就有意识地和许多学生交朋友。在四川女子学校的经历告诉我们，读书小组是个好办法，它不仅可以和同学联系上，还能影响他们。于是我们在萃文开办了一个读书小组，引导同学们读革命进步作家的书。例如，我们将高尔基的《母亲》介绍给小组成员，在所有人都读完以后，举行讨论会，分享心得体会。通过这个小组，我们和很多学生都混熟了，还和其中一些人私下里成了要好的朋友。只要抗战动员活动需要学生去参加，我们就能在读书小组里找到人。

去萃文中学的时候，地下党组织交给我们两个任务：一是扩大党组织的影响力，二是动员学生们参与抗战。为了完成第二项任务，我们组织了两个板报小组、一个读书小组和一个艺术欣赏与讨论小组。1938年，学校聘请了一位音乐老师。这位老师才从抗战前线服务队回来，是个很有天赋的音乐家。为了充分利用他的天赋，我们组织了一个抗战宣传演出队，吸引了很多爱唱歌的同学前来参加。除此之外，我们还组织了一个抗战话剧团。从1938年到1940年，两支队伍都在重庆地区参加了很多宣传活动。我是话剧团的一员，还是长期为墙报投稿的积极分子。我们演出了《放下你的鞭子》《有力出力》《民族的敌人》以及《前夜》。

《前夜》是著名左翼剧作家阳翰笙的作品。我们在校园里和附近的社区演出了很多场，为学校争了光。作为业余演出团队，我们很快就在重庆地区出了名。1938年冬，重庆的戏剧界组织了支持抗战的夜间游行，我们剧团应邀在一个移动的卡车平台上演出。那次邀请是对我们剧团的肯定，更是我们莫大的光荣。

在1939年和1940年的寒暑假，我们剧团在重庆周边的农村巡回演出。在巴县县城，我们演了《群魔乱舞》。这是一出喜剧，讽刺腐败的政府官员和万恶的发国难财而不为抗战动员作贡献的商人。我们的演出很成功。当地的观众看得实在投入，对那些官员和商人恨得牙痒痒，演出结束的时候，有些观众竟然想冲上舞台，殴打演坏人的演员。巡回演出中还有一次，著名剧作家石凌鹤看了我们的演出，对我们留下了很深的印象，后来还邀请我们演出他为支持抗战而专门写的一部新剧。

除了我之外，在我们剧团里还有两个成员也是中共地下党员。我们利用巡回演出的机会做宣传，动员普通群众支持抗战。我们常常在开演之前发表演说，提醒人们，抗战会爆发就是因为中国太弱，被帝国主义势力给欺侮了。中国人民遭受的痛苦都是外国帝国主义势力和中国官僚、地主以及资本家们强加给他们的。这次巡回演出还给我们机会见证当地人民遭受的苦难。我们巡回演出时，经常都住在农民家里。他们中的一些人生活在极度的贫穷之中。目睹他们遭受的痛苦，更加深了我要为穷苦人做事的信念。

1939年冬天，在我们剧团巡回演出的过程中，我遇到了一个农民家庭。那年冬天非常冷。我住的那个家庭有一个八九岁的男孩。他穿着一件破布夹袄，补丁重补丁，原来的样子都已经认不出了。这件夹袄太大了，他只得用一根草绳把它捆起来。他穿的裤子破烂不堪，连膝盖都遮不住，也没有袜子和鞋子。他们住的房子里实在是太冷了，男孩只能缩在一个角落里瑟瑟发抖。他父亲被征兵到前线打仗去了，母亲病在床上。一家人已经好几天都没吃上东西了，母子都不知道未来到底会是什么样。看见他们的处境我伤心极了，于是我写了一篇名为《为什么?》的文章，刊登在我们的墙报上，引发了学生积极分子的激烈讨论，尤其是那些参加了读书小组和剧团的学生。我的文章也鼓励了剧团其他同学在巡回演出时对接待我们的农家主人表示关注和同情，并争取给他们一些经济上的帮助。

我还积极投身于墙报团队的活动中。每个星期我们都要出版一期墙报为抗战做宣传。为了使墙报办得有吸引力，我们还请了一位资深画家为我们画画。我们的墙报很有趣，吸引了很多读者。学校当局，尤其是那些国民党人员，都不喜欢我们在政治上这么活跃，老是找借口让我们停止出版墙报。然而，我们的墙报主要是为抗战做动员，所以最终也没有被封杀掉。

在抗日战争期间，重庆地区住着很多名人。1939年5月22日，为了提升我们的读书小组的名气，我们邀请了著名记者、出版人和政治批评家邹韬奋先生到学校来做演讲。虽然他是我们读书小组的客人，但因为他名气很大，学校决定把这个活动推广到全校。那是一个雨天，但学校大多数教职员工和学生都参加了演讲会。邹先生在开场白里告诉我们，他在雨天到我们学校来有困难，因为城里交通很不方便，道路泥泞，到处都很拥挤。然而，他又说，抗战也很艰难，就好像在雨天赶路一样，但是只要我们心里有目标，有战胜困难的决心，就一定会取得胜利。这件事不仅大大激发了我们抗击日本侵略者的精神，更使我们读书小组在学校里的威望和地位都提高了，越来越多的人加入了读书小组。经过与多种多样的学生的接触，我们对其中一些人也有了比较深入的认识，最后吸收了三个学生加入中共地下党组织。

然而，渐渐地，我们的活动引起了国民党特务的注意，到1939年的时候，我们发现自己被好几个伪装成学生的特务给盯上了。一意识到危险，我们就决定离开了。在抗战期间很多外地人逃难到重庆地区来，很多学校也跟着搬了过来。一旦我们在萃文中学有危险了，就可以转到其他学校去。我和我的朋友于1939年底离开了萃文中学，没过多久就顺利通过了重庆女子师范学校的入学考试，被录取了。

重庆女子师范学校原来是在城里，我们去了以后没多久，为了躲避日本人的轰炸，它就搬到重庆江津去了。我们到达之前，学校里就已经有一个中共地下党支部了。一到学校，我们马上加入到他们的活动中去。我们到那里的时候，这所学校的中共地下党支部正在为抗日战争组织募捐活动，我们立刻满怀着热情加入到活动中来。我们将学生们分成一个个小组，分头到附近的街坊邻里去募捐。我们还组织戏剧演出，筹钱募捐。我们通过各种各样的途径终于筹集到好几百元，为前线的战士买了过冬的棉袄。

然而，重庆女子师范学校的校长却很反共。他也许觉察到了我们组织的存在和活动，因此他在每周的集会上都会警告我们，参与共产党的活动是很危险的，是要被杀头的。他还时不时带领一队老师到寝室里搜查，寻找共产党员活动的线索。他们连枕头芯都要搜，看是否藏有什么禁书或秘密文件。他们也经常查看学生们的信件和日记，以此来确保学生中没有藏着共产党分子。后来校长和国民党特务还是察觉到校园里有共产党，有一次竟然把我们的领导，一个男学生叫去审问，后来因为当时没有足够的证据，校方不得不把他给放了。随着时间的推移，那里的政治气氛变得越来越让人窒息。在重庆女子师范学校上学的那一年我感到无比压抑，因为我感到我们不能自由地为抗战作贡献。我们的一举一动都在校长和国民党特务的监视之下。我之所以加入中国共产党，就是想帮助其他和我一样的穷人，并为抗战作贡献。当我感觉到在这里已经无法再做那些事情后，就向党组织领导提出要辍学，离开学校，这样我就可以全身心地投入到抗战动员活动中去了。

我的请求被批准了。党组织先是指示我到《新华日报》总部去。在那里我又接到指示到周公馆，去找周恩来的副手、中共驻重庆代表叶剑英。最初我很害怕去那里，因为我只是一个普通的年轻女性，而叶剑英是著名的中共领导人，我甚至不知道他会不会同意见我。但既然党组织叫我这么做，我就去了。

根据国共第二次合作抗日民族统一战线的协议，周恩来是中共驻重庆的代表，但他的住所，即周公馆却常常在国民党特务监视之中。为了自我保护，我选择了一个没有月光的晚上，与一个朋友一起前往那里。这个朋友是我的患难之交。我们于1938年一起加入中国共产党，之后又一起进了重庆女子师范学校，后来又一起辍学。我们在天黑之前就赶到了周公馆所在地，在附近一直转悠到天黑。然后我们趁机冲进周公馆的接待室，告诉接待员我们想见叶剑英。那个接待员看我们两个年轻女人，很奇怪我们为什么会去找叶剑英。后来我们向他解释说是《新华日报》的人派我们来的，他才去通知叶剑英说我们来了。出乎意料的是，叶剑英竟然传我们去他的办公室谈话。在了解了我们的背景之后，他指示我们去找张晓梅，一个协助邓颖超在重庆开展妇女工作的共产党员。

第二天我们去见了张晓梅，她推荐我们到新运妇指会去工作。抗日战争年间，来自各个政治派别的妇女都参加新运妇指会，使其成为支持抗战的重要组织力量。我和我朋友被分配到的工作主要是帮助抗属,也就是军队战士们的家属。我们的办公室设在张家花园12号,附近住着很多知名的作家、演员、艺术家和导演。

我们部门有三个女共产党员,另外两个分别是重庆商会主席温少鹤的妹妹温小姐和周建。在周建的领导下,我们三个人组成了一个党支部。每个月我们都要去一次周公馆,汇报在新运妇指会的工作情况,学习当前时事,并过组织生活。党组织要求我们全身心地投入到抗战工作中来,指示我们尽自己最大努力充分利用抗战带来的机会,与新运妇指会里的其他妇女一起工作,理性地对待她们,把我们的活动限制在抗战动员工作范围之内。

抗战期间,住在重庆的人都得向当地警察局登记注册,以便领取政府分派的粮票和其他物资。为了鉴定抗属并为他们登记注册,我们走访了重庆地区的所有警察局,收集各个抗属家庭的信息,将每个抗属的姓名和住址连同其家庭经济和人口的简要情况都手抄下来,再根据他们的地理方位将这些抗属组织成一个个小组。每个月我们都要去不同的地方和他们一起开会座谈。会上我们向抗属们通报抗战的发展情况,告诉他们我们为什么要打仗,并对他们所作出的贡献给予表扬。此外,我们还倾听他们的困难和申述,并尽力帮助他们解决问题。他们中的大多数人都有经济困难,而负责帮助他们的那些政府机构往往效率都很低。这样,新运妇指会就变成了帮助抗属们解决抗战时期问题的主要机构。我们就在新运妇指会的抗属部门工作,所以可以与很多抗属家庭有密切的联系。他们是一群为全民族抗战作出最大贡献的普通群众,也是被战争害得最惨的一群人。很多抗属因为家中男人被征兵入伍,生活无依无靠,在生死线上挣扎。

作为中共地下党员,我们认为,尽管重庆地区为支持抗战而开展的政治宣传活动声势浩大、影响颇广，但却并未给贫困的抗属们带来多少实质性的利益。他们真正需要的是能够帮助他们应对战争的具体经济利益。于是，我们就有意识地从事能为当地抗属带来直接具体的经济利益的工作。例如，我们尽自己所能，帮助抗属们争取他们应得的政府财政救助。作为他们的代表，我们与腐败斗争，与那些推迟或者故意不发放抚恤金的官僚主义进行斗争，以抗属的名义写信和请愿书，争取财政资助和工作安置，陪同他们到各个政府部门为小生意申请贷款，还到他们子女的学校参观访问，请学校减免学费，代表他们向政府申请财政救助等。

抗战时期，大多数中国士兵都是从农村征募来的，因此除了为本城市地区的抗属服务外，我们还将工作范围延伸到了周边农村地区。不管走到哪里，我们都要确保抗属们知道我们是来自新运妇指会的。我们一到达某个乡镇或者集市，就马上在场地中间立起一块牌子。在走访当地政府，获取抗属的姓名之前，我们都会在政府大楼前面立一个简单而醒目的板报，让当地群众了解什么是新运妇指会、它是做什么的。我们将板报上的内容向围观群众大声朗读出来，并抓住这个机会对他们进行抗日战争宣传。我们唱歌给当地群众听，向他们通报目前与抗战相关的时事，动员他们支持抗战。每次应付完当地官员后，我们会挨家挨户走访当地所有的抗属，无论他们面临着什么样的困难，我们都会设法帮他们解决。有时候到某个地方去，一待就得好几天。通常我们都住在抗属家里，与他们同吃同住，还帮助他们做些杂务。有些偏远的农村地区，之前几乎就没有去过任何受过教育的城里人，我们的出现不仅对当地的抗属们意义重大，而且还把外面的世界带到当地社会。他们对我们和外面的世界都很好奇，我们则尽自己最大的努力来回答他们的种种疑问。往往在离开某个地方之前，我们都会出版另一份墙报，告诉当地人我们都做了些什么，并对他们的支持表示感谢。在抗日战争期间，新运妇指会成了重庆地区领导抗战支持的一个重要机构。我觉得，它能得到这样的认可，也因为我们所作的工作和贡献。

　　做抗属工作并不是一项容易的事。我们经常得克服巨大的困难。为了去看望抗属，不管距离有多远，我们都得步行着去。为了看偏远的农村地区的抗属，我们有时候得冒着被强盗土匪袭击的危险走上好几天。有一次，我们要到北碚地区去看望抗属，那里距城里有40里左右远，大部分路程我们都是步行的。后来大家全都走不动了，我们就搭了一艘渡轮。等我们完成任务回到总部的时候，为乘搭渡轮之事我们挨了批评，因为对我们自己要求太不严格。我们也为自己没有按照革命者的标准严格要求自己而感到羞愧难当。在抗日战争期间，我们确实是全身心地投入到了抗战支持活动中。那时候我们都很年轻，充满热情也满怀理想。我们完全没有考虑过自己，一心一意尽自己最大的努力去帮助抗属，为抗战作贡献。

　　通过与农村地区成百上千个抗属家庭的密切接触，也为我了解、研究中国社会和中国人，尤其是穷苦大众，提供了一个很好的机会。在帮助他们的过程中，在与腐败的政府官员和官僚系统打交道时，我们都经历了许多挫折，也见证了农村地区的贫穷以及社会的不公正。这些都让我更清楚地看到，那时的国民党政府根本就不是人民的政府。很庆幸，我是一名共产党员，在为改善穷苦大众的生活而工作。在帮助抗属的过程中，我们不仅只是帮助他们解决问题，还抓住机会，用简单明了的方式向他们解释造成问题的原因，帮助他们认识到政府的腐败和社会的不公正。不管是在城里还是乡下，不管走到哪里，我们都向走访的群众和一起工作的人们传播革命思想。

抗日战争期间,新运妇指会举办了很多募捐活动,为战士们和他们的家属们筹集过冬的棉袄。我们积极投身到筹集冬衣工作之中,还志愿背着沉重的包裹,步行好几里路,把冬衣分派到各家各户。通过这种方式,我们既能工作在抗战第一线,又在为后方的草根阶层的抗战动员而工作,这使我们声名鹊起,广受抗属们的爱戴。我为自己能够为抗战做些实实在在的事情,能帮助众多像我一样的困难家庭而感到幸福和快乐,我对自己的工作很满意。更重要的是,我们还在当地群众中树立起了中国共产党的良好形象。他们不会忘记,是我们为他们送去了过冬的棉袄,是我们帮助他们从腐朽而铁石心肠的官僚政府那里拿到了抚恤金和财政救助。我们与抗属家庭之间建立起了信任。抗战胜利之后,正是这些在抗战中与基层群众建立起来的联系与信任,使我们能够在随后到来的内战中动员他们,在国民党统治下的重庆地区开展反蒋的民主主义运动。

然而,作为未婚年轻女性,我们在工作和生活中都要忍受男同事们不曾面临过的很多困难。在新运妇指会工作的时候,由于重庆地区的住房短缺,我们3个同事共同租一间离办公室不太远的出租屋住。这是一栋破旧老房子里的一间屋子,门窗都朝向一条狭窄的街道,老门和老木窗都已经不能很好地关上了。当大家都知道只有3个年轻的未婚女人住在这里后,我们就开始遇到各种各样的麻烦了。有一天晚上,有人试图从外面把我们的门闩拨开,我们不得不起来把屋子里唯一的一件重物——我们的床,搬去抵住门,不让他们闯入。夏天的重庆是中国有名的火炉之一,温度能够达到40摄氏度以上。冬天的晚上我们还能把门窗都关紧。但在夏天,我们只有把窗子打开透透气,才能勉强睡得着。

我们在窗子上钉上木条，以为即使是开着窗子睡觉也不会有危险了。然而，一天晚上，当我们都睡着后，有人用一根带钩的长竹竿来钩我们晾在脸盆架上的衣服。那根杆子把脸盆架弄倒了，把装着水的盆子也掀翻了。盆子落地和水打翻的声音将我们惊醒，我们一阵尖叫，把小偷吓跑了。我们怕极了，幸好衣服还没有被偷走。在那时候，我们每人都只有一套能够穿去工作的衣服。晚上上床睡觉之前就把衣服脱下来洗净，第二天早上又接着穿。如果被偷了就没有衣服穿，也就出不了门了。这种事情之后又发生了几次，我们决定除了尖叫外，还得装成屋子里不仅只有我们3个女人，而且还有男性亲戚在才行。之后又有人想来钩走我们的衣服时，我们中的一个人从容不迫地大声叫道："大叔，有人想偷我们的东西。"然后另一个人则压低声调，装成男人的声音，把小偷吓跑。最后，我们只得把门窗都封起来固定好，避免以后再发生这样的事情。

尽管在抗战期间，重庆地区的人们对抗战的支持都很热烈，但女人要在公共场所里从事与抗战相关的工作却并不那么容易。我们的工作要求我们走访抗属的家庭以及当地的政府办公室。我们每天都要在街上抛头露面，和许多人接触。虽然我们得到了抗属们的赞赏和认可，感到颇为满足，但也常常遇到麻烦事。首先，由于我们的中共党员身份，我们总是被警察监视，经常遇到政治上的麻烦。其次，作为年轻女性，我们还时不时地被那些男性政治流氓骚扰。

1940年夏的一天，在走访了几个抗属家庭后回家的路上，我发现有个穿军装、戴着墨镜的高个子男人，已经跟着我走了好一会儿了。为了甩掉他，我故意放慢脚步，在路边一个小摊前停了下来，装作要买东西的样子。然而，我一停下来，他也停了下来，还试图跟我搭讪。我一点儿都不想跟他说话,转身就走。他紧跟着我,还告诉我他能帮我在外交部找一个高薪工作。我告诉他,我对他说的东西一点儿都不感兴趣,叫他赶紧走开。但是他还是跟着我,想要跟我说话。虽然我装着很镇定的样子,但实际上心里却害怕极了,甚至怕得有些发抖了。我当时其实并不清楚到底应该怎样应对这种情况。作为中共党员,我接受过应对被国民党抓住后审讯这样的危险情况的训练,但从来没有学习过应该怎么应付流氓跟踪者。我知道我绝不能让他跟着我回到住处去,如果被他发现那里只有我们三个年轻单身女人住着,他定会再回来骚扰我们的。那我该去哪里呢?我在脑子里紧张地搜索着,想要找个安全的地方跑过去甩掉他。我们就这样继续走着,我感到时间都凝固了。我走过很多条繁忙的大街,那个男人还是紧跟着我。最后,我看见国民政府第三政治处大楼的大门。我有个同学就在那里工作,大楼的门口还有一个穿着制服的保安员。我赶忙跑到门口,告诉门卫我想见我的同学。他给我同学打了电话,又验明我的身份,允许我进了大楼。一见到我朋友,我就把那个跟踪者的事情都告诉了她。我实在是太紧张了,说话都有点语无伦次。几分钟后,我让我朋友出去看看那个跟踪者还在不在,结果他走了。我们一直在她的办公室等到天黑,我才从大楼的后门出去回家了。之后,我所有的朋友都夸我这件事处理得很好,但我当时到底有多么害怕和紧张却只有我自己知道。现在回想起来,我也觉得我当时做得很对。

在抗战期间,尽管很多人都投身到抗战动员活动中,但时不时地还是有人用白眼来看我们这些在公共场所工作的年轻未婚女性。我们在外面抛头露面,引来了很多不必要的注意,而且很容易被当成性骚扰的对象,虽然老实讲我觉得我自己并不漂亮,也没什么吸引力。但是，我还是遇到了很多事。1941年夏的一天，我穿着一件短袖旗袍，正在各个抗属家庭之间奔走。当我经过一个隧道的时候，一个男人跟了过来，说要带我去看电影。那个时候，看电影很贵，是吸引人的西洋玩意儿。如果一个男人邀请某个女人一起去看电影，那就表示他对她有意思了。我根本没有理他，继续走着。那天很热，有好几个人正在这个阴凉的隧道里睡午觉。突然，那个男人追了上来，从后面一把抓住我的光胳膊，抱住我。他说："我们一起去看电影。"我被吓呆了，吓得几乎失声了。几经挣扎，终于我喊了出来"放开我"，然后拼命从他的手里挣脱开来。闹声把隧道里睡得迷迷糊糊的人给吵醒了，那个男人才逃跑了。人们围过来，问我发生了什么，我却一个字都说不出来。在那时的中国社会，如果有性骚扰发生，没有人会责备犯罪的男人。围观者或许认为我是个妓女，因为要让他们明白为什么一个未婚年轻女人会独自走在隧道里实在太难了。我心里非常难过，伤心死了。因为我是一个年轻女人，才被流氓占了便宜，但我却没有任何办法去回击那些流氓，我又气又恨。我想对那些人大喊大叫，告诉他们我是为拯救我们的国家而工作，我在和日本侵略者做斗争，但我却不能那么做。我快步走出那个隧道。我有个朋友在附近一个书店工作。我到她那里去，把我的经历告诉了她。她安慰我，让我平静了下来。好在至少我没有受到身体上的伤害。

　　我在新运妇指会一直工作到1941年底。1941年1月皖南事变发生后，国共第二次合作濒临破裂。国民党政府及其特务对在重庆的中国共产党组织发动了大规模袭击，逮捕了大批重庆地区的中共党员。1941年底，我们党支部的领导也被国民党特务逮捕并关了起来。党组织指示我们回到乡下去躲避，等待进一步指示。

皖南事变后，地下党组织调整了在国统区的组织政策。30年代到40年代，中共地下党在重庆地区采用单线联系的方式运作——我知道我的上级和下级，却不知道我们小组之外的任何人。这样，一旦地下组织中有人叛变，就能阻止多米诺效应的发生。我们支部的领导人被国民党逮捕后，重庆地区的反共气焰很嚣张。为了保护党组织的安全，地下党领导就决定不再为我们小组重新建立联系了。于是我就和另外两个同志一起回到了丰都。在那里我们发现，我们中学时的语文老师已经成了丰都一个镇上的头面人物了。通过他的关系，我们三个都被当地一所叫宝兰的农村小学聘用了。

因为我们三个都是在重庆上过学、工作过的年轻而富有活力的女性，我们的到来为这所学校和当地社区都带来了新鲜的空气和能量。尽管与中共党组织失去了联系，我们认为自己还是能够为支持抗战作贡献的。因为我会弹风琴，学校就安排我教音乐课。作为音乐老师，也为了充分利用我和朋友们的唱歌和跳舞天赋，我们组织起学生演唱和舞蹈小组，带领他们投入到抗战宣传中。例如，我们组织了一场免费音乐会，是当地有史以来的第一场音乐会，不仅吸引了众多人的参与，还为学校赢得了好名声。我们还组织学生在周末开展公开演讲活动，来动员当地人支持抗战。对于当地人来说，我们精力充沛，富有新思想。没过多久，很多当地人都开始满怀敬意地谈论我们，赞扬我们让学校和当地社区重新回到了意气风发的状态。

尽管如此，我们还是很焦急地想和党组织重新取得联系。在宝兰待了一学期后，那两个和我一起回到丰都的朋友中，一位名叫李真英的离开了学校，回到城里尝试寻找组织。后来第二个学期我也离开了宝兰，到丰都一所中学，一边教书一边想办法恢复我的中共党员身份。在那个学期期末，我收到了李真英的来信，她要我回重庆去做她给我找的一份工作。由于是期末，等给学生们弄完期末考试，我就辞掉了在丰都的教师工作，回到了重庆。李真英已经为我在中苏文化协会找到了一份工作。

中苏文化协会是张希曼1936年在南京创办的。他是国民政府的议员，以前曾在苏联留过学。这个协会最初的成员包括孙中山的儿子孙科、陈立夫和邵力子等国民党重要领导人，以及以前到苏联留过学的留学生。1937年抗日战争爆发后，为了赢得苏联对中国的支持，国民政府不仅与斯大林签署了一份互不侵犯条约，还将中苏文化协会的地位加强了。1937年底，中苏文化协会随国民政府一起搬到了重庆，组织成员多数都曾到苏联留过学。很多杰出的中共领导人也曾留学苏联，他们也成了这个协会的成员。在国共第二次统一战线期间，很多参加和同情共产党的著名作家、艺术家，如郭沫若、阳翰笙以及田汉等，也都在该协会担任了显要的职位，还控制了该组织出版的一份叫《中苏文化》的期刊。这份期刊的主编侯外庐，就是将马克思的《资本论》翻译成中文的译者。为了充分利用该组织的合法身份，中共党组织安插了很多人进来。我1942年到中苏文化协会来的时候，是为该期刊做中文校对。皖南事变爆发后，当中共在重庆地区的公开活动被明显压制时，这个协会就成为了中共和左翼第三方政治力量表达观点、发表意见的重要非正式渠道。

我在中苏文化协会从1942年一直工作到抗战结束。那些年里，我都没有正式的组织关系，因为1941年后中共党组织采取了一项新政策来对组织进行保护。在这项新政策下，一旦某个成员与组织失去了联系，不管什么原因，在国统区内都不会再恢复其组织关系。我因为在1941年底党组长被捕，与党组织失去了联系。然而，我还是像一个完全成熟的党组织成员那样为党工作，并继续为支持抗战作着自己的贡献。

白和容

革命学生

1925年生于四川江北

我还给与我订婚的那个男人也写了一封长信,告诉他我不会和他结婚,他应该另外再找个女人。我的行为震惊了整个家族,没有人能够想到我们家的一个女孩儿竟然会"偷"家里的钱和首饰,离家出走,更别说我还单枪匹马地撕毁了家人给我订下的婚约。

我出生在四川江北,我家是当地有权有势的大家族之一。就像巴金的《家》里写的那样,在20世纪三四十年代,我们家也是四世同堂。我祖父娶了很多个老婆,有些姑姑和我的年纪差不多,我们都一起去同一所学校上学。我父亲是个地主兼商人,有自己的生意。1937年全民族抗战爆发的时候,我才12岁,还是名小学生。我们是在学校里听说卢沟桥事变的,但是直到1938年,当许多下江人开始往我们这里逃难时,我才感觉到了战争给我们带来的影响。

下江人和我们当地人不太一样。他们一般穿得都更时尚新潮,有些人还很有钱。有些下江人看不起我们当地人,把我们当成乡下土包子。我们学校也接收了很多下江学生,他们中有些人表现得似乎是高人一等的样子。这些下江人的到来为当地生活带来了一些变化。例如,早饭喝米粥、吃馒头就不是当地习俗,而是下江人在抗战时期引进来的,那之前我们的早饭都是吃麻辣小面。这些下江人的到来还引起了我们这里很多基本物资的价格上涨,很多东西还出现了短缺,因为突然一下子人口暴涨。

抗战还为我们学校带来了很多下江老师。1938年,我们学校雇了几个年轻、朝气蓬勃的老师,男女都有,都是在上海念的书,日本人占领上海后,他们就逃亡到了四川。他们非常热情地对我们进行抗战宣传教育。1949年以后,我才知道他们中有些人是中共地下党员。但当时我并不知道这些。我们都很喜欢他们,因为他们不仅风趣幽默,而且还很好相处。他们是为数不多的不设法在师生之间设置障碍的老师。

上海来的老师们将我们组织成一个个歌咏和戏剧小组来做政治宣传,动员本地人支持抗战。本来,在这些下江老师到来之前,我们也有音乐课,但那些老师太乏味,我们都不喜欢上。我们从来没有上过戏剧课,也没有开展过戏剧表演活动。当一个下江老师邀请我去参加歌咏和戏剧小组时,我乐坏了。下江老师们要走访很多学生的家,包括我家,去说服学生家长们同意让我们登台表演。我参加了一个名叫《把你的儿子送到前线去》的话剧表演。这出话剧讲的是:一个保守的老头儿拒绝送他的独子去前线打日本鬼子,因为他想让儿子在家结婚生子、传续香火;等到日本人占领了他的家园、杀害了很多年轻人后,这位父亲才意识到,如果中国人都不去打日本鬼子,年轻人都会被日本人杀害,那时候中华民族都将遭到灭绝。由于我们学校是个女子学校,剧里的男女角色都得由我们女孩来演。我被安排去饰演那个老头儿,我姑姑演他的儿子。朋友们都拿我开玩笑，说我终于得到一个机会，在舞台上和我姑姑颠倒辈分了。我们在当地学校、集市上演出，无论走到哪里都会引来大群观众。当地人很少有机会看到戏剧演出，更别说是他们都认识的本地女孩儿自己演的了。

我彻底陶醉在了这种新鲜的刺激和自己在舞台上五分钟的名气里。通过这次演出活动，我和那些新老师，尤其是女性新老师，建立起了亲密的关系。从她们身上我不仅学会了怎么做好一个话剧女演员，更明白了男孩能做的事情，女孩一样可以做，只要自己下定决心，女孩就能通过教育、就业、经济独立来过上自主的生活。就像是将要窒息而死的人突然呼吸到了一口新鲜空气一样，这些新发现使我狂热地投身进了新生活之中。我成长在一个封建传统并且非常压抑的家庭里，这样的家庭根本不重视女孩儿。家里历代人都坚信女孩子的未来掌握在他们为她找的丈夫手里，因此在我们家，女孩子们长到十二三岁的时候，家里就会为她们安排好婚姻，并不热心她们是否受过教育。无论我受过多少教育，也不管我有没有自己的生活目标，我在婚姻上的命运也已经被家里人安排好了。刚过完12岁生日，我家人违背我的意愿，让我和一个根本不认识的、当地地主的儿子订了婚。我又哭又闹，坚决不同意这桩婚事，但是家人的决定却根本无法改变。参加戏剧演出的经历以及和女老师们的接触都使我感受到，只要我继续念书，我的命运或许就能得到改变。

1938年秋，我小学毕业，想继续念中学。我的小学同学大多都有一样的想法，但是我们中很多人都面临着家里的反对。我的家人认为，我是一个"已经订婚"的女孩儿，就应该待在家里，为婚礼好好做准备。我母亲很同情我的感受，但却无力改变我父亲和我祖父的决定。我在家里无比痛苦地待了好几个月，每天都哭，每天都和母亲及其他亲戚吵闹。然而之后发生的一个悲剧却改变了一切。我的一个小学同学，因为想上中学被家人拒绝，自杀了，这个悲剧震惊了整个江北县。当我听说了她自杀的消息后，也威胁家里人说，如果他们不改变决定，我也会做出同样的事情来。我母亲明白我有多么顽固，完全有可能做出这样的事情。她到我父亲面前去极力游说，才最终改变了家人们的想法。于是1939年我到了重庆，并且通过了文德女子中学的入学考试。那是一所加拿大教会办的学校。

我开始在文德女子中学上学后，日本也开始了他们对重庆的狂轰滥炸。我还在文德经历了1939年5月3日和4日的大轰炸。5月3日早上很早，我们就听见天上传来巨大的轰鸣声，同学们全都冲出房间去，看到底发生了什么。之后，我们就看见20多架日本轰炸机从我们头顶上飞过，没一会儿，它们就开始往市中心地区投放炸弹了。虽然我们学校在长江南岸，不是袭击中心，但整个事件还是相当吓人的。大轰炸死了很多人，还造成了巨大的财产损失。在轰炸初期，学校还给我们放了一周假，让我们回家去躲大轰炸。当大家都搞清楚了日本人对重庆的轰炸并非暂时的，而是长期战略性计划后，学校又复课了。我在文德上了三年学，在这三年里，往防空洞跑，成了每天的例行公事。

在文德女子中学，学校并没有积极组织我们为支持抗战做事，然而也不阻止我们参加那些活动。校园里有很多学生组织，我们都可以参加，去成为支持抗战的一分子。例如，在1939年到1940年间，蒋夫人举办"三八"妇女节庆祝大会，来动员妇女们参与抗战时，我们学校就组织学生参加，我也去了。我们还参加了其他很多活动，大多数都是当地学生组织发起的抗战政治宣传或募捐活动。

1940年，我15岁，正在文德女子中学上学的时候，我母亲去世了。这对我来说无疑是个天大的打击。在我那个传统大家庭里，母亲不仅是唯一心疼我、照顾我的人，还是我与家里联系的纽带。我从来没有和父亲亲近过，我们之间连话都很少说。母亲死后，父亲又娶了另外一个女人，那个家对我来说就完全没有意义了。但是想到我母亲去世的时候，我的小弟弟才只有两岁大，需要人去照顾，我就对自己的未来非常没把握了，整天焦虑万分。我知道如果母亲还活着，她一定会鼓励我继续上学。但现在她走了，我完全不知道家里还会不会继续供我上学。

到1940年，抗日战争给重庆很多人都带来了经济困难，很多基础物资，如大米和食用油等，都变成了由政府统一限量分配。政府提供的一般人买得起的平价米不仅质量很差，还常常缺斤少两，总是混有很多沙子和老鼠屎那样不能吃的东西。由于高通货膨胀，钱币贬值很快，没过多久我父亲就发现他的投资变得一文不值了。我们家也开始面临财务困难了。父亲和继母不再愿意供我上学。他们想把我嫁出去，这样就能少养活一张嘴巴了。我伤心气愤到了极点，坚决要完成我的中学教育。我回到家乡找亲戚们游说，让他们相信是因为我继母太自私了才不让我继续上学的。亲戚们因为我刚失去母亲都很同情我，都出面干涉，终于使父亲同意了让我念完中学。但这件事之后，我和继母之间的关系变得非常紧张，我和父亲的关系也进一步恶化了。

母亲去世后的一年内我都没有怎么回过家，家对于我来说已经没有什么温暖可言了。寒暑假里我都找些家教的活儿做，赚些零花钱，这样我就能少依靠父亲一点儿了。我姐姐已经结了婚，时不时也会接济我一下。就在那个时候，我开始很严肃地在狭义上思考我自己的人生，广义上思考妇女们在中国社会里的生活了。

我开始注意到在重庆发行的各种妇女出版物，只要能够找到的我都找来读了。阅读这些妇女杂志使我意识到，要想有自己的未来，我就得推掉婚约、继续接受教育，那样才能在经济上获得独立，才能掌握自己的生活和命运。

1941年我16岁，从文德女子中学毕业了。家人想叫我回去完婚，被我拒绝了。不仅如此，我还在巴县木洞的一所小学里找到了一份教师工作。之后我与父亲和继母争吵，说我还年轻，还不想结婚，如果他们同意让我做这份教书的工作，我就自己照顾我3岁大的弟弟。我继母本来就不愿意照顾我父亲的孩子，听到我的提议后很是高兴。于是我父亲也同意了我的要求，不再向我施加压力强迫我回去结婚了。

我在木洞教了一年书。上课的时候我就把弟弟放在操场上让他自己玩；课间休息的时候，他就和其他孩子一起玩。学校里的人都很喜欢他，我的同事们也都很同情我们的遭遇，容忍了他的存在。虽然我当时的薪水要养活弟弟和自己还很困难，但我还是陶醉在自己的独立和自由里。我一直都很喜欢唱歌和戏剧表演活动，加上我又会弹风琴，学校就安排我去当音乐老师。在课上我教学生们唱抗战歌曲，还把他们组织成一个个歌咏小组，到附近的学校和小区表演节目。

1942年我刚庆祝完17岁生日，家里就给我下了最后通牒，叫我回去结婚。如果我母亲还活着的话，我确实不知道自己是不是会反抗，因为我不想让她伤心。但我和父亲、继母的关系都不好，于是我决定抗婚。我把自己的情况告诉给了同事和朋友们，他们有些人建议我争取上个师范学校，以此为借口抗婚。我把我的决定告诉给了父母，他们说不会再供我上师范学校了。我把弟弟带回家去，给我父亲写了一封长信，告诉他我有多么地思念我的母亲，如果她还健在的话，一定会让我去念师范学校的等等。然后我从父亲的抽屉里拿了一些钱，还拿了我母亲留下来的一只金手镯，离家出走了。我还给与我订婚的那个男人也写了一封长信，告诉他我不会和他结婚，他应该另外再找个女人。我的行为震惊了整个家族，没有人能够想到我们家的一个女孩儿竟然会"偷"家里的钱和首饰，离家出走，更别说我还单枪匹马地撕毁了家人给我订下的婚约。对他们而言，我不仅让家族蒙受了羞辱，还给列祖列宗丢尽了脸，应该对我进行严惩，以儆效尤。我姐姐找人把这个消息告诉了我，警告我千万不能回去。就这样，我被逐出了家门。

我通过了北碚的重庆师范学校的入学考试，正式入学了。北碚区离重庆市有大约40里远，当时由卢作孚先生开发、经营。卢先生是民生船运公司的创办人。民生船运是长江上游的第一个中国船运公司。北碚城外，国民党在那里的影响也相对薄弱。抗战期间，那里吸引了很多重庆和迁址过来的学校入驻。卢作孚以思想开放和锐意进取而闻名。他在那里建了一个特别实验区，兴办科学事业和实业，在抗战期间还吸引来了很多著名的有识之士。我一到北碚就发现，这里的政治气氛和学术氛围比我曾经待过的许多地方要自由轻松得多，支持抗战的运动也比其他地方都要热烈得多。卢先生在北碚修建了一个大礼堂，抗战期间大多数晚上，那里都有抗战动员活动。我一听说重庆师范学校有歌咏和戏剧小组，就马上参加了。周末和学校放假的时候，我们就在大礼堂表演，还到附近的乡下巡回演出，用我们的歌声和戏剧表演来动员人们支持抗战。

歌咏和戏剧小组的同学们个个都精神抖擞、富有活力、满怀理想。之后我才知道他们中有好几个都是中共地下党成员。我和他们建立了热忱而亲密的关系。他们对我的个人遭遇都很同情，都鼓励我过自己独立的生活。我们为抗战动员活动工作得很努力，一点儿也不介意牺牲自己的休息时间来排练和周末到乡下去巡回演出，为能够将自己的年轻活力投入到为国家人民的抗战支持活动中去而感到无比的满足。正是这些唱歌和戏剧演出活动以及忙碌的课程安排，使我暂时忘记了与家里的矛盾。我完全沉浸在了北碚活跃的抗战精神氛围中，感到自己思想感情和学术知识上都获得了极大的提高。

在我们歌咏戏剧小组到附近乡下去巡回演出的过程中，我和一个姓杜的女孩儿成了亲密好友。她比我大1岁，唱歌和演戏都很有天赋，也极富热情。随着我们关系的不断发展，我把我家里的麻烦事情都告诉了她，她对我的处境十分同情。我们有相似的家庭背景。她家在抗日战争爆发以前也是很富有的，但是抗战打乱了她父亲的生意，也扫光了她家的财富。到我们相遇的时候，她家也和我家一样面临着财务困难了。但她还是非常大方，不管是钱还是衣物，都总是拿来和我分享。由于姐姐警告我不要回家，1942年放寒假，杜就邀请我到她家去过春节。

我们到她家的时候，她弟弟杜文泽也回家过节来了。他和我差不多大，是个高中生。杜家和我家很不一样，他们彼此之间的关系都很亲密，父母思想都很开明，和子女们的关系都很温暖亲密。没多久，我就发现，她弟弟不仅是个帅气的运动男孩儿，而且很喜欢唱歌和戏剧表演。我们三个在一起唱歌、背诗、演即兴戏，还一起散步。杜文泽还很喜欢文学，带了很多国民党政府的禁书回家，其中包括列夫·托尔斯泰的《复活》、辩证唯物主义书籍和其他社会主义及马克思主义著作。我也开始对中国家庭的传统价值观以及社会对待女性的方式产生了质疑。之前我从来没有接触过社会主义和马克思主义理论，也从来没有质疑过我自己的生活以外的社会问题，如包办婚姻和传统家庭。杜文泽姐弟让我阅读他们的书籍，还花了很多时间来与我讨论。在讨论中我认识到，要解放妇女就得用革命来改变中国的社会和政治系统，在共产主义社会里，人与人之间才能真正实现平等。这是我第一次接触到社会主义、共产主义和革命的理念。尽管我还无法完全理解接触到的全部东西，但它们对我来说却意义重大，是一次开阔眼界的启蒙经历。我完全陶醉在杜家为我带来的知识启迪和家庭温暖中。也就在那个时候，我爱上了杜文泽。

虽然我是在一个大家庭里长大的，与很多叔叔、兄弟、表兄弟及侄子一起生活在同一屋檐下，但在我们家族，女人与男人是无法平起平坐的。我和家里的男性成员从来都没有过亲密的关系，我甚至讨厌我们家的男人，认为自己不可能会爱上任何一个男人。但杜文泽和我之前认识的很多男人都不一样。从我到他们家的第一天开始，他就用完全平等的方式对待我和他姐姐，对我们的想法表示出真诚的兴趣，信仰男女平等。不仅如此，他还是一个很风趣的人，很好相处。他喜欢打篮球，喜欢唱歌和话剧，对我的处境也深表同情，总是很乐意倾听我的述说。在他们家的两周假期里，我们互相都产生了好感。后来我才知道，他是个中共地下党员。在那个时候，我对中共的活动没什么了解，仅有的一点儿印象也是国民党政府宣传中的那种负面形象。但自从遇到杜文泽之后，我意识到，如果中共党员都像他一样，那么我也愿意成为其中一员。这样我就开始对他所做的事情以及中国共产党的活动，表现出兴趣，想要进一步了解。

抗战期间，在国共第二次合作的相关协议中，中共获准在重庆发行官方报纸《新华日报》。过完春节回到学校后，我也开始经常阅读《新华日报》了。杜文泽的学校离我们学校不远,我们随时都可以见面。他为我推荐了更多社会主义和共产主义的书籍。因为这些都是政府和学校当局的禁书,我只能悄悄阅读。我在书上装上假封面,把它们伪装成流行的浪漫小说或武侠小说。这些书以及与杜文泽就社会现实背景所做的讨论,帮助我对社会主义和共产主义革命有了更深一层的认识。渐渐地,我也成了一名信徒,希望一个社会主义的社会能在我们国家建立起来。带着这样的理想主义想法,我开始参加中共地下党组织的各种活动,也不管共产党是被国民党政府认定为非法的组织以及参加进去是非常危险的这一事实。

杜文泽被地下党组织安排到附近一个叫马镇子的乡镇上去动员群众支持抗战。他组织了一帮学校里的年轻人到乡村里去做动员宣传,我也经常跟他一起去。除了唱歌和教村里的孩子们唱抗战歌曲,我们还去走访穷困的农民家庭,目睹了乡下人的贫困和遭受的痛苦。这些经历更坚定了我的信仰,中国确实需要革命。

1944年,日军想通过贵州从陆路入侵重庆,实施霸占中国的计划,并已抵达了离重庆不太远的、一个叫独山的地方。日军可能对重庆发动侵略的形势,迫使国民政府又举行了新一轮动员知识青年参军的运动,征集十万年轻男女参军打日本鬼子,保卫重庆。很多在校的年轻人都热情澎湃地响应了政府的号召,中共地下党组织也动员其成员参军。起初我和杜文泽都想参加青年军,但党组织决定让我们都留在北碚地区,继续到附近的乡下去进行宣传和动员活动。地下党组织在为最坏的情况做准备:如果日本人真的侵略重庆,中共希望有一支准备好的民兵队伍同侵略者打游击战。我们就被派去动员和组织当地群众。

在那几个月的紧张时间里,我们暂时休学,不知疲惫地在乡村努力工作，动员群众做好准备迎接最坏的情况。为共同的目标工作，进一步加强了我们的恋人关系，还有我们的同志和朋友关系。为了能更有效地动员农民，我们步行穿梭于各个乡村之间。白天我们走访农民家庭和村干部，想建立起一支民兵队伍；晚上则在寺庙或学校的操场上宿营，靠善良的村民给的食物充饥。由于村民们也都遭受着战争带来的经济困难，我们经常不知道下一顿饭该怎么解决。作为女性，我工作得格外努力，还要与当地一些人的偏见作斗争，让他们接受我并且信任我。尽管遇到这么多困难，这些经历对我来说是一笔巨大的财富。通过它们，我学会了很多领导、组织和动员技能，也更加自信了。我坚信我能够改变自己的命运，也能帮助别人改变他们的命运。

独山危机之后，我和杜文泽都想去延安。在国统区我们只能隐瞒中国共产党党员身份，在"地下"开展工作。不仅如此，我们还随时面对身份暴露后被国民党特务杀掉的危险。我们以为只要能够去延安，就能全身心地投入到抗战和革命活动中去。但党组织领导却不让我们去。一个领导找杜文泽长谈了一次，要求他留在重庆地区，继续到乡下开展动员工作。他劝杜文泽说，因为我们都是本地人，是党组织在当地革命运动中的宝贵财富，留在重庆我们能为党做的工作更多。这样我们就留了下来。

1944年秋我从重庆师范学校毕业，在天府煤矿小学找到了一份教师工作。那是北碚的一所矿工子弟学校，在我去之前已经有好几位地下党员在那里教书了。我们在一起工作，一起为学生们灌输社会正义感和其他进步思想，组织他们为抗战作贡献。当1945年8月日本终于投降的时候，我兴奋极了，以为战争终于结束了。但不幸的是，和平并没有持续多久。内战一触即发，我们立刻又将所有注意力集中到动员群众反对打内战上去了。

抗日战争是我人生中的一个转折点。那些接收我为抗战宣传的唱歌和戏剧小组的进步的下江女老师，给了我最初的自信。与抗日战争相关的政治思想与实践，更让我清楚地认识到，想要摆脱家庭对我命运的安排，过上一种不同的生活，我就得采取行动。这些实践主义思想使我敢于要求家人给我继续接受教育的机会。被家人拒绝后，我有勇气离家出走，成为了一个独立的人。抗日战争还将我变成了一个革命者。我对我那个男性主导的传统家庭进行的反抗斗争，以及我们动员当地群众支持抗战所获得的成功，都让我更加坚定地相信，中国不仅需要革命，而且中国革命的成功是绝对有可能的。最后，我还在抗战中找到了爱情。参加学校的歌咏和戏剧表演小组使我有机会认识杜文泽的姐姐，之后又认识了他。反过来，他们对中共地下活动的参与也影响了我，使我成为了一个独立女性和一个革命者。

罗自荣

救国会的妇女

1919年生于重庆

在抗战期间有首叫《毕业歌》的歌是这么唱的:"同学们,大家起来,担负起天下的兴亡!听吧,满耳是大众的嗟伤!看吧,一年年国土的沦丧!我们是要选择战还是降?我们要做主人去拼死在疆场,我们不愿做奴隶而青云直上。"那是抗战期间我最喜欢的一首歌……

我1919年在重庆出生,父母都来自四川省的内江。父亲是一家电报公司的职员,母亲是家庭主妇。母亲在我13岁那年就去世了。过了几年,父亲吸鸦片染上了肺病,也去世了。之后,住在重庆的外公外婆收养了我。我外公是个有钱的商人。

1935年我进了四川女子职业学校读书。1937年抗战爆发的时候我17岁。我们学校离重庆第二女子师范学校很近。在职业学校学习的时候,我经常到第二女子师范学校去看她们举办的活动,那里的女孩儿们很有组织纪律,有很多有趣的活动。她们组织了很多与抗战相关的表演、戏剧及其他活动。她们表演的戏剧中包括有1931年的"东北事变",也就是九一八事变。我很喜欢凑热闹，因此经常过去看她们的演出。有一出戏给我留下了很深的印象，讲的是朝鲜怎样变成了日本的殖民地，朝鲜人如何变成了日本人的奴隶。这出戏引起了我对中国命运的思考。戏里说朝鲜成为日本的殖民地后，10家人才能共享1把菜刀。我不希望在日本人的控制下生活。从这些表演里我受到了爱国主义教育。最重要的是，我们学校的李校长也是个进步人士。他聘了一批在20年代参加民主主义革命的人当老师。于是，我们学校就有了很多进步教师。到1949年以后我才发现，学校的教职员工中有些竟然是中共地下党员，其中还包括教导主任和副校长。30年代后期，重庆地区的政治气氛很是紧张。国民党政府不时派警察到学校，检查学生们是否确实都在教室里上课。他们怀疑有中共党员乔装成学生，但不到校上课。我们学校给每个学生都发了写有名字的标牌，上课时间这些标牌就都挂在收信室里。每天学校都会检查标牌，做考勤记录，以此保证所有的学生都在教室里上课。

在女子职业学校的第一年，学校组织了一场演讲比赛，主题是"新生活运动"。我上小学的时候了解过新生活运动，演讲比赛开始的时候我对这个主题已经有了一些背景知识。我把自己了解的东西汇总起来，做了一个非常成功的演讲，获得了比赛第一名。之后我就对公开演讲非常感兴趣。1936年1月29日①北京爆发了一场抗日学生运动，老师向我们通报了运动情况。我和几个朋友决定做一些墙报来声援北京的学生们。听说在北京，老师们都很支持这场运动，还和学生们一起走上街头游行。我希望我们这里的老师们同样能和我们站在一起。

1936年我在学校听说了西安事变。蒋介石被软禁，被迫同意

---

① 此处为受访者记忆有误，该运动为1935年12月9日的"一二·九运动"。——编者注。

抗击入侵中国的日军。国民政府不准学生们参加政治活动，但我们听说蒋介石被软禁后都非常兴奋。我们全都走上街头，向人们转达这一消息。我记得我还站在一个板凳上做了演讲。学生们对有关抗战的事都非常敏感。

后来我们才知道，如果蒋介石当时真的被杀了或被夺掉了权力，中国政权就会落入亲日派手里，中国的命运也就由那帮人来主宰了。虽然蒋介石没有积极抗日，但至少他还不会把中国拱手让给日本，他是亲美的，不是亲日的。

1937年日本人发动了全面侵华战争，我开始在学校里出版与抗战相关的报纸。那时重庆有个很著名的作家，名叫马相伯①。他经常发表打油诗来嘲弄政府当局，揭露当地社会的不公平现象。我很喜欢马先生的打油诗，也学着他的风格开始写自己的诗歌，嘲弄学校里不参加政治活动的保守教职员。我写道："你们把学生当成奴隶，老师就是奴隶的监工。如果奴隶们应该被杀掉，那么应该最先被杀掉的就是这些奴隶的监工。"我把这首诗的抄本附在作业里一起交给了老师，还在校园里的墙上贴了一份。我的语文老师是毕业于北京大学的女性，是位十分进步善良的人。她看到我的诗，知道我写得太激进了，会带来麻烦。为了保护我，她叫我把诗收了回去。但由于我贴在墙上的那首诗没有署名，尽管学校当局为此非常恼怒，但却无法查出是谁写的。

我有个同学，名字叫周国协。她后来在抗战中加入了新四军，在战场上牺牲了。她出生在一个非常贫穷的家庭，却是一个非常优秀的人。为了能够得到奖学金，她学习非常刻苦，学习成绩总是保持在班里的前两名。她很明显是个共产党员，但总是在幕后

---

① 中国近代史上杰出的教育家，曾参与创办震旦学院、复旦公学（复旦大学前身）、辅仁大学，一生为国家前途奔走。——编者注

工作。她还鼓励我和其他同学创办抗战报纸、唱歌小组和演讲团。我的音乐老师也是个进步人士，经常教我们唱进步歌曲，包括很多抗战主题的歌曲。在抗战期间有首叫《毕业歌》的歌是这么唱的："同学们，大家起来，担负起天下的兴亡！听吧，满耳是大众的嗟伤！看吧，一年年国土的沦丧！我们是要选择战还是降？我们要做主人去拼死在疆场，我们不愿做奴隶而青云直上。"那是抗战期间我最喜欢的一首歌，也是青年学生中最流行的一首歌。这首歌的主题是说我们国家的命运掌握在青年学生们手里。

1936年起，我还参加了救国会的妇女部。那是一个支持抗战救国的妇女组织，也是妇女联合救国组织。1936年夏天，两个我认识的年轻女人到我家来找我，她们都是中共地下党员。她们告诉我说重庆一家叫《商务报》的报纸组织了一个关于鲁迅的新文学运动暑期学习班，想叫我也参加。我很敬仰鲁迅，于是付了学费加入了这个学习班。

正是在这个学习班里我认识了许多中共地下党员。这里的老师都是著名教育家，其中很多人不是中共党员，就是进步学者。在课堂上我们学习了马克思主义，他们还鼓励学生们学习公共演讲，我对此很兴奋。我自告奋勇做了一个《劳动才能使生活充实》为题的公开演讲。一确定了题目，我就满怀热情地投入到积极的准备之中。我在演讲稿里引进了很多想法，如妇女的解放和独立。也许就是在那时，我开始有意识地思考有关妇女的问题。

这个培训班的目的之一，是为中共组织的地下活动发掘潜在人选。由于我对几乎所有活动都表现得十分热心，于是我被"发掘"了，并被中共地下党组织吸收进了救国会。表面上，救国会是第三政治组织，独立于共产党和国民党之外。后来我才意识到，它其实是与中共有紧密联系。通过这个培训班，中共吸收了很多年轻人,尤其是年轻女性,加入到他们的组织中去。

说实话,最初我只是一个学生,虽然很积极热心,但对妇女问题并没什么系统性的认识。我已经认识到妇女也是人,应该有平等权利,但是还没有上升到革命思想的高度:妇女要解放,得战胜更多的艰难险阻。我是外婆带大的。我外公是个经营盐糖生意的富有商人。我也是出生在外婆家里的。幸运的是我母亲是他们的独生女,我又是我母亲的独生女,这样虽然我们都是女孩儿,却都得到外公外婆的珍惜和疼爱。我参加了很多政治活动,但外婆却从来没有过问过我。我告诉她我参加的都是学校组织的活动,她就相信我了。即使是周末要出去参加宣传或其他活动,只要我告诉外婆都是学校组织的,她就会说"好吧,好吧,你去吧"。我外婆只有我母亲这一个孩子,之后我外公又娶了一个小老婆,又生了一个和我差不多大的女孩儿。我们家好几代里面都没有男孩儿,是女人的天下。

1936年夏季培训班结束时,我们办了一场大规模的毕业联欢会。在联欢会上,被选出来的学生接到指示,去城里一个书店参加会议。那个书店被我们称为"知识书店",老板名叫邱其发。这家书店实际上是中共地下组织机构的联络站,二楼租给救国会作为活动地点。重庆有好几家书店都是进步人士或共产党地下党员开办的。我记得在抗日战争刚开始的时候,兰卡高中有一群学生认为他们的校长侵吞了他们的伙食费,组织了一个反对校长的学生运动,想要把校长赶出学校。但学校却把带头的学生领袖给驱逐出校了。在他们寻找另外的学校准备转学时,就是这几家进步书店收留了他们。这些书店不仅仅在店里卖书,有时来了好书,还会到各个学校去为学生们送书。1936年夏季培训班结束后,我就成了这些书店里的常客。我读了很多进步书籍,如俄国作家高尔基写的小说《母亲》以及其他一些文学作品。通过阅读，我开始对苏联有了一些了解，我很向往那里，因为在那里男女是平等的。只要你肯努力工作，就能得到等值的报酬和奖励。

社会性别平等对我来说一直都是一个重要问题，因为我上的是一个专门为年轻女性开设的职业学校。我的学习生活和家庭生活里都没有男性。在经济上我依赖的是我的外公外婆，如果有天我外婆去世了，我都不知道会发生什么样的事情，也不知道我怎样才能生存下去。如果我外婆去世了，我就再也没有经济来源和可以依赖的家人了。所以，我自从懂事之后就意识到我需要经济独立。我之所以会进这所职业学校，也是因为我想要独立，想能够自立。幸运的是，我还有一个有钱的外公可以供我上学，如果没有他的资助我根本上不起学。

在书店里，中共地下党组织我们系统学习了马克思主义和列宁主义。我读了很多马克思主义理论、艾思奇的哲学书籍以及鲁迅的小说。艾思奇是中共哲学家先驱。我的语文老师对进步思想很是同情，她也喜欢鲁迅的作品，还在教学中引进了他的很多作品。在学校的时候我就接触了很多鲁迅的作品，成了鲁迅的崇拜者。1936年10月，鲁迅逝世了，救国会在重庆组织了一场大规模的纪念追悼仪式，希望重庆所有的重要人士都能参与，包括国民党及来自其他政治势力的人。国民党政府想要控制这个活动，他们命令主办者，活动只能涉及鲁迅的前半生，其后半生不能涉及。鲁迅是中国文坛领袖。他的前半生主要是试图在中国受帝国主义侵略的时期唤醒中国人民，揭露中国社会中的种种丑恶本质。而在后半生里，鲁迅非常同情中国共产党。正是因为这个原因，国民党政府才不允许追悼活动涉及任何有关他后半生的事情。尽管国民党当局下达了命令，很多人还是在悼念活动中大肆谈论鲁迅生前从事活动的大量细节。在抗战期间，我们把他的小说改编成剧本，为抗战动员演出，鲁迅成了年轻人最喜爱的作家之一。鲁迅的《阿Q正传》就是年轻人中阅读最广泛的小说之一。我还记得我们为纪念鲁迅唱的那些歌也唱得非常好："你的笔尖恰似枪头，刺穿旧中国的脸面；你的声音恰似洪钟，将奴隶们从睡梦中唤醒。你的梦想就是国家的希望。虽然你走了，但你将永远活在我们心中。"每当我唱起那些歌，我都会充满雄心壮志，变得热血沸腾。对我来说，那些都是开眼界、长见识的经历。还有一首纪念歌曲是这样唱的："明天我们将在你的画像前向你汇报国家的进步。"那对我来说是莫大的激励。

我还要说一点，早在1937年卢沟桥事变爆发之前，四川就开始了反抗日本侵略中国的活动。例如，1936年11月，我参加了一个旨在阻止日本在成都建领事馆的活动。起初我们的组织要所有成员都在一个叫夫子池的地方集合，组织反对日本建立领事馆的示威游行。然而，事前有人走漏了风声，我们还没到达目的地，国民党当局就发现了这个活动计划。警察们事先封锁了集会点的入口及附近的街道。等我们到达夫子池的时候，已经无法去集会地点了。组织者不得不取消该项活动，以避免发生公开冲突造成不必要的牺牲。尽管我们无法在重庆组织示威游行，当日本大使抵达成都领事馆的时候，那里的学生还是组织了一场规模庞大的游行示威活动。我们做的另一件事是在学校里建起了学习小组。这些学习小组的成员经常聚在一起讨论当前时事。虽然我当时是在商务专业学习经济学，但更多的时间却用来研究政治学和政治经济学。

1937年卢沟桥事变爆发后，我加入了一个运动，游说国民党政府释放在押政治犯。在重庆当时有好几百名政治犯，其中大多数都是因为反对国民党的政治立场而被捕的。我们希望政府能够本着抗日统一战线的精神释放他们。抗战爆发后，重庆的很多政治犯都用绝食迫使蒋介石政府释放他们。他们的理由是，中国正在遭受日本侵略，他们应该被释放出去帮助抗战。很多学生团体也加入了帮助他们争取自由的反抗力量，我也参加了，结果非常成功。在公众舆论的压力下，国民党政府先是改善了政治犯们的生活条件，之后释放了关押在重庆的犯人。这场运动实际上就是救国会支持和组织的。

我们还参加了难民救济活动。1937年日军向中国北部和中部地区快速进攻，无数中国人失去了他们的家园，成了难民。重庆学生为难民们组织了救济活动。我通过唱歌和演戏剧为这项活动筹钱。在学校里我是戏剧小组的成员，我们穿着篮球运动服为这项活动出力募捐。我们的所作所为，当时对很多人来说都太过激进而无法容忍。在30年代，很多女孩儿都不敢露出自己的腿，而我们露着大腿在舞台上又唱又跳的表演，则在重庆引起了轩然大波。人们都以为我们是梅花团①的，那是一个原本在上海演出的专业剧团。虽然露大腿的表演与当时当地的行为规范准则发生了冲突，但我们还是筹到了很多钱。这些钱都是为中国北部的难民而筹的。抗战期间，很多戏剧都是由进步共产党作家田汉创作的。他的很多戏我们都演过，剧中我都扮演主角。在抗战初期我们表现得非常活跃。

戏剧活动外，我还记得，国民党将军兼副主席傅作义为中国北方的难民组织了一场声势浩大的筹款活动，我们也参加了。我们在学校里集合，做了很多传单和小纸旗。我们还联系重庆的其

---

① 即中国第一个职业歌舞团梅花歌舞团，美女众多，演出大胆前卫，曾名噪一时。——编者注

他学校，组织了一场全市规模的学生游行，支持傅作义的筹款活动。虽然学校当局不准我们参加，但那天早上9点我们就在学校列队集合好了。在这场各个学校联合发起的示威游行中，我是领导者之一。傅作义打赢了一场对日作战，决定趁势筹集一些款项，我们就组织了这场声势浩大的运动来支持他。我们学校除极个别人以外，几乎所有的学生都参与了。我还去了好几家银行，请求他们为我们的活动捐款。我们学校设有三个专业：农业、工业和商业。每个专业又分为一、二、三，三个年级。每年我们都开设三五门课。抗战期间，学生中的积极性和热情精神都极其高涨，我们中很多人都参与了抗战动员活动。虽然国民党政府当局并不喜欢大规模的运动，但是他们也无法阻止这些与抗战有关的运动的开展。

　　救国会于1937年还从重庆派出了100多名学生到延安去。我没去，因为我恋爱了。我参加与抗战相关活动的时候，遇到了一个叫温嗣翔的年轻人。他是《新蜀报》[①]的记者，也是救国会里负责宣传部门的领导。我们刚认识的时候，他还在和另外一个姓饶的女士谈恋爱。饶女士的家境也不错，她姑妈在重庆有很多财产，还很支持重庆的共产党及其他进步组织。抗战时重庆八路军办事处的地皮就是她姑妈租给共产党的。但在卢沟桥事变爆发之前，她就去了上海。

　　抗战爆发后，我积极投身到救国会的活动之中，与温先生有了很多接触。他也是一位有名的作家，我很崇拜他的写作技巧。我想学习如何写好文章，就经常去找他请教。他不仅教我写作，还帮我修改稿子。我学得很快，多亏温先生的指点，没过多久我

　　[①] 由陈愚生创办于1921年，为重庆新文化运动和马克思主义传播的主要阵地之一，陈毅、萧楚女等共产主义先驱均曾在该报担任主笔。——编者注

就成长成了一位女作家。后来我写了很多文章，还在中国主流杂志和报纸上发表了。由于我们都是年轻激进分子，相互之间又都有好感，渐渐地我们恋爱了，成了恋人和同志。我非常崇拜他。虽然我很爱他，但还是为把他从第一个女朋友手里抢了过来而感到很内疚。

我男朋友的哥哥温少鹤①，是重庆一个商业大亨，以前做过重庆商会的主席，我男朋友工作的那家报社就是他的。卢沟桥事变爆发的时候，报社被国民党控制的另一个团体给收购了，我男朋友的工作也再无安全可言了。报社改组后，他们把我男朋友从工资名单中踢了出去。但看在温家的面子上，新的管理者还是给我男朋友安排了一个没有薪水的附属记者工作，并把他派到了上海去。那个时候我也从职业学校毕业了，决定和他一起到上海去。临行之前我们举办了订婚仪式，否则我的家人是绝对不会同意让我跟他走的。

我们到达上海后没几天，日本人就打进了上海，著名的八一三会战开始了。一到上海，我未婚夫就腹泻不止。那里我唯一认识的人就是他的前任女友，我于是去找她帮忙。她找来了大夫。有一天她来看望我们的时候，我去了洗手间，让我未婚夫和她单独在一起待了一会儿。我实在是太天真了，竟然让他们又恢复了以前的关系。我当时这样做，是因为从她那里抢走他，我感到很内疚，想给他们一个机会把事情理清楚。

结果姓饶的已经有了新的男友了。我们在上海的时候她经常过来看望我们，我和她睡在床上，而我未婚夫则睡在地板上。她

---

① 温少鹤，名嗣康，重庆著名实业家、教育家，曾任重庆《商务日报》社长，重庆商会主席，曾参与筹建重庆大学，新中国成立后，曾任重庆市副市长，重庆政协副主席等职。——编者注

在上海的难民救济中心工作，还邀请我去和她一起工作。我们和在上海的四川同乡会取得了联系，该组织很擅长将四川老乡组织起来为抗日救济活动出力。在上海防御战中有大量四川籍士兵，救济团队的任务就是支持那些四川士兵。

我亲身经历了上海战役，还加入了志愿者救护队，帮助在战斗中负伤的四川士兵，也看到了很多伤兵。我看到过肚子被炸开的士兵，他们的内脏都掉了出来。我还看见好几个士兵的颅骨都裂开了，都能看见脑组织了。我也帮着给几名伤兵扎绷带，有个士兵的脑袋被打掉一半，我把它包起来，好让他在去医院的途中不至于再受损伤。我和我未婚夫的前任女友一起抬担架，把伤兵送上开往医院的卡车。我们两个人抬这些男人非常吃力，但我们还是干了好多天。我们这些志愿者护士都接受了速成班的训练，学习包扎伤口。我永远也忘不了那个脑子被炸开了的青年四川士兵。他的惨叫声实在是太恐怖了，过了这么多年我都还是记忆犹新。这些伤兵都被抬上一辆卡车送去医院。由于道路崎岖不平，卡车的震动使得他们的伤口痛得难以忍受，他们的叫声就跟杀猪场里的猪似的。我抱着一个战士，想安慰他，我说："求求你，请冷静一下，到了医院医生一定会帮你的。我从重庆来，我知道你和我是老乡。如果你有什么三长两短，我一定保证让你家人知道你发生了什么。"有些战士的腿或手臂都没了，伤口感染了，发出很恶心的臭味。

我们加入四川同乡会在上海的抗战活动，为我未婚夫与他前任女友恢复关系提供了一个机会。没过多久，他就天天和饶小姐一起出去，在外面待到很晚才回来。我生气极了，告诉他我想回重庆了。我实在是很想家，但我未婚夫又对我甜言蜜语劝解了一番，让我继续留在上海。每天晚上看着皓月当空我都会哭，因为我被他们两个甩了,感到无比的失落和受伤。我尤其想念我的外婆。但我却不能一个人回重庆去,因为我的家人和朋友都知道我是和我未婚夫一起到上海来的。

一天我走在街上的时候遇到了我以前的一个老师。我向他抱怨了自己的处境,他于是把我介绍给了国民党左翼领导人廖仲恺的夫人何香凝。何太太把我送到上海妇女战时组织创办的缝纫局去工作。淞沪会战打了三个多月。冬天快到时,我被派去运送棉布到上海西区去,交给那里的女工们制作冬衣。那家纺织厂是日本人开办的,我去求工人们志愿为中国战士制作冬衣。出乎我意料的是,很多志愿者都来申请这项工作。每周我都要来回跑几趟;每次我一到那里,志愿者们就来找我领取材料,几天后我又去把做好的棉袄取回来。每次我去取那些做好的棉袄时都感到无比的激动和自豪。取回来后,上海的妇女组织会用船将棉袄运到前线去。船离岸的时候,我们都会欢呼,我们将袖子抛到空中,兴奋地尖叫着送走那些船只。当船最终抵达前线的时候,我们都感到无比的自豪。我尤其自豪的是,我在上海亲身经历了对日作战。后来我又参加了志愿者护士团队。饶小姐和我未婚夫的关系没有持续多久,她最终还是回到了她上海的男友那里。我和我未婚夫则一直待在上海,直到上海沦陷。我们重新和好后,我在上海怀孕了,于是我们结了婚。

由于我们都参与了淞沪会战,当这座城市沦陷给日本人后,我们再待在那里就很不安全了。中共党组织指示我丈夫去延安,他的公开身份依然还是《新蜀报》的记者,他是以记者身份去延安采访。我也想和他一起去,但是我已经怀孕了,去延安不方便,只能自己回重庆去。

在我们想尽办法要离开上海的时候,日军已占领了这座城市,我们所到之处都能看见日本士兵和日本国旗。整座城市都混乱不堪，很多人都在想办法离开。我们搞到一艘驶往苏州的英国轮船的两张船票。就在我们准备登船的时候，全副武装的日本士兵出现在码头，要检查所有的乘客。人们都急着要上船，互相推挤着。我被几个朋友举起来才上了船，但在这个过程中我的钱包被偷了。等到船终于抵达了苏州后，来了一队中国警察来检查我们。我们都恨透了日本士兵，当这群中国警察来检查的时候，我们生平第一次觉得中国警察很可爱，因为他们是中国人，平时对他们的不满也烟消云散了。

我们要在苏州转船去南京，然后再乘火车去武汉。日军的攻势也紧跟我们的路线推进。我们到南京几天后，日本人也到了。于是我们赶紧往武汉转移。随后，日军也朝武汉开去。等我们终于到达武汉的时候，已经身无分文了。于是我给外公外婆拍电报要钱。钱一到就被我们一分为二，我丈夫一份，我一份。之后我丈夫去了延安，我则回到了重庆。那正是我怀孕的头3个月，每天我都害喜得很厉害，成天呕吐，没法去延安。我历尽千辛万苦回到了重庆。

我从上海回来没多久就到了春节。我在上海时参加了支持抗战的全国妇女组织，所以回渝后我又加入了该组织在重庆的分部。回家后，我与救国会取得了联系，向领导报告了我在上海的活动。那时我肚子已经很大了，不能再参加学生组织了，于是我被派到了怒吼剧团①。这是一个非营利性的专业表演队伍，成员都得另外做一份或几份工作赚钱养活自己。我不仅要跟着剧团演出，还要做剧团的图书管理员。团里的女团员结拜成了姐妹，我排行第三。

---

① 成立于抗战时期，由中国共产党领导的重庆话剧团体，曹禺、张瑞芳等知名剧作家、演员也曾参加过此剧团。——编者注

每当我登上舞台的时候，观众都会变得非常兴奋，因为我是一个很不错的女演员。我的戏演得好都得归功于学生时代所受的戏剧培训，还有我曾参加过的多次演出。

在抗战期间，怒吼剧团的声望很高。团里有很多知名的男女演员及名导演，张瑞芳也在其中。直到怀孕后期我都还在参与演出。我们不仅在重庆演，还到附近的农村地区去演，为农民们带去抗日剧目。由于我那时正怀孕，就总是被安排去饰演母亲的角色。所有的男女演员在白天的时候都有自己的工作要做，下午5点下班后，大家都会去怒吼剧场排练，一直到晚上9点。我们每天都得坚持，这并不容易。除了在怒吼剧场工作，我还参加了一个地下刊物的出版工作。那份刊物每10天出版一次。后来，它成了中国共产党的地下刊物。我们那时候没有出版设备，只能在蜡纸上写好文章，再用油墨来复制。我的工作就是刻蜡纸、搞油印。晚上，我在蜡纸上抄写要发表的文章。因为我外公是个大商人，我们就在他的房子里制作地下刊物，避免被警察搜查。这份报纸成了救国会和中共地下组织成员们的学习资料。

1938年春节，日本人派了第一批飞机到重庆做调查，为随后的大轰炸做准备。我外婆被他们的到来吓坏了，决定把我送到她的家乡内江去生孩子。我有个朋友在那里负责抗战妇女组织，我一到那里就参加了当地的妇女抗战组织，先是参加她们的学习小组，后来又参加了她们的歌咏活动。我们曾经组织了一场大规模的歌咏活动，有上万人参加。我教人们唱抗战歌曲以及防空知识歌曲。这些歌都是在重庆广为传唱的，但在内江这样的小地方却很少有人知道。除此之外，我还在晚上的平民识字班上，教学员们唱抗战歌曲以及防空知识歌曲。我全身心地投入到抗战支持活动中，不管走到哪里都是积极分子。

我不想失去自己在救国会的组织关系，于是在1938年6月，我生下第一个孩子仅两月后，又回到了重庆。靠着外婆的经济支持，我为孩子请了一个保姆，就又加入到了抗战支持活动中去。我很想去延安，在1938年救国会又开始往延安派送人员时，我递交了申请书。然而，他们非但没有同意我去延安，反而还将我丈夫给调了回来。共产党把我丈夫调回重庆，主要是为了第二次国共合作抗日民族统一战线。所有人都知道他去了延安，因为他走的时候这个消息还登了报。现在又被调回了重庆工作。他回来后没多久，我就又怀孕了，大规模的大轰炸也开始了。

　　1939年大规模的大轰炸开始的时候，我正怀着第二个孩子。整个抗战期间我都待在重庆，为救国会和中共地下组织工作着。我只是想让人们知道，重庆地区的抗日活动早在1937年7月之前就已经开始了，其中很多我都参加过。

王 素

中共地下党员

1918年生于贵州织金

我的未婚夫也在那家报社工作，他是周恩来的一个助手。我的婚事是由党组织的领导人之一吴玉章安排的。吴玉章在四川是知名人士。他参加过辛亥革命，还做过中共四川省委的书记。我对这门婚事完全没有思想准备，但我们都接受过训练，要对党组织绝对地服从，要为党牺牲我们的生命。于是，我同意了。

我出生在贵州省织金县，有四个兄弟姐妹。我父母都是文盲，但我父亲是个大地主。我家人的社会价值观都很保守，只允许家里的男孩到村外去上学，女孩绝对不行。但我父亲没有文化，在理财方面遇到很多麻烦。如果他想要记账，只能用彩线打结的方法来计数，那种方法既不方便也很容易出错。也正是因为这样，他才决定让自己的男孩们接受教育，他也想让自己的女儿们能够嫁个好人家，于是就在村子里开办了一所私立学校。他为学校聘请了很多老师，把女儿都送到这所学校去念书。就这样，我也接受了好几年私塾教育。

1931年，我一个在村外上学的兄弟写信回来，告诉了我们日本人对东北三省的侵略，还讲述了他参与的各种活动，如抵制日货、向日本人对东北的侵略行为举行游行示威等。我还有两个哥哥在贵州省的省会贵阳上学。受到我兄弟们的影响，我的老师们也向我们讲述了日本人的侵略行径，还组织我们向其他村民传播消息。我非常积极地投身到宣传活动中，兴奋极了。我们村子离最近的镇都有四里多远。我们步行到那些镇上去做抗日宣传，向那里的人讲述日本人的侵略行径。在那时，女孩子像这样抛头露面地参加公共活动是非常少见的。一般，女孩子们根本就不能走出家门半步，更别说参加这些公共政治活动了。因而我们的活动震惊了当地所有人。我父亲非常惊恐，觉得自己把女儿们给惯坏了，我们的所作所为有损家族声誉。于是，父亲让所有的女儿都退了学，就这样，我失去了接受教育的机会。

我失落极了。我想继续念书，但父亲肯定不会答应。于是我写信给贵阳的哥哥们，表达了我想继续念书的愿望。两个哥哥都很喜欢我，因为我是家里最聪明乖巧的女孩儿。我让哥哥们去游说我父亲，让他同意我去贵阳读书。父亲听了他们的建议，表示愿意接受。1934年哥哥们回家来过寒假，假期结束的时候，他们带着我一起去了贵阳。

我一到那里就见到了一群以前同乡的年轻男女。他们中有好几个都参加了中共的地下活动。渐渐地，我也加入了他们的活动中，和他们一起参加学习小组和讨论会。1934年下半年，我正式参加了中共地下活动。他们吸收我加入组织的原因之一是我值得信赖。我不是一个外向的人，比较能保守秘密。于是地下党组织安排我当了他们的联络员，协助地下党成员们在该地区的沟通联络工作。那时我还是一个在贵阳上学的全日制学生，党组织安排给我的主要任务，就是为分布在各个学校里的地下党员们送信或传递信息。

我之所以会参加中共的活动，也是因为我热爱我的国家。自从我开始上学以来，就听说了太多帝国主义列强侵略中国的事情。我想奉献自己的生活和青春来拯救我们的国家。1935年下半年，我加入了少年共产党国际青年组织。

在贵阳，有两个人对我的影响很大：一个是青年男子师范学校的学生会主席，姓王；另一个是位负责青年女子师范学校学生会的年轻女性。他们的学习成绩和实践活动都非常出众，都在贵阳小有名气。他们也都是中共地下党成员。我一加入这个组织，就跟着他们做地下工作。

1938年12月，经中共中央南方局研究，决定在贵阳设立国民革命军第十八集团军（八路军）贵阳交通站。我被安排去办事处的劳动局做联络员，负责地下组织网。我清楚该组织每个人的所在之处。到1939年，我做地下联络员的工作已经非常熟练了。我的工作性质与罗自荣抛头露面的工作完全不同。她的工作都是实际行动，大家都能看得见的；而我的工作则是在幕后，完全隐蔽，尽管我负责所有的重要工作。我的工作性质不允许我被组织之外的任何人看见，也不允许我与组织之外的人有任何联系。就外人看来，我只是八路军贵阳交通站聘用的管家。虽然我负责所有机密的地下活动，但白天的时候我还是得像真正的佣人一样工作。不管是清洁、洗衣服，还是买菜、做饭，只要是工作岗位要求的杂事我都得做。我告诉别人，我有一个表亲在这里上班，所以他们才雇了我，以此隐瞒自己的身份。当我需要将秘密情报送给某个地下党员的时候，我就装作是要出去给主人买东西的样子。

1939年，随着国民党对八路军驻贵阳交通站的监视越来越严密。为了保障那里的中共地下党组织，交通站决定缩减人员，收缩机构。于是我搬到了一个朋友家里。她父亲是个富商，还是个地主。住在这样的地方比较安全，国民党特务一般不会搜查他们家。1940年，地下党组织安排我到重庆去工作。到了重庆后，我先是住在一个在《新民报》工作的地下党成员家里。之后，我和一个朋友合租了一所房子。为了躲避日本人的轰炸，房主搬出城去了，于是我们就自己住着整所房子。到重庆后我的生活出现了困难，在这里我一个人都不认识，也没有任何收入来源。三四十年代，我们加入中国共产党时都很清楚，组织是不会提供生活来源的。我们得自己想办法养活自己。我从来没有从中共地下党组织那里得到过报酬，都是用家里的钱资助我的地下活动工作。

我家做的是暴利的鸦片生意。1934年我到贵阳没多久，哥哥们就从学校毕业，回家去接管生意去了。家里不想让我再继续一个人留在贵阳读书，叫我也回家去，但我拒绝回去。我不愿意回乡下过愚昧无知的生活。于是我家里切断了对我的经济资助。我便在一家工厂里找了一份工作。虽然家里和我断绝了关系，但他们在贵阳还是有很多生意的。只要他们到这里来做生意，我就会去找他们"借钱"。我知道他们都很要面子，肯定都会"借钱"给我的。我从家里得到很多钱，大多数时候都是交给了组织，并不是自己花掉了。

我在一家制药厂里清洗瓶子，赚钱养活自己，每个月有9块钱的收入，仅够填饱自己的肚子。和我一起在地下党里工作的女同志也被同一家工厂录用了。我们住在一起，把所有的日用品和衣物都拿出来分着用，这样可以省下钱来交给组织。

在这家厂里工作了几个月后，我们就被卷入一场反对管理当局的运动中。有一位经理强奸了一名女工，我们帮她在厂里组织了一场抗议活动。管理当局对我们非常愤怒，把我们统统都给开除掉了。

被开除后，我先后回了三次老家，回家去偷钱。第一次偷了300块，大部分都用去营救关押在监狱里的党组织成员，他们被国民党警察抓住后就被关押在了那里。我们请了律师，还给国民党官员行了贿，才把他们营救了出来。我之所以能那么做，是因为被关押的一个同志和我同姓，我声称自己是他的姐姐。我对党组织是绝对的忠诚，愿意为它做任何事情。

因为我另外还从家里偷了两次钱，最后终于被家里断绝了关系。为了给党组织筹钱，我向家里提出起诉，要求得到属于我的那一份家庭财产。30年代，根据国民党的法律，不管男孩女孩都享有同等的继承权。我就用这个作为起诉的依据，于1939年提起了诉讼。最后我不仅打赢了官司，还得到了属于我的6000块银圆继承费。当我到达重庆的时候，我身上还有2000块钱。

我们1940年抵达重庆的时候，那里正在遭受日本人的大轰炸。没过几个星期，我们租的房子也被炸毁了。于是我们搬到了隔壁另一座房子里。和我一起住的那个女人受过比较好的教育，很快就找到了一份文职工作，我则进了中华职业学校①去上学，在那里念了一年书，直到党组织又恢复了我的联络员工作。

1941年，党组织让我离开学校，到城里去建一个地下联络站，要求我和一个男人假扮成夫妻住在一起。我对党组织的命令都是绝对服从的，从来没有想过要质疑它的权威。那个男人假扮成商人，每天都要外出工作。虽然他是我的助手，但是对外我只是他的妻子。他装作在和百货公司做生意，每天晚上回家后都要装着发出打算盘的声音，大谈生意上的事情。我则装作一个家庭主妇，

---

① 由著名教育家黄炎培创办于上海，抗战爆发后迁往重庆采取半工半读、工读结合的学制。革命烈士江姐、许晓轩等均曾在此校就读。——编者注

大多数时间都待在家里。我的工作就是为地下组织里的直接联系人传递信息。我们还有一些秘密暗号。我总是在窗帘上打一个红色小补丁，如果情况有什么不对，我就把那块红色补丁取下来，警示同志们不要来。

我是唯一一个知道我们组织网络里各个成员情况的人，和我一起住的那个男人都不能与他们中的任何人取得联系。我的另一项工作是保护党组织的机密文件。这是一项很艰难的工作，因为抗战期间重庆有很多很多饥饿的老鼠，它们不管什么东西都咬；再加上这里的气候又很潮湿，如果不把东西藏好，那它们不是被老鼠咬烂了，就是发霉烂掉了。我总是为藏在家里的这些文件焦虑不安。后来，党组织又安排我到糖果店去工作。在那里卖糖果，我每月能够赚到30块钱。但我只留下了够我们吃饭的钱，把其余的都交给了组织。

我在中共地下联络站的地位使我与很多重要共产党领袖建立了联系。在抗战期间，物资短缺和高通货膨胀使得我们在重庆的生活变得异常艰难。我在糖果店里工作的时候，经常偷糖果出来给同志们吃。尽管我们的日常食物都只是清稀饭和素菜，但我们还得装成是过着相当舒适的生活，因为我"丈夫"应该是一个成功的商人。我们买了一些猪油，将它放在显眼的地方，但却从来舍不得吃，仅仅是用来当摆设。我们还放了一些漂亮的空糖果罐子在桌柜上，这样，如果有人到我们家来，就能看到这些罐子，它们有利于我们继续伪装假身份。很多邻居都在屋外的院子里做饭。为了不引起她们的怀疑，我都是在家里做饭，不想让她们看出我们实际上每天都是吃白素菜。有时我们的同志到家里来，我还装作是在举办宴会的样子，大声喧闹地打麻将，这样我们就能谈论工作而不用担心被邻居听见了。有一次一个共产党领导到家里来，看见了桌柜上的猪油。他说，"你们还有这个啊？我们都已经有一年多没有吃过油了！"于是，我把那点猪油给了他。

尽管我们处处小心，但没过多久警察就开始注意到我们了。一天，一个警察到我们院子里来，东张西望。我被吓坏了。我并不是担心自己的生命安全，而主要是不放心放在家里的文件。保护它们是我的职责。我做好了最坏的打算，如果那个警察要进来搜查，我就准备把那些纸质文件全部吞进肚子里去，让他们没办法看。幸运的是他并没有进来。但那件事之后我们还是决定搬家，因为我们觉得警察或许已经察觉到了什么。

我的工作性质使我抗战期间在重庆过着相对孤立危险的生活，从来没有跟任何亲戚朋友联系过。我必须保持低调才能保证地下党组织的安全。我和党组织也是单线联系，我直接向八路军驻重庆办事处报告。我的上级是周恩来夫妇的助手张晓梅[①]。1940年到1945年期间，我从来没有离开过重庆，甚至在多数时间里，我连家门都没怎么出过。

1943年，我暂时与党组织失去了联系，因为张晓梅没有通知我就回延安去了。整整3个月时间，我都在想办法与党组织重新取得联系。要命的是我的钱也用完了，生活面临巨大的困难。在这3个月里，我每天都只能吃两三个小米糕。我的组织关系对我来说实在是太重要了，我宁可牺牲自己的生命也不想失去在党组织里的关系。最后，邓颖超找到了我，重新安排我去中共创办的新华书店工作。

这么多年都在如此艰难的条件下工作，我终于在1943年患上了营养不良和贫血症。医生说我最多只能再活三个多月了。同志

[①] 张晓梅，为邓小平妻子张锡瑗的妹妹，曾担任邓颖超的助手，长期从事妇女运动。——编者注

们听说我生病后，纷纷筹钱想要帮助我改善生活。我需要吃鸡蛋和肉。连续吃了几个月同志们给我买的红烧肉，我终于康复了。

我以前是个非常幼稚天真的人。自从加入了中国共产党组织，我就将它放到了我的个人生活之上，从来没有认真考虑过自己的幸福和私人生活。抗日战争时期党组织有个规定：组织里的男性可以和组织外的女性结婚；但组织里的女性却不能和组织外的男性结婚。因此我一直都很害怕与男性接触。在抗战期间我曾有过一个男朋友，我们的关系只维持了很短的时间就结束了，就是因为他不是地下党组织的成员。最后党组织为我安排了一门婚事，那事发生在抗战结束之后，那时我正被安排到新华报社去工作。我的未婚夫也在那家报社工作，他是周恩来的一个助手。我的婚事是由党组织的领导人之一吴玉章安排的。吴玉章在四川是个知名人士。他参加过辛亥革命，还做过四川共产党的书记。我对这门婚事完全没有思想准备，但我们都接受过训练，要对党组织绝对地服从，要为党牺牲我们的生命。于是，我同意了。

就跟传统的婚姻一样，我们从来没有交往、恋爱过，甚至在婚礼之前我都没有怎么见过他，只是在婚礼之前和他草草见了一面。在婚礼当天，我是最后一个到的人，客人们都到了我还没去，因为我对这桩婚事真的是一点儿也没有思想准备。党组织安排了一顿简单的便饭，就算是给我们办了婚宴了。看见了吧，我的生活就是这么简单，我其实也没做什么。

第四部分
女性，记忆与中国的全民族抗日战争

近十几年来，在史学界，历史与记忆是热门话题。学者们认识到，记忆是建造的，而非自然产生的；随着环境和世界观的变化，记忆也会发生变化。更重要的是，记忆的构建和重塑往往会为当前的政治需要和环境服务——记忆可以被操纵，而且往往被用作政治工具。举个例子，在美国史研究中，学者们发现内战结束后，美国北方反种族歧视的领袖之一弗雷德里克·道格拉斯（Frederick Douglass）曾奋斗了30年，让美国北方白人，永远把内战记忆为反种族歧视的解放斗争。他相信，那些记忆就是自由的人民，反抗南方种族歧视，反抗白人想要建立更加残暴的种族关系计划的最好的武器。[1]

有关中国抗战记忆的学术研究也不例外。改革开放之后，学者们用比较公开和平衡的视角重新审视历史。不幸的是，正如美国历史学家柯博文所指出的那样，口述历史和个人记忆并没有在"新记忆"中占多大分量。他还担心，今后关于中国抗战史的研究，都将停留在"明显不带个人色彩的历史上——这种历史仅仅是记录有关整个国家的故事，而不包括个人的故事"[2]。

所幸的是，本书记载的这些记忆，正是那些被忽视的有关抗战的个人故事。由于这些故事从来没有被主流学术界注意和提及过，重庆妇女们的抗战叙述不仅提供了抗战期间该地区个人历史的大量信息，还为我们从个人经历角度出发，进一步了解抗战期间整个国家的历史作出了贡献。更重要的是，妇女们的口述还迫使我们注意到，对太平洋战争和抗战记忆的研究，西方学者们使

---

[1] David Thelen, "Memory and American History," *Journal of American History*, 75.4 (1989): 1119-1121, 1126.

[2] Parks M. Coble, "China's 'New Remembering' of the Anti-Japanese War of Resistance, 1937-1945," *China Quarterly*, 190, (2007): 409.

用了多种多样的理论及方法。譬如，美国哥伦比亚大学研究日本史的学者卡罗尔·格鲁克（Carol Gluck），就提出"记忆的时间政治性"的研究方法。这种方法认为，在不同的历史时期，有关太平洋战争的记忆很不相同。记忆随着时间的改变和地区政治、军事结构的变化而不断更新。而另一位美国研究中国历史的学者菲利普·韦斯特（Philip West），则认为现存的二战时期，亚洲太平洋战争研究中很多学者使用的是"记忆的地区方位政治性"的思想。这种观点认为中国抗战的记忆，很大程度上会随着所讨论的地区的不同而发生变化。譬如，美国学者诺曼·史密斯（Norman Smith）对二战时期东北的研究、华裔学者傅葆石（Poshek Fu）对抗战时期上海的研究、美国学者傅佛果（Joshua Fogel）对抗战时期长江下游地区的研究，以及我在本书中对抗战时期重庆地区的研究都表明，每个地方都有各自不同的记忆遗产。因此，我们概括抗战时期的"中国的记忆"时，需要特别地谨慎小心，不可一概而论。

上述学者们提出的有关历史和记忆的理论和研究方法无疑会帮助我们进一步研究抗战历史与记忆。但上述学者的研究都没有论及社会性别在历史与记忆中的重要性。因此，本书的口述回忆还要求我们思考"记忆的社会性别政治性"。我们应当认识到中国的抗战记忆，存在着政权支持的男性主流社会的故事，和普通妇女、女权主义个人记忆之间的不同性。我们必须认识到在很长一段时间内，记忆政治都被男性主流社会所控制，精英阶层从来没有把作为中国社会重要组成部分的妇女们的个人记忆，纳入主流故事。因此，妇女的声音也被强制静音。在我看来，历史记忆的政治与知识构建的政治有很大联系。一旦妇女们的记忆被清除、被静音，那么她们的经历和观点都将从抗战知识库以及构建有关抗战历史的新知识的过程中被剔除出去。理解记忆的社会性别政治性，将帮助我们有意识地认识到，妇女们的声音是中国抗战记忆重要的组成部分。学术界必须重视她们的声音，并主动地将她们的经历重新纳入抗战的知识构建过程中来。

"记忆的社会性别政治性"还提醒我们，记忆具有多样性，即使是在那些在抗战期间同样生活在重庆地区的妇女之间，不同人也对抗战有不同的记忆。西方学者约翰·吉利斯（John R. Gillis）曾经指出，这是因为"和其他任何一种体力，或脑力劳动一样，记忆过程包含着复杂的阶级、性别以及权利因素，这些因素共同决定着什么会被记住（或被忘记）、会被谁记住、为什么目的等等"[①]。所以我们应该注意历史记忆也是和阶级、性别、教育程度等因素紧密相连的，不能一概而论。现在的问题是，假如有关中国全民族抗日战争的记忆有如此巨大的多样性，那么我们又该如何评定历史记忆，尤其是本书中所记载的这些记忆的可靠性呢？

对此问题，我的看法是这样的：在本项研究中接受采访的妇女在受访时都已经是80岁或90多岁高龄的人了。在现今政治条件下，告诉我她们有关抗战的记忆并不会对她们造成任何损失和政治影响。在我采访她们的时候，在中国，抗战的研究也不再是政治敏感的问题。最重要的是，重庆妇女在采访中谈及的、发生在抗战期间的事件，如日本人对重庆的大轰炸、战时通货膨胀带来的经济困难、食物和物资的稀缺以及妇女们参与抗战动员活动的叙述，都能从档案文件和抗战时期出版物中得到佐证。尽管距全民族抗战爆发已经过去60多年了，但这些妇女们对她们在抗战期间的经历仍还是记得非常生动清楚。对于她们中的大多数人来说，

[①] John Gillis, ed., *Commemorations: The Politics of National Identity*, Princeton: Princeton University Press, 1994, p.3.

这场战争正好发生在她们的成长时期。正如像西方研究心理学的学者斯科特和扎克所提出的那样，"在人们的成长时期所发生的那些历史性事件将会在他们的记忆中留下永久性的印记"①。所以大部分受访妇女对抗战经历仍然有深刻的记忆。

只要记忆是构建起来而非自然产生的，那么人们想要记住什么、忘记什么都是可以选择的。事实上，妇女们对这场抗战有多大程度的记忆以及她们所记住的内容，在很大程度上都是由她们的个人经历、受教育程度，以及1949年前后的中国政治发展所决定的。就像西方学者詹姆斯·梅奥所提出的那样，不管人们对战争记住了什么、忘记了什么，都"反映了一个国家的政治历史"②。

事实也确实如此，那些被采访者所记住的内容及程度都带有浓厚的政治色彩。在采访过程中我观察到一个有趣的现象，所有妇女都喜欢将她们在抗战时期的经历与1949年以后直至现今的生活状况进行对比。一般来讲，没有受过正规教育的劳动妇女的故事最为直截了当。大多数贫苦妇女，都把焦点放在她们在抗战中遭受的苦难上，但同时她们却又都指出了在中华人民共和国建立之后，自己的生活得到了很大程度的改善。在采访中我也发现受过教育的妇女，谈起她们的抗战经历通常是滔滔不绝，而没有受过教育的妇女却相对寡言。这一差异也反映在本书篇幅不均等上。受过教育的妇女和几位革命女性的故事的篇幅比较长，而没受过

---

① Jacqueline Scott and Lilian Zac, "Collective Memories in Britain and the United States," *Public Opinion Quarterly*, 57.3 (1993): 316.

② James Mayo, "War Memorials as Political Memory," *Geographical Reoiew*, 78.1. (1988): 75.

教育的妇女特别是穷苦女人和工厂女工的篇幅比较短。在采访中我也遇到一些贫穷妇女对自己的抗战经历只有寥寥数字，对整个抗战时期的个人生活记忆模糊。

第四部分　女性，记忆与中国的全民族抗日战争

后　记

读者们也许很想知道这些妇女在抗战后都经历了些什么，我又是如何遇到她们的。以下就是一份关于她们1949年以后生活的简述。

王代英　王代英是我姑姑的朋友。通过我姑姑，我采访了王代英。王代英从抗战时期起就一直在重庆教书，至1979年退休。退休后她和丈夫一起过着平淡安详的生活。

王素　对王素的采访，是2005年我和我的三个美国学生对阿荣的采访一起进行的。1949年后，她一直都在重庆市政府里当干部，直到80年代初期退休。和罗自荣的高挑、美丽、口齿清楚以及总是能成为人们注意的焦点相比，王素是一个矮小而安宁的女人，一点也不引人注目。她是那么的低调，以至于走在人群里都很难被注意到。然而，抗战时期她作为中共地下组织在国民党统治下的战时首都的联络员，却过着异常危险的冒险生活。她向我们讲述自己抗战时期的故事时，总是重复说：“我其实真的没做什么。”她向我们展示的是自己确实是个忠诚的共产党员。但当我问及她的爱情及婚姻时，她却毫不犹豫地告诉我们是组织安排她与自己的丈夫结婚，事实上她本人并不情愿这门婚事。我们看见的是一个对党组织的钢铁意志绝对服从的女人，但在内心深处，她还是坚信妇女应该掌握自己的生活和婚姻命运。

王淑芬 王淑芬从20世纪50年代到70年代一直在重庆她家附近的一家工厂里做手工活儿。2004年夏天，我在重庆最繁忙的公交车站旁、她开的报刊摊旁边和她相遇。虽然她早已从工厂退休，她还必须要继续工作。她和儿子一家一起住在一套两居室的旧公寓里。儿子和儿媳都从厂里下岗好几年了，都只能靠不时地接点零工来勉强维持生活。她13岁的孙子那时正在念初中。由于儿子和媳妇都没有固定的收入，孙子随时面临失学的危险。王淑芬便开了个报摊，挣点钱养活自己，资助孙儿念书。

白和容 白和容是2004年夏天我的亲戚介绍给我的。抗日战争结束后，白和容与她亲爱的恋人杜文泽结了婚，他们是在抗战中认识的，也是在抗战中加入的中国共产党。中华人民共和国成立后，他们都成了党组织里的干部，都在重庆工作。杜文泽于20世纪90年代中期去世了。白和容于80年代时退了休。她丈夫去世后，白和容与她丈夫以前干地下党时的一位战友结了婚。现在她的第二任丈夫也去世了，她独自一人在成都生活。她还是那么喜欢唱歌，还记得很多抗战歌曲。我采访她时，她还眉飞色舞地为我演唱了几首抗战歌曲。

任再一 20世纪80年代以前，任再一担任的是重庆市渝中区妇联的领导工作。本来按资历，像任再一这样在抗战时期就参加革命的老共产党员，一般都在职位高得多的岗位上担任领导工作。任再一几十年来只是在一个区级妇联工作。主要原因就是在抗战期间她曾经脱过党，并在宋美龄领导下的新生活妇女指导委员会工作过。她的抗战经历影响了她1949年以后的政治前途。中共党组织直到改革开放以后才为她平反。她于80年代初退了休，和自己的爱犬一起生活在一套漂亮的公寓里。她儿子到美国去了。

朱淑君 1955年从华西医学院毕业后，朱淑君在成都铁路医院当药剂师，直至20世纪80年代初退休。她和丈夫每天打打麻将，散散步，帮助儿子看看孩子，过着平淡快乐的生活。

朱淑勤 1948年毕业于川东女子师范大学，之后朱淑勤任教于重庆第十一中学，那是一所兼有初中和高中的重点中学。1956年她当上了该校的副校长。"文革"期间，由于她有抗战时的教会学校和基督教背景，20世纪80年代初期退休并被政府平反后，和以前的一群教育家，包括她的好几个抗战时期的同学一起创办了合川县育才职业中学。那是一所私立的职业学校，目的是为"文革"那一代因为政治运动而中断了正式学业的人们，提供一些专业的职业培训。她在这所学校里担任了多年校长，于80年代末再一次退休。现在她和儿子一起住在重庆。

何佩华 我在2002年采访了何佩华。何佩华的孙女是我妹妹的同学。何佩华是重庆知名商绅汪云松的儿媳妇。汪云松曾任重庆商会会长，主持过重庆留法勤工俭学预备学校。汪曾资助过邓小平、陈毅等四川青年去法国勤工俭学。1922年，部分勤工俭学学生因在巴黎参加革命活动被法当局强制遣返回国，面临经济困境。陈毅等学生呼吁重庆各界支持。汪云松当即捐出巨款相助。抗战以前，汪家是重庆有名的大商家。重庆解放前夕，汪云松为保护重庆免遭国民党破坏，也作出过很大的贡献。解放后，汪曾任全国政协委员、西南军政委员会委员。1950年开全国政协会时，陈毅把汪介绍给毛泽东，并谈及捐款相助之事。毛泽东还对汪先生说"谢谢"。1958年汪云松因病去世。"文革"中汪家饱受磨难。我去采访何佩华时，她们一家人住在两间破旧的房间里，完全看不到昔日的光辉和荣耀。何佩华告诉我，"文革"期间"红卫兵"去她们家抄家，以为会抄到很多值钱的东西。当发现她家一贫如洗时，还以为她们将值钱之物埋藏起来了。红卫兵们大动干戈，把墙壁、地板统统挖开，结果一无所获。何佩华终身为家庭妇女。她于21世纪初去世。

李素华 2001年夏天我采访李素华的时候，她和她儿子一家住在一起。虽然她从来没有做过一份正式工作，但却一直都在做零工。即使是1949年以后，她还是在靠为别人洗衣服来赚钱养家，并且还供自己的儿子念完了大学。2001年我去拜访她的时候她每天还在为家人做饭、给公寓做清洁。

李素瑶 我是2008年采访的李素瑶。1949年后她一直在学校工作，20世纪50年代和一位南下干部结了婚。李素瑶先是当小学老师，后来做中学校长，直至80年代初期退休。"文革"期间，因为她的地主家庭出身，受到很大的冲击。"文革"结束以后，她和女儿一家住在一起过着快乐的生活。

金中恒 金中恒是朋友介绍给我认识的。2005年我们采访她时，她和丈夫住在重庆市中心的一套公寓里。夫妻都退了休，每天在家看看电视，下午到楼下的居民活动室打打麻将。日子过得清闲。1949年后，金中恒在重庆市委负责安排会议的部门工作，1980年退休。

范明珍 2005年我和我的美国学生采访了范明珍。范明珍的外孙女是我妹妹的同事。她的外孙女带我们去采访她。1949年后，范明珍在重庆一家商店当售货员，1982年退休。我们采访她时，她和儿子一家住在一起。

徐承珍 2001年7月，经朋友介绍我认识了徐承珍。20世纪50年代，许多社区工厂创建起来，以招募待在家里的家庭妇女们加入到中国社会主义建设事业中来，阿珍成为了重庆一家社区工厂的厨师，一直干到70年代末。尽管她的工人阶级背景使她在"文革"中免受冲击，但她却一直过着非常艰苦的生活，忍受着贫穷。50年代初,她丈夫就去世了,她就靠自己微薄的工资收入一手将一儿一女拉扯大。她自己是文盲,两个孩子也都没有念完中学,最后都成了低收入的工人。在我采访她的时候,她和儿子一家人一起住在重庆一套旧公寓里。她于2007年去世。

乌淑群 乌淑群在1949年以后,除"大跃进"的1958年到1960年的三年时间曾在工厂里工作过之外,大多数时候都是待在家里做全职家庭主妇。"大跃进"开始后,她也和数百万中国妇女一样,被动员去参加社会主义建设,并在附近的一家小工厂里上过班。运动结束后,她又回到家里,将余生全部用来做了一名全职家庭主妇。20世纪70年代她丈夫去世后,她就一直和儿子一家生活在一起。她儿子改革开放初期就发了大财。我采访她时,她和儿子一家住在一座上百万元的豪华别墅里。车库里停着奔驰轿车,家中除了有司机外,儿子还为她请了私人保姆。她本人于2005年去世。

高忠贤 我是在2007年夏天去松溉采访时,经龙安忠先生介绍遇到高忠贤的。新中国成立后,她是松溉地区第一批被共产党录用为新政府工作人员的人之一。她一直担任松溉地方妇联的领导工作,直到20世纪80年代初退休。

崔香玉 崔香玉是她孙子介绍给我的。抗战结束后,她留在了重庆。1958年她被重庆纺织厂录用后就一直在那里工作,直到1973年退休。我采访了她两次,第一次是在2004年我自己采访的,第二次是在2005年我和三个美国学生一起采访的。她仍然和一个女儿一起住在40年前厂里分给她的那套房子里。崔香玉已经退休很久了。她退休的时候中国工人的工资还很低。随着八九十年代的高通货膨胀,她从政府那里得到的退休金已经无法维持生活了,只能靠孩子们和孙子们的接济来支撑。由于她是个普通工人,在"文革"时期没有受到冲击。她也是我所采访的人中唯一一个还保留有抗战时期照片的人,其中还包括一些她在抗战中死去的那个儿子的照片。

常隆玉 常隆玉是我母亲在重庆市第九十二中学里的同事。她于20世纪70年代末期退了休。她丈夫在70年代时就去世了,我在2002年8月采访她的时候,她是同她女儿住在一起的。由于她的家庭背景、她在1949年之前所受的教育以及她丈夫家的财富,使她在1949年以后的历次政治运动中也受到了冲击。

张慎勤 2005年夏天我采访了张慎勤。张慎勤是为数不多在2005年还健在的中国儿童保育院的老师之一。1944年,她回到川东女子师范大学完成了她的学士学位。她在川东女子师范大学读书时,认识了在附近一所大学读书的包先生。包先生也是安徽人,他乡遇同乡,两人一见倾心,很快坠入爱河。交往不久,两人已开始谈婚论嫁,并海誓山盟非对方不娶不嫁。但是抗战快结束时,包先生被国民党军队征兵入伍。抗战结束后内战又开始,包先生音讯全无,下落不明,两人失去了联系。张慎勤等了包先生很多年。后来她才从她哥哥处知道,1949年内战结束后,包先生随国民党军队去了台湾。张慎勤的一个哥哥也随国民党军队去了台湾。到台湾后,包先生和张慎勤的哥哥一直有联系。在台湾,包先生也长时间没有结婚,在等有一天回大陆和张慎勤结婚。20世纪50年代和60年代初,包先生给张慎勤写了很多信。信是通过朋友从香港发的。收信地址是张慎勤在安徽的老家。但是张慎勤一点儿也不知道包先生给她写过信。因为张慎勤的妈妈收到包先生的信后没有告诉她。1949年以后80年代以前,港台关系、海外关系对大陆人而言都很危险,是政治包袱。有那些关系的人都要拼命否认,没有的人当然不想自找麻烦。张慎勤的妈妈为了保护女儿,

后记

就私自把包先生的信烧了。张慎勤等包先生等到50年代中期才和别人结了婚,而包先生则是70年代才和一位台湾的寡妇结了婚。1949年后,张慎勤当了一名高中老师,教书至80年代中退休。她退休后不久,她的丈夫就去世了。"文革"期间张慎勤因为在中国战时儿童保育会当老师的历史,以及她和包先生的恋爱史,都让她受到冲击。她在儿童保育院的工作被冤枉成为国民党工作,因为宋美龄是保育院的领导人,张慎勤被宣判为阶级敌人。到80年代改革开放后,大陆和台湾地区的政治气候都相对放松开放。海峡两岸的亲人开始相互接触。张慎勤首先找到了在台湾的哥哥。通过她在台湾的哥哥又联系上了包先生。虽然张慎勤是单身,包先生却是有妇之夫。有情人终不能成眷属。张慎勤曾两次去台湾探亲,并在台湾见到了包先生。两人虽然依然十分相亲相爱,但张慎勤不愿拆散包先生和他的妻子。于是他们决定做朋友,把初恋当成宝贵的记忆永远珍惜。自90年代以来,张慎勤一直活跃于中国战时儿童保育会联谊会。她希望世界会记住战时儿童保育会的历史及保育院老师和学生们对抗战所作的贡献。张慎勤2007年3月逝世于成都,享年89岁。

梁易秀 梁易秀、杨坤慧和叶清碧都是裕华纱厂的同事和邻居。梁易秀一直在裕华纱厂工作到20世纪70年代末期退休。退休后,她的一个孩子顶替她进了裕华。梁易秀和杨坤慧、叶清碧一样,退休后在家带孙子。裕华纱厂的工人们很多都住在同一条街上。2005年我去采访她们时,叶清碧把杨坤慧、梁易秀叫到了她家接受了我的采访。

莫国钧 莫国钧是我姑姑的同事。我通过我姑姑的介绍采访了莫国钧。莫国钧1949年以后在重庆从事教书工作,直到1984年退休。退休后,她和丈夫住在重庆。

陈国钧 陈国钧接受了我两次采访，第一次是在2004年我自己采访的，第二次是在2005年我和三个美国学生一起采访的。中华人民共和国成立以后，陈国钧的家庭背景以及她第一任丈夫的生意都毫无疑问地使她成为了人民公敌中的一员。她在工作的时候是在重庆十一中做教师，之后又在那里与一位男教师结了婚，20世纪70年代陈国钧退了休。80年代改革开放时期，政府为她平了反，之后她才过上了自己的新生活。她和自己在美国、中国香港和台湾地区的亲人重新取得了联系，并拿回了她第一任丈夫在海外的一些生意投资。之后就一直和她的第二任丈夫一起过着舒适而清闲的生活。她住在一套高档的公寓里，还是很喜欢跳舞和唱戏。我和我的美国学生采访她时，她还和我的学生一起跳舞。

曾永清 2005年7月，我和我的三个美国学生一起采访了曾永清。我们是通过我妹妹的介绍认识的，曾永清的曾孙是我妹妹的学生。我们采访她的时候，曾永清和她的外孙女一家住在一套陈旧拥挤的两居室公寓里。1949年后，她在成都的很多干部家庭里做过佣人，也没有再婚。20世纪80年代初期退休后，她就和女儿生活在一起。女儿去世后，就又和外孙女住在一起。她本人于2007年去世了。

游清雨 我是2007年采访游清雨的。松溉真是个名副其实的小地方，消息传得快。龙先生出去找高忠贤，并把她带来和我见面不久，整个松溉镇的人都知道了有一位美籍华人教授在采访抗战时在实验区纺织厂工作过的女工。龙先生以前做过松溉镇的书记，非常熟悉当地的人和事。因为有龙先生同行，松溉镇的干部招待我们吃了丰盛的午餐。午餐后，龙先生提议我们到镇上走走看看当年实验区遗留下来的景物。当我们经过一条两旁全是传统木结构穿斗民房的小巷时，一位正在屋口吃饭的瘦小老太婆看见了我们。她对龙先生喊道:"龙书记你应该叫你的客人来采访我。我抗战时期就在实验区的纺织厂工作过。"自从我开始采访抗战时期在重庆生活过的妇女以来,我还没遇到过这么主动的老太太。于是我和龙先生就停下来和她聊天。她告诉我们她叫游清雨,她也记得龙先生曾经是镇上的书记。她请我们进她家。她的房间里只有两张破旧的木椅子。老太太穿的是一件早已过时的、可能属于70年代样式的蓝布旧衣。她端的饭碗里只有米饭没有其他任何东西。她就她房间的寒碜和自己穿戴的破旧不停向我们道歉。她告诉我,她拿的是政府提供的最低的低保,每月的收入就是政府提供的180元钱。那点钱只够她吃饭,没有钱做任何其他开支。她穿的衣服都是别人不要的。当我问她关于抗战时期松溉实验区纺织厂的情况时,她开始流泪,边哭边向我诉说了她的故事。1949年新中国成立后,游清雨在镇上的商店工作。她家一直是困难户。1982年退休后一直吃政府救济。

杨玉青 杨玉青和崔香玉同是重庆棉纺厂的同事兼邻居,楼上楼下的邻居。我去采访崔香玉时,她告诉我杨玉青抗战时期也住在重庆。我去采访她时,她正在和朋友打麻将。她见我来了,很不情愿地离开了麻将桌。杨玉青于1958年"大跃进"时进重庆棉纺厂当工人,20世纪80年代中退休。和崔香玉一样,作为一个普通工人,"文革"时,杨玉青也没受到很大的冲击。

杨先知 2004年夏天我采访了杨先知。抗战结束时她从女子师范大学毕了业,之后做了一名教师。在"文革"时期,她因为自己在中国战时儿童保育会里的那段历史,也受了很多苦。20世纪80年代初期她从教师岗位上退了休。抗战时期在师生之间建立起来的关系,成为了保育会大家庭里许多成员珍惜备至的长久特殊关系。杨先知在保育会联谊会组织中也非常积极活跃。由于保育会的老师中还健在的已经很少了，杨先知更是在保育会联谊会每年的集会上受到特别的关注和对待。

杨坤慧 杨坤慧的女儿是我妈妈的学生。我是通过她女儿认识杨坤慧的。杨坤慧1947年进裕华纱厂工作，1975年退休。退休以后她的女儿进裕华顶替了她的工作。她则帮她的儿女们看孩子。2005年我去采访她时，她和女儿一家住在一起。

叶清碧 2005年夏天我认识了叶清碧。她的孩子是我母亲以前的学生。叶清碧在裕华纺织厂一直工作到20世纪70年代退休。退休后，她的女儿又进了同一家工厂当工人。现在她和女儿一家一起住在该厂的家属区里。她在经济体制改革之前退休，退休金对于现今的市场物价来说已经很难维持生活了。和许多在经济体制改革之前退休的中国工人一样，她只能和自己的女儿生活在一起，帮助她们照顾孙子和做饭。

宾淑贞 宾淑贞的孙儿是我妹妹的学生。2005年我们去采访她时，她住在重庆市中心一间破旧的房子里。她的房间紧邻旁边一个茶馆的公共厕所，整日臭气熏天。宾淑贞的家里不仅弥漫着厕所的臭味，而且没有一样像样的东西，只有一张竹子靠背椅和一张床。宾淑贞从抗战时期起就一直在别人家当佣人。1949年以后还是当佣人。2005年我们采访她时，她已经86岁，本应在家安享晚年。但是因为家庭困难，她还要不时地帮别人看孩子，挣点儿零用钱。因为儿子下了岗，她的孙子和她住在一起。尽管如此，老太太还是乐观向上，一点不抱怨贫穷的生活。

赵知难 赵知难在1949年后做了小学教师，直到20世纪80年代初期才退休。她在50年代结了婚，育有一个儿子。她丈夫在70年代时就去世了，现在她独自在重庆生活，靠退休金维持生计。她在重庆的战时儿童保育会联谊会中也非常地积极活跃。

赵桂芳 2007年我去松溉采访实验区纺织厂女工，碰巧遇上了赵桂芳。赵桂芳就住在游清雨的对面。她看见我们进游清雨的家。我们从游家出来时，我一眼就看见街对面站着一位目清面秀、和蔼的老太太对着我们微笑。街坊邻居告诉我，抗战时期赵桂芳婆婆也在实验区的纺织厂工作过。我非常高兴能一下子碰到两个采访对象，走过去和她打招呼。她请我们去她家里坐。老太太的房子和游清雨的房子外观一样，但是赵桂芳家的房子里面干净整洁，有舒服的家具。老太太和她儿子一家住一起。当天，她穿了一件剪裁合身的中式对襟衣服，看上去很雅致。她已经听到了我和游清雨的谈话，所以她从容不迫地回答了我的问题。赵桂芳1949年以后也是在镇上工作至20世纪80年代初退休。我采访她时，她在家替儿子媳妇做饭、看看孩子，过着愉快的生活。

刘群英 刘群英住在一个叫黄沙溪的地方。从20世纪50年代初期到80年代初期，她都在当地一所小学里教书。住在那里的很多老居民都是她的学生。当地居民对她都相当尊重，有什么困难或麻烦都愿意请她出面来解决和调解，而不是找当地的警察或干部。我2001年去采访她时，迷了路。我问了很多当地居民，他们都不认识刘群英，但我问他们是否认识刘婆婆时，所有人都自告奋勇地为我带路去她家。

蒋素芬 蒋素芬的孙女是我妹妹的同学。我是2005年采访她的。1949年解放以后，蒋素芬先是在重庆一家百货店卖东西，后来被调到一家副食品商店当售货员直至退休。退休后她和儿子一家住在一起。

罗自荣 2005年夏天我和我的三个美国学生一起去拜访了罗自荣。1949年以后，她当上了一名文化局干部，那是重庆市政府的一个分支机构。和大多数有富有家庭背景、1949年以前参加过政治组织的知识分子一样，罗自荣在"文革"时期也受到冲击。直到20世纪80年代中期，政府才最终为她平了反。她于80年代初期退了休，现在和女儿一家生活在一起。

罗福慧 罗福慧和朱淑勤在抗战时期是同学。1948年从川东女子师范大学毕业后，她也当了一名教师。和朱淑勤一样，她最初也是在重庆第十一中学教书，后来成了重庆第四十八中学的教导主任。1953年她和自己一个心爱的男人结了婚，那个男人是个工程师。和朱淑勤一样，她在"文革"时期也受了很多罪，她和朱淑勤以及另外两个抗战时期就读于同一所学校的女同学，在后来的生活中一直都保持着亲密的友谊。罗福慧于20世纪80年代中期退了休，之后又在育才职业学校做兼职。她丈夫几年前患癌症去世了，现在她和女儿一起住在重庆。从90年代起，罗福慧和朱淑勤每天通电话，相互问候保持至今。

龚雪 2002年7月我采访了龚雪。她来自重庆巴县一个有名望的大家族，还上过一年中学。龚雪直到21岁才结婚，按照30年代的标准来说已经算是一个老剩女了。在那个时候，婚姻都是经媒人的介绍、由家里安排的。她丈夫是个比她大16岁的鳏夫。丈夫死后，她倾尽自己所能，只要能找到的工作她都干，这才养活了一家子人。1949年以后，经亲戚介绍，她到重庆一家幼儿园工作，直到20世纪70年代中期退休。我曾于2010年去看过她。她仍然独自住在她已经住了50年的宿舍里。她上午看电视，下午和一帮老街坊一起打麻将。日子过得很安详满足。

英文参考文献

[1] Bedeski, Robert. "China's Wartime State," in *China's Bitter Victory: The War with Japan, 1937-1945*, ed., James C. Hsiung and Steven I. Levine. New York: M. E. Sharpe, 1992.

[2] Bozzoli, Belinda with Mmantho Nkotsoe. *Women of Phokeng: Consciousness, Life Strategy, and Migrancy in South Africa, 1900-1983*. London: Heinemann, 1991.

[3] Cai, Rong. "Problemtizing the Foreign Other: Mother, Father, and the Bastard in Moyan's Large Breasts and Full hips," *Modern China 29. 1*（2003）.

[4] Chang, Maria Hsia. *The Chinese Blue Shirt Society: Fascism and National Development*. Berkeley: University of California Press, 1985.

[5] Parks M. Coble, "China's 'New Remembering' of the Anti-Japanese War of Resistance, 1937-1945," *China Quarterly*, 190,（2007）: 409.

[6] Dower, John. *Embracing Defeat: Japan in the Wake of World War II*. New York: W. W. Norton, 1999.

[7] Eastman, Lloyd. *Seeds of Destruction: Nationalist China in War and Revolution, 1937-1949*. California: Stanford University

Press, 1984.

[8] Eastman, Lloyd. "Nationalist China during the Sino-Japanese War, 1937-1945," in *The Cambridge History of China*, ed., John Fairbank and Albert Feuerwerker. Vol. 13, pt. 2. Cambridge: Cambridge University Press, 1986.

[9] Edwards, Louise. *Gender, Politics, and Democracy: Women's Sufrage in China*. California: Stanford University Press, 2007.

[10] Esheric, Joseph. "Ten Theses on the Chinese Revolution," *Modern China*, 21.1 (1995).

[11] Fogel, Joshua. *The Nanjing Massacre in History and Historiography*. Berkeley: University of California Press, 2000.

[12] Fu, Poshek. *Passivity, Resistance, and Collaboration: Intellectual Choices in Occupied Shanghai, 1937-1945*. Stanford, California: Stanford University Press, 1997.

[13] Gillis, John ed. *Commemorations: The Politics of National Identity*. Princeton: Princeton University Press, 1994.

[14] Haass, Lily K. "Chinese Women's Organizations," in *Wartime China as Seen by Westerners*. Chungking: China Publishing, 1942.

[15] Halstead, Deborah. "Why Women's Studies?" in *Women: Images and Realities*, ed., Amy McNair, Kesselman, Lily D. and Nancy Schniedewind. California: Mayfield, 1995.

[16] He, Yinan. "Remembering and Forgetting the War: Elite Mythmaking, Mass Reaction, and Sino-Japanese Relations, 1950-2006," *History and Memory: Studies in Representation of the Past*, 19.2 (2007).

[17] Highbaugh, Irma. "Effects of the War on Rural Homes," in *Wartime China as Seen by Westerners*. Chungking: China Publishing, 1942.

[18] Higonnet, Margaret R. and Patrice L. Higonnet. "Double Helix," in *Behind the Lines: Gender and the Two World Wars*, ed., Margaret Randolph Higonnet, Jane Jenson, Sonya Michel, and Margaret Collins Weitz. New york: M. E. Sharpe, 1989.

[19] Howard, Joshua H. *Workers at War: Labor in China's Arsenals, 1937-1953*. California: Stanford University Press, 2004.

[20] Hsiung, James C. and Steven I. Levine, ed. *China's Bitter Victory: The War with Japan, 1937-1945*. New York: M. E. Sharpe, 1992, p.xxii.

[21] Hung, Chang-tai. *War and Popular Culture: Resistance in Modern China, 1937-1945*. Berkeley: University of California Press, 1994.

[22] Johnson, Kay Ann. *Women, the Family, and Peasant Reuolution*. Chicago: University of Chicago Press, 1983.

[23] Li, Danke. "Culture, Political Movement and the Rise of Chinese Communist Movement in the Chongqing Region, 1896-1927," Ph. D. diss., University of Michigan, 1999.

[24] Li, Banke. "Popular Culture in the Making of Anti-Imperialist and Nationalist Sentiment in Sichuan," *Modern China*, 30.4 (2004).

[25] Mackinnon, Stephen R.. DiannaLary, and Ezra F. Vogel, ed. *China at War: Regions of China, 1937-1945*. California: Stanford University Press, 2007.

[26] Mackinnon, Stephen R.. *Wuhan, 1938: War, Refugees, and the Making of Modern China*. Berkeley: University of California Press, 2008.

[27] Madsen, Richard. "The Public Sphere, Civil Society and Moral Community: A Research Agenda for Contemporary China Studies," *Modern China*, 19.2 (1993).

[28] Manchanda, Rita. ed. *Women, War, and Peace in South Asia: Beyond Sictimhood to Agency*. New Delhi: Sage, 2001.

[29] Mayo, James M.. "War Memorials as Political Memory," *Geographical Reuiew*, 78.1 (1988).

[30] McIsaac, Lee. "City as Nation: Creating a Wartime Capital in Chongqing," in Joseph Esherick, ed., *Remaking the Chinese City: Modernity and National Identity, 1900-1950*. Honolulu: University of Hawaii Press, 2000.

[31] Schwartz, Paula. "Redefining Resistance: Women's Activism in Wartime France," in *Behind the Lines: Gender and the Two World Wars*, ed., Margaret Randolph Higonnet, Jane Jenson, Sonya Michel, and Margaret Collins Weitz. New Haven: Yale University Press, 1987.

[32] Scott, Joan W. "Rewriting History," in *Behind the Lines: Gender and the Two World Wars*, ed., Margaret Randolph Higonnet, Jane Jenson, Sonya Michel, and Margaret Collins Weitz. New York: M. E. Sharpe, 1989.

[33] Scott, Jacqueline and Lilian Zac. "Collective Memories in Britain and the United States," *Public Opinion Quarterly*, 57.3 (1993).

[34] Skinner, William G.. *The City in Late Imperial China*. California: Stanford University Press, 1977.

[35] Smith, Norman. *Resisting Manchukuo: Chinese Women Writers and the Japanese Occupation*. Vancouver: University of British Columbia Press, 2007.

[36] Stacey, Judith. *Patriarchy and Socialist Revolution in China*. Berkeley: University of California Press, 1983.

[37] Stranahan, Patricia. *Yan'an Women and the Communist Party*. Berkeley: Institute of East Asian Studies, University of California, Center for Chinese Studies, 1983.

[38] Stranahan, Patricia. *Underground: The Shanghai Communist Party and the Politics of Survival, 1927-1937*. Lanhan, Md.: Rowman and Littlefield, 1998.

[39] Thelen, David. "Memory and American History," *Journal of American History*, 75.4 (1989).

[40] Thompson, E. P. *The Making of the English Working Class*. New York: Vintage, 1966.

[41] Thompson, Paul. *The Voice of the Past: Oral History*. 3rd ed. Oxford: Oxford University Press, 2000.

[42] Wang, Zheng. *Women in the Chinese Enlightenment: Oral and TeXtual Histories*. Berkeley: University of California Press, 1999.

[43] West, Philip, Steven I. Levine, and Jackie Hiltz, ed., *America's Wars in Asia: A Cultural Approach to History and Memory*. New York: M. E. Sharp, 1998.

[44] Woollacott, Angela. *On Her Their Lives Depend: Munitions Workers in the Great War*. Berkeley: University of California Press,

1994.

[45] Wu, T'ien-wei. "Contending Political Forces During the War of Resistance," in *China's Bitter Victory*, ed., James C. Hsiung and Steven I. Levine, New York: M. E. Sharpe, 1992, pp. 51-78.

[46] Yeh, Wen-hsin. ed. *Becoming Chinese: Passages to Modernity and Beyond*. Berkeley: University of California Press, 2000.

中文参考文献

[1]中共重庆市委党史工作委员会编:《重庆救国会》,重庆出版社1985年版。

[2]重庆市政协文史资料研究委员会编:《重庆抗战纪事》,重庆出版社1985年版。

[3]重庆市档案馆编:《抗战后方冶金工业史料》,重庆出版社1988年版。

[4]重庆出版社编:《大后方的青年运动》,重庆出版社1984年版。

[5]重庆抗战丛书编辑委员会编:《重庆人民对抗战的贡献》,重庆出版社1995年版。

[6]重庆抗战丛书编辑委员会编:《抗战时期重庆的军事》,重庆出版社1995年版。

[7]重庆档案馆:《重庆市各妇女团体一览表》,1941。

[8]重庆档案馆编:《重庆大轰炸,1938—1943》,重庆出版社1992年版。

[9]重庆市政府编:《重庆市趸售物价指数月报》第1期,1942。

[10]戴孝庆:《中国远征军入缅抗战纪实》,西南师范大学出版社1991年版。

[11]丁卫平：《中国妇女抗战史研究 1937—1945》，吉林人民出版社 1999 年版。

[12]韩辛茹：《新华日报史 1938—1947》，重庆出版社 1990 年版。

[13]李小江编：《让女人自己说话：亲历战争》，北京三联书店 2003 年版。

[14]李占才、张劲：《超载：抗战与交通》，广西师范大学出版社 1995 年版。

[15]卢国强：《我的父亲卢作孚》，重庆出版社 1984 年版。

[16]刘炼：《抗日战争时期国统区的民主宪政运动》，中国人民政治协商会议四川省重庆市委员会文史资料研究委员会编：《重庆抗战纪事》，1987 年，第 2 卷，第 249—282 页。

[17]刘宁元：《中国妇女史类编》，北京师范大学出版社 1999 年版。

[18]连玲玲：Danke Li, *Echoes of Chongqing: Women in Wartime China*. Urbana: University of Illinois Press, 2010,《中央研究院近代史研究所集刊》，第 73 期，2011 年，第 195—199 页。

[19]罗久蓉、游鉴明、瞿海源：《烽火岁月下的中国妇女访问记录》，（台北）"中央"研究院近代史所，2004 年。

[20]南方局党史征集小组编：《南方局党史资料》第五卷，重庆出版社 1990 年版。

[21]孟广涵编：《国民参政会纪实》第 1 卷，重庆出版社 1985 年版。

[22]孟广涵编：《抗战时期国共合作纪实》，重庆出版社 1992 年版。

[23]任贵祥：《中国妇女抗战史研究：1937—1945 简评》，《抗

日战争研究》第37卷第3期，2000年。

[24]四川省妇联妇运史研究室：《战时儿童保育会四川及成都分会概况》，《四川妇运史料研究资料》第18卷第11期，1988年。

[25]宋美龄：《战争与中国妇女》，《蒋夫人言论汇编》，（台北）正中书局1956年版。

[26]隗瀛涛：《中国近代不同类型城市综合研究》，四川大学出版社1998年版。

[27]隗瀛涛主编：《近代重庆城市史》，四川大学出版社1991年版。

[28]吴济生：《新都见闻录》，（上海）光明书局1940年版。

[29]吴姿萱：《慰安妇：再现，平反/求偿，与介入的政治》，硕士论文，台湾清华大学外国语文学系，2009年。

[30]谢儒弟：《蒋介石的陪都岁月，1937—1946》，文汇出版社2010年版。

[31]杨继仁，唐文光：《中国船王》，文化艺术出版社1991年版。

[32]杨光彦：《重庆国民政府》，重庆出版社1995年版。

[33]张丁主编：《抗战家书》，中国画报出版社2007年版。

[34]张友渔：《三进新华日报》，《新华日报50年》，重庆出版社1996年版。

[35]张西编：《抗战女性档案》，中国青年出版社2007年版。

[36]中国人民政治协商会议四川省重庆市委员会文史资料研究委员会编：《重庆抗战纪事续编》，重庆出版社1991年版。

[37]周俊元：《重庆指南》，（重庆）自力出版社1943年版。

[38]周勇主编：《重庆通史》，重庆出版社2002年版。

[39]周勇、任竞主编：《抗战大后方歌谣汇编》，重庆出版社

2011年版。

[40]周勇、王志昆主编:《抗战大后方历史文献联合目录》,重庆出版社2011年版。

[41]王川平主编:《英雄之城——大轰炸中的重庆》,重庆出版社2011年版。

[42]朱强娣:《新四军女兵》,济南出版社2003年版。